능엄경을 알기 쉽게 읽는 책

마등가의 사랑

활안 한 정 섭

불교정신문화원

머리말

능엄경은 한국불교 소의경전 가운데 원각경·기신론·반야경과 함께 사교과(四敎科) 교재이다.

"장대원각 깐깐기신 넌출반야"라 하듯 능엄경의 별명은 "차돌능엄"이다. 아무리 씹어도 맛이 잘 나지 않고 잘 이해가 되지 않기 때문이다.

우납(愚衲)이 일찍이 오대산 탄허스님에게 교재를 받았으나 잘 이해가 되지 않아 천상 부처님의 가피가 없이는 안되겠다는 생각으로 양양 낙산사(홍련암)에 가서 3,7일 동안 기도를 드렸는데, 그 가운데서 힌트를 얻어 먼저 마등가경을 보고 운허스님께서 번역한 프린트본 능엄경을 보니 바로 이해가 되어 그대로 알기 쉽게 소설화한 것이다.

말이 소설이지 경전의 문체를 번잡한 것만 빼고 사이사이 해설문을 붙여 능엄경 전체를 강령 중심으로 재정리 한 것이다. 그런데 한 번 읽고 두 번 읽으면 겉모습이 나타날 것이고, 세 번 읽고 네 번째 읽으면 속모습이 나타나고, 다섯 번 여섯 번 읽으

면 중간 것이 나타날 것이다. 그리고 일곱 번 여덟 번 읽으면 근
·경·식(根·境·識)이 탈락하여 차차 어두웠던 마음이 밝아져
서 보지 못한 것을 보고, 듣지 못한 것을 듣게 될 것이다.

그러니 보다 전문적으로 공부하고 싶어하시는 분은 당연히
"계환소"와 "정맥소"를 보시기 바란다. 참된 사랑은 쉽게 이루어
지는 것이 아니다.

불기 2557년 8월 세 번째 출판에 임하면서
저자 활안 씀

일 러 두 기

1. 이 책은 한국불교 소의경전 가운데 능엄경과 마등가경을 알기 쉽게 풀이한 것으로 불교선정대학 교재로 편찬하였다.

2. 먼저 능엄경의 서경인 마등가경을 놓고 다음에 능엄경을 간략히 정리하였다.

3. 두 경을 한 데 모으다 보니 마등가경이 먼저 들어가고, 능엄경이 나중에 조직되게 되었다.

4. 마등가경은 전통적인 무서(巫書)이고 능엄경은 불교철학의 백미(白眉)이다. 마음과 생각의 소재를 밝히고 우주·인생의 원리를 원소물리학과 상담심리로 체계 있게 정리하여 마음 속의 마군을 항복받는 좋은 길잡이가 되고 있다.

5. 그러니 혹 잘 이해가 안되는 부분이 있으면 능엄경 계환해(戒環解)와 정맥소(正脈疏)를 의지하여 깊이있게 전문적으로 공부하시기 바란다.

6. 이 책을 내는 데 도움을 주신 여러분들께 감사드린다.

목 차

아난다의 행걸(行乞)

어느 무더운 여름날이었다. 부처님 제자 아난이 따로 청(別請)을 받고 혼자 먼 길을 다녀오다가 목이 말라 사방을 바라보니 황량한 벌판에서 물을 긷고 있는 젊은 여인이 있었다.

"죄송합니다만 물 좀 얻어 마실 수 있겠습니까?"

소녀는 뜻하지 않았던 젊은 남자 목소리에 깜짝 놀라며 쳐다보지도 않고 대답하였다.

"저는 마등가입니다."

'마등가'란 천인(賤人) 중의 천인(賤人)으로서 양반을 쳐다보든지 베다의 경전을 바라보면 눈을 파버리는 책벌을 받게 되어 있는, 도살하고 매음하고 술장사하는(屠膾婬酒) 무리의 종족이었다. 귀신이나 하천한 사람들만을 상대하고 사는 천직이므로 감히 양반을 쳐다볼 수 없다는 말이었다.

아난존자는 부처님의 가르침대로 말했다.

"강물(大川)이 바다에 들어가면 모두 한 맛을 이루듯 4성(姓 : 바라문·왕족·평민·노예)이 불도에 귀의하면 모두 한 가지 불자(佛子)가 됩니다."

여인은 이 세상에 태어나서는 처음 듣는 소리라 다시 한 번

놀라며,

"이는 필시 사람의 소리가 아니고 하늘 사람의 소리리라."

하고 고개를 들어 치렁치렁한 댕기를 뒤로 넘기고 쳐다보니 달덩이와 같은 스님이 서 있었다.

가슴이 철렁 내려앉는 것 같은 기분을 느끼면서도 눈에서는 불빛이 번쩍하였다. 소녀는 수줍은 얼굴로 고개를 숙이며 말하였다.

"삼가 물을 떠 올리겠나이다."

하고 여인은 먼저 물을 한 바가지 떠 우물가에 서 있는 아난다의 발에 부어드리고 다음에 물을 떠서 받들어 올렸다.

그리고 우물 속을 들여다보니 꿀꺽꿀꺽 물을 마시는 아난다의 모습이 너무나도 단정하고 아름다웠다. 여인의 모습은 순간 아난다의 그 순진무구한 모습으로 빠져들어 가고 있었다.

"이런 분이 나의 배우자가 되어 준다면 얼마나 좋을까!"

물을 다 마신 아난다가 인사를 하고 돌아서자 마등가는 대답도 잊어버리고 돌아서는 아난다에게 눈을 떼지 못했다. 아난다역시 이상한 기분을 느꼈으나 출가한 사문인지라 아무 말없이 돌아서서 총총히 걸어갔다. 푸른 가로수 밑으로 노란 가사를 입고 걸어가는 아난다의 모습은 분명 이 세상 사람 같지가 않았다.

"강물이 바다에 들어가면 모두 한 맛이 되고, 4성이 불교를 믿으면 똑같이 불자가 된다."

이 말은 당시 인도 사회에서는 전혀 생각할 수 없는 혁명적인 말씀이었다.

　"사람은 태어나면서부터 신의 머리로 태어난 바라문과 신의 옆구리로 태어난 찰제리, 그리고 신의 배로 태어난 바이사와 신의 발뒤꿈치로 태어난 수드라가 있어 바라문, 왕족, 평민, 노예 등 계급 차별이 생기게 된 것이므로 이 네 가지 계급은 어떠한 경우에서도 하나가 될 수 없다 하였는데, 어떻게 하나가 된다는 말인가."

　이렇게 생각하고 있던 여인은 멀리 사라져 가는 아난존자를 보고 뛰어갔다.

　"여보세요. 나 나 좀…"

　하고 속으로 외치며 가까이 따라가서 보니 그는 벌써 사혜트 마헤트에 있는 제타동산(祇園精舍 : 절 이름)으로 들어갔다.

　여인이 기원정사 문밖에서 서성거리자 문을 지키고 있던 금강역사(金剛力士 : 문지기)가 그의 건장한 가슴을 드러내 보이며 말했다.

　"이곳은 금녀(禁女)의 집이라 여인들은 들어갈 수 없습니다."

　여인은 하는 수 없이 돌아섰으나 아난존자의 그림자가 그의 가슴을 꽉 채우고 있었다.

　"어떻게 하여야 이 아름다운 연인(戀人)을 다시 한 번 만나볼 수 있을까?"

　훤출한 이마에 오똑한 코, 수양버들처럼 곱게 뻗은 눈썹, 그리고 푸른 바다와 같은 눈빛을 가진 아난존자를 생각하니 가슴이 두근거리고 숨이 막혔다. 그는 자기도 모르는 사이에 땅바닥에 주저앉아 두 손으로 자신의 가슴을 꼭 껴안으며 말했다.

"사랑스런 연인이시여, 죽기 전에 꼭 한 번만이라도 만나보고 싶습니다."

집에 돌아온 마등가는 그만 자기도 모르는 사이에 눈물이 쏟아졌다. 어머니가 보고 물었다.

"마등가야. 너에게 무슨 일이 생겼느냐?"

"아닙니다, 어머니. 우물가에서 물을 긷다가 한 젊은 스님을 만났는데, 그 스님을 보는 순간 눈에서 불이 나고 가슴이 두근거려 기원정사에까지 따라갔으나 그곳은 금녀의 집이라 더 이상 들어가지 못하고 왔습니다. 어떻게 하면 그 스님을 한 번 더 만나 볼 수 있을까요?"

"터무니없는 소리, 그런 소리는 함부로 입 밖에도 내지 말라. 석가모니 부처님은 카필라국의 왕자로 일찍이 인생무상을 깨닫고 출가하여 대도를 깨달음으로써 삼계도사(三界導師 : 욕계·색계·무색계의 길잡이) 사생자부(四生慈父 : 중생의 어진 아버지)가 되신 분인데 그의 제자들이야 말할 것 있겠느냐."

"아닙니다, 어머니. 강물이 바다에 들어가면 모두 한 맛이 되듯 4성이 불교를 믿으면 모두 불제자가 된다 하였습니다."

"그것은 그 분의 말씀이지 어떻게 이 세상이 그렇게 될 수 있겠느냐."

마등가는 큰 소리로 울음을 터트리고 말았다.

"아니어요, 어머니. 저는 분명히 이 귀로 그 스님에게서 들었습니다. 어머니 저는 그 스님을 다시 만나보지 못한다면 저의 이 목숨이 붙어있을 것 같지 않습니다."

어머니가 달래면서 말했다.

"스님은 세속의 온갖 욕망을 버리고 출가한 사람이라 보통 사람들과는 다르니 그런 생각은 꿈에도 가져서는 안된다."

"아닙니다, 어머니. 분명 그 스님은 하나가 될 수 있다 하였습니다. 만일 금생에 하나가 될 수 없다면 나는 죽어서라도 그분을 따라가서 하나가 될 것입니다."

하고 마등가는 큰 소리로 울부짖으며 말했다.

"오, 나의 사랑 나의 태양이여, 나는 그 분을 만나보지 않고는 결코 살 수 없습니다. 어머님."

큰일났구나. 모처럼 늦게야 얻은 무남독녀 외동딸이 저 지경이 되고 보니 어머니 또한 미칠 것만 같았다.

"어떻게 한단 말이냐."

어머니가 이렇게 걱정하자 마등가가 말했다.

"어머니, 일생동안 당신께서 익히신 마등가의 주문(呪文)이 있지 않습니까. 그 주문을 가지고 아난존자를 한 번 불러 보세요."

"마등가야 그런 말을 하지 말라. 삿된 법(邪法)은 바른 법(正法)에 통하지 않는다. 더군다나 죽은 사람과 욕락(欲樂)을 떠난 사람에게는 전혀 효과를 낼 수 없는 것이 마등가의 주법이다."

마등가는 그 말을 듣고 식음을 전폐하고 드러누웠다. 죽어서 다시 몸을 바꾸어서라도 그 분을 따라 다니고 싶다고 하였다. 당황한 어머니는 그가 평상시 익혔던 마등가의 주법을 이용하여 아난존자를 불러보기로 하였다.

뜰 가운데 소똥을 바르고 흰 잔디(白茅)를 입힌 뒤 아홉 개의 단을 쌓고 8방에 여덟 개의 물독을 놓고 정하수(淨河水)를 가득 채운 뒤 108개의 사가라꽃을 가지고 흰 잔디에 불을 붙였다. 불꽃은 독사의 혀처럼 넘실거렸다. 그때 여인은 머리를 풀고 사가라꽃을 물독에 던지며 사비가라 주문을 외웠다.

사비가라 주문은 노랑머리 외도(黃頭外道)가 환상속에 신통을 일으키는 주문으로서 범천들이 외우는 요술이었다.

"아바리, 비마리, 구구미, 심마청, 이나바두사 빈두미거양!

하늘이여, 땅이여, 불의 신이여, 마법의 왕이여, 나의 주술을 용납하사 아난존자를 이곳에 오게 해 주소서."

하고 원망하듯 저주하듯 주문을 외우며 애원하였다.

이렇게 하자 불가사의하게도 아난은 그 주법의 마술에 끌려 마치 몽유병환자처럼 정신없이 흔들흔들하며 그녀의 집 문 앞에 와서 서있었다.

소녀는 미칠듯이 기쁜 마음으로 아난의 손을 잡고 방으로 들어가 손과 입으로 그 아름다운 몸을 만지며 흥분시켰다. 이때 아난이 정신을 차리고 보니 마등가의 집이라 깜짝 놀라 일어나며 말했다.

"여기가 어딥니까. 나는 부처님의 제자라 여인과 사사로이 통할 수 없습니다."

마등가의 어머니가 두려운 마음으로 말했다.

"스님의 말씀이 맞습니다. 불도를 닦는 사람은 여자와 접촉하지 않는다는 말을 들었습니다."

이 말을 들은 마등가는 크게 울부짖으며 어머니를 원망하였다.
"어머니는 모르는 말씀입니다."

마등가의 어머니는 겁먹은 모습으로 마등가를 달래었다.

"천하의 도가 불도(佛道)와 아라한도(阿羅漢道)를 능가하는 것이 없다고 나는 들었다. 장차 무슨 환란을 당하려고 이렇게 고집을 부리느냐."

"어머니, 우리는 이미 끝난 거예요. 그러니 어머니께서는 다시 여러 말씀 하시지 말고 문을 꼭 닫고 독벌레로서 아난다를 꼭꼭 묶어주세요. 밤이 되면 반드시 저의 남편이 되게 하겠습니다."

하니 어머니가 독벌레로써 아난다를 꼭꼭 묶었다.

독벌레의 도란 거미줄처럼 눈에 잘 보이지 않는 주문의 쇠사슬로 사람을 묶어 꼼짝달싹 못하게 하는 주술법이다.

아난다가 기운을 잃고 쓰러지자 모녀가 함께 힘을 합하여 자리에 눕혔다. 마등가가 기뻐 어찌할 바를 모르면서 주위를 장식하자 아난다는 마음에 공포심이 일어났다.

"내 이러다가는 필경 마법에 걸려 정조를 잃고 말리라."

속으로 이런 생각을 하고 문득 자리에서 일어나자 마등가의 어머니가 마당 가운데 불을 지펴 놓고 말했다.

"만일 도망가려 하면 반드시 저 불에 던져 죽게 하리라."

아난다가 말했다.

"차라리 저 불에 들어가 죽을지언정 부처님의 계(戒)를 파하고 스님의 행을 더럽게 하지 않으리라."

하고 큰 소리로 '나무 석가모니불'을 부르자 바로 그때 기원정사에 계신 부처님께서 갑자기 이마로부터 백천광명(百千光明)을 놓았다. 그 광명 속에서는 천 개의 연꽃잎이 나타나 부처님의 화신(化身)들이 그 위에 앉게 되자 화신 부처님들이 주문을 외웠다.

"나무 대불정 여래 밀인 수증요의 제보살만행수능엄신주 다냐타 옴 아나레 비사제 비라 바아라 다리 반다 반다니 바아라 바니반 호훔 다로옹박 사바하."

이 주문이 끝나기도 전에 아난존자는 마치 새가 하늘을 날 듯 구름이 허공을 지나듯 자기도 모르는 사이에 기원정사에 도착해 있었다. 이렇게 하여 아난다는 간신히 마등가의 소굴로부터 벗어나게 되었으나 마등가는 이튿날부터 기원정사 입구에 와 섰다가 아난다가 밥을 얻으러 나가게 되면 뒤를 따라다녔다.

아난이 부끄러워 피했지만 마등가는 체면불구하고 아난다의 발자국을 따라 걸었다. 이튿날부터는 아난이 걸식을 나오지 않자 마등가는 기원정사 문 앞에서 통곡을 하다가 돌아갔다. 이튿날 또 와서 기다리고 있자 하는 수 없이 아난이 부처님께 사루었다.

"부처님. 오늘도 마등가가 와서 저를 기다리고 있나이다."

"그래. 그녀를 이리 데리고 오너라."

그 말을 들은 마등가는 너무도 기뻐 방긋방긋 웃으며 아난의 뒤를 따라왔다. 부처님께서는 다정한 말로 물었다.

"그대는 어찌하여 아난의 뒤를 따라다니는고?"

"아난다는 아내가 없고 저 또한 남편이 없으므로 서로 부부가 되고자 하겠나이다."

"그래. 그렇다면 그 모습이 서로 같아야 할 것인데 아난다는 머리카락이 없고 그대는 머리카락이 있으니 되겠느냐?"

"그렇다면 저도 머리를 깎겠습니다."

"그래. 그렇다면 집에 돌아가 어머니에게 허락을 맡고 머리를 깎고 오너라."

마등가가 어머니에게 가서 이 사실을 말씀드리니 마등가의 어머니가 깜짝 놀라며 말했다.

"네가 평생동안 애지중지 기른 머리를 어떻게 자른단 말이냐. 오직 출가하는 자만이 머리를 깎게 되어 있다. 머리를 깎고 무슨 결혼식을 올린다는 말이냐. 이것은 부처님께서 너의 마음을 달래기 위해 하신 말씀이니 곧이듣지 말아라."

"아닙니다, 어머님. 부처님은 절대로 두 가지 말씀을 하지 않는다는 말을 들었습니다. 3계의 도사요, 4생의 자부이신 석가모니 부처님께서 어떻게 중생을 속일 수 있겠습니까?"

"아니다. 마등가야, 스님에게 시집가겠다는 생각은 단념하여라. 내가 일찍부터 시중(市中)에 대부호를 보아둔 일이 있으니 그리로 시집가거라."

그러나 마등가는 극구 고집하였다.

"안됩니다 어머님. 저는 죽든지 살든지 아난다의 아내가 되겠습니다."

어머니는 짜증을 내면서 한탄하였다.

"이 어떤 종자가 태어나서 어미의 마음을 이렇게 아프게 하는고!"

그래도 마등가는 조금도 물러서지 아니하였다.

"어머니께서 진실로 딸을 사랑하신다면 저의 마음을 기쁘게 해주십시오."

"네가 어떻게 석가족의 왕자와 결혼할 수 있다는 말이냐?"

"죽어서라도 따라 갈 터이니 어머님께서 허락만 해주십시오."

"그렇다면 네 마음대로 하여라."

어머니는 눈물을 흘리며 그의 머리를 깎아 주었다.

마등가의 개안(開眼)

마등가는 기쁜 마음으로 기원정사에 나아가 부처님께 예배하고 말했다.

"부처님 저는 어머니의 승낙을 받고 이렇게 머리를 깎고 왔습니다. 사랑하는 아난존자를 보고 싶습니다. 아난존자는 어디 갔습니까?"

"아난존자는 여기 있다. 그런데 너에게 한 가지 물을 것이 있다."

"무엇입니까, 세존(世尊)님."

"네가 아난존자를 사랑한다고 하였는데 아난존자의 어느 곳을 사랑하느냐, 눈을 사랑하느냐, 코를 사랑하느냐, 입을 사랑하느냐?"

"모든 것을 다 사랑합니다."

"눈에서는 눈물이 흐르고, 귀에서는 귀지가 나오고, 코에서는 콧물이 흐르고, 입에서는 침이 흐르고, 몸에서는 땀이 나고, 이 몸의 아홉 구멍에서 항상 궂은 물이 흘러내리고 있는데 그래도 좋다는 말이냐?"

"상관없습니다, 부처님. 세상 사람들이 모두 이를 사랑하여 아들을 낳고 딸을 낳는데 무슨 상관이 있습니까. 아난존자가 길거리에 가래침을 뱉어놓고 먹으라 할 지라도 저는 먹을 수 있습니다."

"너는 참으로 아난존자를 사랑하고 있구나. 그러나 마등가야, 사람이란 몸만 좋아한다고 살아지는 것이 아니다. 뜻이 같아야 살게 되어 있다. 아난존자는 태어나면서부터 왕족으로 태어나 왕법을 익혔고, 커서는 세속인으로서 세상법을 익혔으며, 출가하여서는 출가사문(出家沙門)으로 불법을 익혔는데 너는 겨우 마등가(賤人)로 태어나 마등가법만을 익혀가지고 있으니 되겠느냐?"

이에 마등가는 가슴이 철렁 내려앉는 것 같았다. 그러나 마등가는 자신만만하게 대답하였다.

"저도 왕법과 세상법, 그리고 불법을 익히면 되지 않겠습니까?"

"좋다. 그렇다면 왕사(王寺 : 비구니스님들이 사는 절)에 가서 왕법과 불법을 함께 익혀 오너라."

마등가는 절망적인 상황 속에서도 조그만 희망을 가지고 왕사로 갔다. 왕사란 교살라국 바사익왕께서 비구니 스님들을 위해 특별히 지어준 절이었다. 거기에는 7백 명의 비구니 스님들이 있었는데, 부처님의 이모 마하빠자빠띠 비구니를 비롯하여 왕후장상(王侯將相)의 부인들과 귀족들의 따님들이 비구니가 되어 공부하고 있었다.

마등가가 가서 보니 그들의 일거일동(一擧一動)은 눈 서리와 같았고, 진흙 속에서 갓 피어난 연꽃처럼 물 한 방울 묻지 않고 청정한 모습 그대로 공부하고 있었다. 너무나도 놀랍고 부끄러웠다. 그런데 한 도반(道伴)이 말했다.

"나는 한 장군의 딸로 아버지께서 전쟁터에 나가고 없는데 어머니께서 홀로 아기를 낳다가 죽는 것을 보았습니다. 그래서 삶이란 참으로 고통스러운 것이구나 생각하고 출가(出家)하여 부처님의 제자가 되었습니다."

또 한 비구니가 말했다.

"나는 일찍이 결혼하여 두 아들을 낳았었는데 둘다 열병을 앓다 죽어 비통한 마음으로 거리를 배회하다가 부처님을 만나 대해탈(大解脫)을 얻게 되었습니다. 가정생활은 새장 안의 새와 같고, 출가생활은 하늘을 나는 새와 같습니다."

마등가가 물었다.

"어떻게 공부하였습니까?"

"먼저는 세월 속에서 인간의 흐름을 관찰하고, 다음에는 인간의 삶이 어떻게 이루어지고 있는가를 관찰했습니다. 이 세상의 모든 것은 변치 아니한 것이 없었습니다. 봄이 오면 여름이 오고, 여름이 오면 가을이 오고, ― 이렇게 가을과 겨울이 있어 만들어진 모든 것들에게는 이루어졌다 잠깐 머물렀다 부서져 없어지고(成・住・壞・空), 나고 늙고 병들고 죽는 것(生・老・病・死)을 보았습니다. 어찌 만들어진 것들 뿐이겠습니까? 보이지 않는 정신에도 한 생각이 잠깐 일어났다 머물렀다 변이하여 없어지고(生・住・異・滅) 있으니 이것이 제행무상(諸行無常)이 아니겠습니까?"

또 비구니 스님 한 분이 옆에 있다가 말했다.

"그렇습니다. 세상에는 만년청춘(萬年靑春)이 없습니다. 청춘은 늙음을 모르고 늙는 자는 죽음을 깨닫지 못하고 살 뿐입니다. 뿐만 아닙니다. 이 세상의 모든 존재는 모였다 흩어지는 것이 이치입니다. 만났다 헤어졌다, 만났다 헤어졌다, 아침부터 저녁까지, 아기 때부터 늙어 죽을 때까지 하는 일을 보면 바로 그것이 인간일대사(人間一大事)에 불과합니다. 그런데 우리는 그 만남과 헤어짐 속에서 물질적인 것이든 정신적인 것이든 서로 주고받고, 받고 주는데 어떠한 마음을 가지고 주고받느냐에 따라서 기뻐하고 성내고 슬퍼하는 즐거워 하는 것(喜·怒·愛·樂)과 흥하고 망하고 성하고 쇠하는 것(興·亡·盛·衰)이 생깁니다. 그런데 이것을 미처 깨닫지 못하고 받으면 근심걱정이 끊임없이 밀려오므로 일체가 고통처럼 느껴집니다(一切皆苦). 그러나 이것을 미리 알고 살면 주고 받는데 집착하지 아니하므로 마음이 평온하여 제법무아(諸法無我) 속에서도 평온한 마음(涅槃寂靜)으로 살 수 있습니다."

이 말을 들은 마등가는 눈을 감고 앉아서도 보이지 않는 세계가 훤히 들여다보이기 시작하였다.

"더러운 것을 깨끗하다 하고, 변해가는 것을 영원하다 하고, 괴로운 것을 즐겁다고 보는 이 잘못된 견해가 인생의 고통을 창조하는 것이로구나…"

마등가는 밥 먹는 것까지도 잊어버리고 스스로 그 몸을 관찰해갔다.

"사람이란 무엇인가. 눈·귀·코·혀·몸·뜻(생각)을 가지고 빛·소리·냄새·맛·감촉·법을 대하면서 온갖 분별을 하여 거기서 얻어지는 지식과 상식을 식료(落射塵 : 잠재의식)로 하여 살아가는 것이로구나.

눈이 색을 보고 분별하고, 귀가 소리를 듣고 분별하고, 코가 냄새를 맡고 분별하고, 혀가 맛을 보고 분별하고, 몸은 촉감으로 분별하고, 뜻은 생각으로 분별한다. 보고 듣고 깨닫고 아는 놈이 갖가지 상상작용을 일으켜 갖가지 행을 일으키고, 그 행 가운데서 얻어진 기분을 가지고 우리의 지식과 상식을 만들어내고 있다.

뿐만 아니라 이 몸은 고체(地)와 액체(水), 기체(찬 기운과 더운 기운)로 형성되어 있는데, 뼈대는 굳은 것이라 땅의 요소이고, 살결은 물렁거리는 것이므로 물의 요소이고, 불은 타는 것이라 체온을 형성하고, 호흡은 흔들거리는 것이라 바람의 요소이다. 이 4가지 요소가 각각 흩어지고 나면 그동안 내가 나라고 불러왔던 이 몸이 어디에 있다는 말인가.

이 몸뚱이 하나 가지고 이리 굴리고 저리 굴리고 온갖 분별 시비 속에서 허망한 삶을 살아왔는데 알고 보니 인생이란 너무도 허무한 존재로다. 그러면 어떻게 하여야 허무하지 않은 인생을 살 것인가. 죽지 않고 변하지 않는 진리를 깨닫지 않고는 되지 않으리라."

이렇게 생각하면서 그의 눈에서는 한없이 눈물이 흘러내리더니 어느덧 눈물도 말라 버리고 귀지도 말라 버리고 코도 침도 땀도 온갖 부정물이 다 쏟아져 흘러가 버렸다.

어느덧 세월은 흘러 구순(九旬 : 90일) 안거가 끝났다. 모든 스님들이 부처님을 친견하러 간다고 하여 그도 따라가게 되었다. 부처님께서는 너무도 달라져 버린 마등가를 보시고 물었다.
"마등가야. 이제 아난존자와 결혼해도 되겠느냐?"
"아닙니다 부처님. 이제 저에게는 아난존자가 필요없게 되었습니다."
"어찌하여 필요하지 않게 되었는고?"

"저와 아난은 세세에 부부의 인연을 맺어온 사이였습니다. 그런데 3생 전부터 아난다가 한 나라의 왕이 되어 여러 부인을 거느리게 되자 저는 늘 첫째 부인으로 허세(虛勢)를 부리다가 나이 드니 구중궁궐로 밀려나 병이 들었다가 백 가지 약을 써도 듣지 아니하여 하루는 한 무당을 불러 굿을 하게 되었습니다. 그런데 그 분이 하는 말마다 나의 속을 시원하게 하고, 그의 춤과 노래가 저의 마음을 크게 위안하게 되었으므로 저는 그에 반하여 그 무당을 양어머니로 모시게 되었습니다. 그것이 인연이 되어 그 다음 생부터서는 무당의 딸로 태어나게 되었고, 그 무당의 법(巫法)을 익혀 삶의 도구로 삼아 왔습니다. 그러다 보니 전생에도 남편을 만나지 못해 결혼하지 못했고, 금생에도 만나지 못해 전생과 같은 생활을 하게 되어 있는데 마침 아난존자가 출가사문

24

이 되어 거리에서 걸식하게 되었으므로 전생의 인연을 만나 눈에서 불이 나게 된 것입니다. 젊은 시절 내가 아난존자를 사랑하지 아니하면 꼭 다른 사람에게 빼앗길 것만 같아 미친 듯이 날뛰었으나 이제 아난존자는 출가사문으로서 만인의 애인이 되어 있는데 어찌 제 홀로만 사랑할 수 있겠습니까. 저도 똑같이 출가하여 아난존자가 실천하고 있는 도를 함께 펴고자 합니다."

"장하다, 마등가여. 네가 어찌하여 이렇게 짧은 시간에 천안통(天眼通 : 3세의 인과를 아는 눈)을 얻고 숙명통(宿命通 : 전생의 인연을 아는 마음)을 하였는고!"

"예, 부처님. 저는 참으로 좋은 도반을 만났습니다. 왕사(王舍)에 들어가는 그날부터 마하빠짜빠띠 비구니 스님의 생활하는 모습을 보고 놀랐으며, 그 많은 비구니 스님들이 남자 생각 하나 없이 도 닦는 모습을 보고 그 자리에서 그만 물든 마음(染情)이 싹 사라졌습니다. 그런데 한 스님께서 전생에 겪었던 인간사를 들려주고, 또 자신이 깨닫게 된 제행무상(諸行無常) 제법무아(諸法無我) 일체개고(一切皆苦) 열반적정(涅槃寂靜)의 도를 설해 주심을 듣고 이 몸을 관하여 오온(五蘊 : 이 몸)이 공한 것을 깨달았습니다. 빈 마음은 시간과 공간을 초월했기 때문에 과거의 일이 훤히 보이고, 미래의 일 또한 앞에 나타나 부끄럼없는 인간생활을 하게 되었습니다. 앞으로 이 몸이 재(灰)가 될 때까지 일체중생을 위해서 헌신 봉사하겠습니다."

부처님께서는 크게 칭찬하였다.

"장하다, 마등가여. 세속적인 사랑이 출세속적인 인류사랑으로 발전하였구나."

  이 말을 들은 비구(比丘), 비구니(比丘尼), 우바새(優婆塞), 우
바이(優婆夷)들은 모두 함께 큰 깨달음을 얻었으나 오직 아난존
자만이 크게 부끄러운 마음을 금치 못하였으므로 기원정사에서
는 아난존자를 위해 특별히 법회가 열리게 되었으니 이것이 저
유명한 능엄경(楞嚴經)의 법문이다.

일곱 곳에 머물러 있는 마음을 말하다(七處徵心) – 능엄경 제1권

능엄경의 법문은 칠처징심(일곱 곳에 머물러 있는 마음을 말하다)으로부터 시작된다. 아난다의 부끄러운 마음이 어느 곳에 있는가를 보여준 것이다.

아난이 부처님을 뵙고 절하고 슬피울면서 말하였다.
"시작 없는 옛날 옛적부터(無始以來) 한결같이 많이 듣기만 하고 도력이 없어 이와 같은 일이 생긴 것 같습니다. 시방 여래께서 깨달음(菩提)을 이루시던 묘한 사마타(奢摩他 : 止觀)와 삼마발제(三摩鉢底 : 三昧)와 선나(禪那 : 靜慮)의 최초방편을 가르쳐 주시어 깨달음을 얻게 하옵소서."

사마타(śamatha)는 번뇌망상을 없애고 몸과 마음을 평온하게 가지는 방법이므로 적멸(寂滅) 지관(止觀)이라 부르고,
삼마발제(samapātti)는 부처님과 같은 바른 견해로 평등한 마음을 가지는 것이므로 등지(等持) 정수(正受)라 하며,
그리고 선나(jhyāna)는 생각을 헤아려 아는게 힘이 되므로 정려(靜慮) 혹은 사유수(思惟修)라 한다.

사실 우리는 수많은 생을 살아오면서도 언제부터 시작이 되었는지 언제 끝이 날 것인지 알 수 없는 인생을 살아오고 있다. 그러므로 이것을 비롯함이 없는 세월이라 하여 무시이래(無始以來)라 한다.

이때 수많은 보살과 시방의 아라한(더 이상 배울 것이 없이 생사를 초월한 최고의 인격자)과 벽지불(辟支佛 : 홀로 깨달은 사람들) 등이 함께 있으면서 듣기 원하였으므로 부처님께서 아난에게 말씀하셨다.

"너와 내가 동기라 정의가 천륜(天倫 : 친형제)과 같다. 그런데 아난다야, 네가 처음 발심할 때에 나의 법 가운데서 무엇을 보고 세간의 깊은 은애(恩愛)를 버리고 출가하였느냐?"

이것이 이 경의 핵심이 되는 정종분(正宗分)인데 세상을 보는 눈이 어느 곳에 있는가를 가르치고자 진망(眞妄)을 결택한 부분이다.

정종분이란 중국의 도안스님이 한권의 경을 서분(서론) 정종분(본론) 유통분(결론) 3분으로 나누어 본 것인데, 앞의 마등가경이 서분이고, 능엄경이 정종분이며, 맨끝에 이 경을 듣고 어떤 느낌을 가졌다 한 것이 유통분에 해당된다.

아난다가 대답하였다.
"저는 여래의 거룩한 모습을 보고 이것이 필경 애욕이나 사랑으로부터 생긴 것이 아닐 것이라 생각하고 출가하였습니다. 왜냐하면 애욕에서 나타난 것은 그 기운이 더럽고 탁하고 비린내 누린내가 나되 피 고름이 엉켜 된 것이기 때문에 이렇게 깨끗하고 밝은 자금광(불그스레한 빛) 덩어리가 되지 못하기 때문입니다."

욕루추악(欲漏麤惡 : 욕심이 흘러내려 형성된 추악한 마음)이 능히 묘하게 밝은 마음을 장애한 것이니 다시 진정 깨끗한 것을 회복코자 하면 마땅히 애염(愛染 : 물든 사랑)을 여의어야 하므로 아난존자가 이렇게 대답한 것이다.

그러므로 이로 인해 능엄경의 대의를 '기탁염(棄濁染 : 탁하게 물든 것을 버리고) 발묘명(發妙明 : 묘하게 밝은 마음을 발하는 것)'이라 정의한 것이다.

부처님께서 말씀하셨다.
"착하다 아난아. 일체 중생이 끝없는 세월 속에서 나고 죽는 삶에 유전한 것은 다 영원한 심성의 깨끗한 본바탕(當體)을 알지 못하고 허망한 생각으로 작용한 탓이다. 허망한 생각은 거짓된 것이라 윤회(輪廻)하게 되는 줄을 알아야 하느니라. 네가 이제 위없는 깨달음의 참되고 밝은 성품을 연구하려거든 마땅히 곧은 마음(直心)으로 내가 묻는 대로 대답하라. 시방의 여래께서 한 길로 생사에서 벗어났나니 모두 '곧은 마음'이다. 마음과 말이 곧은 까닭으로 그 중간도 굽은 모습이 없게 된 것이다."

중생이 생사에 윤회하는 것은 자신의 영원한 마음 묘한 바탕

(常心妙體)을 알지 못하고 허망(虛妄)한 생각이 사랑에 얽혀 있는데 원인이 있다. 그런데 아난이 홀로 이제 능히 그 세계에서 벗어나 그것을 싫어하여 버리게 되었으므로 '착하다'한 것이다. 이에 부처님께서는 아난에게 그동안 전도(顚倒 : 잘못된) 되었던 마음의 정체를 밝혀주기 위하여 질문하신다.

"아난아, 내가 이제 네게 묻겠다. 네가 처음 발심한 때에 여래의 32상을 말미암았다 하니 무엇으로 보고 무엇이 그렇게 사랑스럽게 여겨졌느냐."

32상은 여래의 발이 평평하고, 손바닥에 수레와 같은 무늬가 있고, 손발이 보드랍고, 발꿈치가 원만하고, 온몸이 황금색이며, 이가 40개가 되는 등 서른두 가지의 특이한 상을 가진 것을 말한다.

아난이 대답하였다.
"저는 눈으로 보고 마음으로 좋아하였나이다. 그래서 눈으로는 여래의 거룩한 모습을 보고, 마음으로는 좋아하였으므로 깨닫는 마음을 일으켜 나고 죽는 마음을 버리고자 출가하였나이다."

여기서부터 부처님은 허망한 마음의 바탕(妄體)을 밝히기 위하여 다시 질문하였다.
"네 말과 같이 그렇다면 마음과 눈이 있는 데를 알아야 할 것이다. 그렇지 아니하면 번뇌를 항복받을 수 없기 때문이다. 마치 국왕이 적의 침입을 받고 군대를 보내어 토벌할 때에는 그 적군이 있는 곳을 알아야 하는 것과 같다. 너로 하여금 유전(流轉)케 한 것은 마음과 눈이 허물이니 내 이제 네게 묻겠다. 마음과 눈이 어디 있느냐?"

아난은 자연스럽게 중생들의 보는 마음이 안에 있다 대답하였다.
"일체 세간에는 태(胎)로 태어난 것과, 알(卵)로 태어난 것, 습(濕)한 곳에서 태어난 것, 변화(化)하여 태어난 것과, 색깔이 있는 것과 색깔이 없는 것, 생각이 있는 것과 생각이 없는 것, 생각이 있지도 아니하고 생각이 없지도 아니한 것 등이 모두 다 마음은 몸 속에 있고 부처님의 푸른 연꽃같은 눈은 부처님의 얼굴에 있고 저의 들뜬 눈은 제 얼굴에 있습니다."

이것이 재내(在內) 법문이다. 말하자면 눈은 밖에 있고 마음은 속에 있다는 말이다. 다시 전문적인 말로 한다면 망견(妄見)의 체는 반연(攀緣)에 의해서 나타난다는 말이다.
아난다의 이 같은 말을 듣고 부처님께서 다시 물었다.
"네가 지금 여래(如來)의 강당에 있으면서 제타숲(祇陀林 : 기수급고독원에 있는 숲)을 보고 있는데 그 제타숲은 지금 어느 곳에 있느냐?"

제타숲은 제타태자가 부처님께 바친 숲이다. 아난존자가 부처님께 대답하였다.
"이 세상 모든 것들이 보는(見) 것은 안에서부터 밖으로 나옵니다. 세존이시여, 이 중각(重閣 : 강당이름)으로 된 청정한 강당은 급고독원에 있고 제타림은 강당 밖에 있습니다."

중각은 스님들께서 공부하는 수닷다장자가 부처님께서 강의하시는 곳을 7층으로 지어 바친 것인데 부처님의 향실(香室 : 거처)에서 내려다보면 이 강당이 장엄하게 내려다보인다. 부처님께서 다시 물었다. 그 견(見)의 순서가 어떻게 되는 것인가를.

"아난아, 그렇다면 네가 강당 안에 있으면서 먼저 무엇을 보느냐?"
"먼저 여래를 보고 다음에 대중을 보고 밖으로는 제타숲과 급고독원을 봅니다."

급고독원은 수닷다 장자가 지어 바친 절이다. 부처님께서 왕사성에 계실 때 수닷다 장자가 부처님과 그의 제자들의 행을 보고 '이 분들이 우리나라에 오시면 우리나라가 문명국이 되겠다' 생각하여 제타태자가 가지고 있던 땅을 사서 절을 지었으므로 제타태자가 보시한 나무와 수닷다 장자의 별명인 급고독의 명칭을 합하여 '기수+급고독+원'이란 절이 생기게 된 것이다. 부처님께서 다시 또 물었다.
"아난아, 네가 제타림과 급고독원을 본다 하였는데 어떻게 보느냐?"

아난다가 대답하였다.

"이 강당의 문과 창이 열려 있기 때문에 제가 강당 안에서 멀리 바라볼 수 있습니다."

이것이 눈이 경계(境界)를 대하는 과정이고, 견(見)의 조건이다. 사람의 눈으로 물건을 볼 때에는 창과 문의 가림이 없어야 하기 때문이다.

그때 세존께서 금색팔을 펴서 아난의 정수리를 어루만지시고 아난과 대중에게 말씀하셨다.
"삼마제(三摩提 : 三昧)가 있으니 대불정수능엄왕(大佛頂首楞嚴王)이다. 만 가지 행을 구족하였으며 시방의 여래가 한 문으로 드나드는 묘한 길이다. 네가 자세히 들으라. 네가 말하기를 몸이 강당 안에 있어서 문과 창이 활짝 열리었으므로 기타림과 급고독원을 본다 하였는데 누구나 이 강당 안에 있으면 여래를 보지 못하고 강당 밖에 것만 보는 이가 있겠느냐."

'삼마제'는 삼매(三昧)로서 바로 안정된 마음(正定)이다. '능엄삼매'는 천성(千聖)이 다같이 거쳐야 하는 문이므로 '일문(一門)'이라 한다.

'대불정'의 '대(大)'는 삼매의 체(體)를 말하고 '불정(佛頂)'은 부처님의 머리이니 곧 최고의 깨달음(究竟覺)을 얻은 뇌(腦)를 말한다. 그리고 '수능엄'의 '수능(首楞)'은 최고의 법장(法藏 : 뇌속에 저장되어 있는 기억력)을 말하고, '엄'은 흔들림 없는 마음을 말하니 곧 위대한 불성(깨닫는 마음)을 끝까지 깨달아 흔들림 없이 세상을 제도하는 진리의 왕을 말한다.

그러니까 이 말씀은 속에 있는 마음 부처는 보지 못하고 겉에 나타난 경계만을 볼 수 있겠느냐 물은 것이다.

그때 아난다가 대답하였다.

"그럴 수는 없습니다."

"그렇다면 아난아, 너도 그렇다. 너의 신령한 마음이 온갖 것을 분명하게 알거니와, 만일 현재에 분명하게 아는 마음이 몸 속에 있다면 몸 속의 것들을 분명하게 알아야 할 터인데 그렇지 못한 것 같구나. 중생이 먼저 속을 보고 나중에 밖의 것을 본다면 비록 염통·간·지라·위 같은 것은 보지 못한다 하더라도 손톱이 길어지고 머리카락이 자라고 힘줄이 움직이고 맥이 뛰는 것쯤은 알아야 할 터인데 어찌하여 알지 못하느냐. 몸 속의 것을 알지 못한다면 밖의 것은 어떻게 알겠느냐. 그러므로 알라. 네 말대로 깨닫고 알고 하는 마음이 몸 속에 있다는 말이 옳지 아니하다."

심장과 위는 내장이고 손톱과 맥은 밖에 드러난 것이다. 속에 있는 것도 보지 못하면서 밖의 것만 본다면 마음이 '속에 있다'는 말이 맞지 않다는 것을 보여준 것이다.

아난존자가 자신의 견해가 잘못된 것임을 인정하고 다시 그 마음이 '밖에 있다' 설명한다.

"제가 이제 여래의 이러한 말씀을 듣고 제 마음이 몸 밖에 있는 줄을 알겠습니다. 그 까닭을 말하오면 마치 방안에 등불을 켜면 그 등불이 먼저 방안을 비추고 다음에 문을 통하여 뜰과 마당을 비추는 것과 같기 때문입니다. 일체 중생이 몸 속은 보지 못하면서 몸 밖의 것만 보는 것은 마치 방 밖에 있는 불빛이 방안을 비추지 못함과 같기 때문입니다."

이것이 제2 재외(在外)법문이다. 마음이 몸 밖에 있다는 말이다. 그러나 이 또한 허망한 견해이다.

이에 부처님께서 먹는 음식을 가지고 비유를 들어 말씀하셨다.
"아난아, 여기 있는 비구들이 아까 나를 따라 실라벌성에 가서 밥을 빌어 가지고 제타숲에 돌아왔는데 나는 이미 먹었다마는 네가 비구들을 보라. 한 사람이 먹어서 여러 사람의 배를 부르게 할 수 있겠느냐?"

이는 밖의 마음은 능히 안에 있는 몸을 알 수 있는 것이 아니라는 것을 비유로써 나타내 보인 것이다. 먹는데 네 가지 종류가 있으니 단식(段食)과 촉식(觸食), 사식(思食), 식식(識食)이다. 사람과 동물은 덩어리 밥을 먹고, 귀신은 촉식하고, 색계중생은 생각으로 밥을 먹으며, 무색계중생은 식상(識想)으로 배를 채운다. 이에 아난이 대답하였다.
"그럴 수 없습니다. 세존이시여, 왜냐하면 이 비구스님들이 비록 아라한이 되었다 하오나 몸과 생명이 같지 않기 때문입니다. 어떻게 한 사람이 먹어서 여러 사람의 배를 부르게 할 수 있겠습니까?"

"그렇다 아난아. 그런데 너의 깨닫고 알고 보고 하는 마음이 만일 몸 밖에 있다면 몸과 마음이 따로따로 떨어져 있어서 서로 관계가 없을 것 아니냐. 마음이 아는 것을 몸이 깨닫지 못하고, 깨달음이 몸에 있으면 마음이 알지 못해야 할 것이다. 내가 지금 도라솜과 같은 손을 네게 보일 것이니 네 눈이 볼 때 마음이 분별하는지, 몸이 분별하는지 자세히 살펴보라. 만일 마음이 분별하여 안다면 어째서 몸밖에 있다 하겠느냐. 그러니까 알라. 네 말대로 깨닫고 알고 하는 마음이 몸 밖에 있다는 것이 옳지 않다."

'도라솜'은 눈 서리와 같이 부드럽고 아름다운 솜이다.
이것은 마음이 밖에 있다는 것을 바로 파해준 것이다.

이때 다시 아난이 말하였다.
"세존이시여, 부처님의 말씀과 같이 마음이 속을 보지 못하는 것으로 보면 몸 속에 있는 것도 아니옵고 몸과 마음이 서로 알며 서로 여의지 아니한 것으로 보면 몸 밖에 있는 것도 아닙니다. 지금 제가 다시 생각해 보니 마음은 근(根) 속에 잠재되어 있는 것 같습니다."

이것이 세 번째 잠근(潛根) 법문이다. 눈의 뿌리(眼根) 속에 잠재되어 있을 것이라는 말이다.
그런데 부처님은 그 기회를 놓치지 않고 그 한 곳, 6근 속에 잠재되어 있는(潛根) 소재를 밝히기 위하여 다시 물었다.

"그 있다고 하는 한 곳이 어디냐?"

"이 분명하게 아는 마음이 속을 알지 못하면서도 밖의 것을 잘 보는 것을 보니 제 생각에는 눈 속에 들어 있는 것 같습니다. 비유하면 마치 어떤 사람이 두 눈에 안경을 쓰고도 조금도 장애가 없이 눈이 보는 것을 따라서 분별하는 것과 같습니다."

"아난다야, 네 말대로 눈 속에 있는 것이 안경을 낀 것과 같다면 안경을 눈에 댄 사람이 산과 강을 볼 때 안경을 보느냐 보지 못하느냐?"

"안경을 보겠나이다."

여기서 안경을 비유로 든 것은 유리 속에 눈이 있듯 눈 속에 마음이 있다는 것을 보이기 위해서이다. 부처님께서는 이 또한 맞지 않은 생각이라는 것을 '보는 놈은 볼 수 없다'는 이치를 들어 파(破)해 준다.

"그렇다면 산과 강을 볼 때 어째서 눈을 보지 못하느냐. 만일 눈을 본다면 눈이 경계를 대하는 것(對境)과 같아서 따라서 분별한다는 말이 성립하지 못할 것이며, 눈을 보지 못한다면 어떻게 깨닫고 알고 하는 마음이 근 속에 들어있는 것이 안경과 같다고 하겠느냐."

아난존자가 한참동안 망설이고 있다가 5장 6부를 생각해 냈다.

"세존이시여, 저는 또 이렇게 생각하겠나이다. 이 중생들의 몸이 5장 6부는 속에 있고 구멍은 밖에 있으므로 내장은 어둡고 구멍은 밝은 것이니 제가 부처님을 대하여 눈 뜨고 밝은 것을 보는 것은 밖의 것을 본다 하옵고, 눈 감고 어두운 것을 보는 것은 속의 것을 본다 하오면 그 이치가 어떠하겠나이까?"

이것이 네 번째 장암(藏暗)법문이다. 마음이 5장 6부 속에 들어 있지 않을까 하는 아난존자의 생각이다. 이에 부처님께서 말씀하셨다.

"네가 눈을 감고 어두운 것을 볼 때 그 어두운 경계가 눈과 마주 보느냐 마주 보지 않느냐. 만일 눈과 마주 본다면 어두운 경계가 눈앞에 있을 것인데 어떻게 몸 속이라 하겠으며, 만일 속이라 한다면 어두운 방안에 있으면서 해와 달 등이 없을 때에는 그 어두운 방 속이 모두 너의 3초(焦)와 6부(腑)이겠구나. 만일 마주 보지 않았다면 어떻게 보게 되겠느냐."

3초는 상초(위), 중초(소장), 하초(대장)이고, 6부는 쓸개, 위, 대장, 소장, 삼초, 방광이니 3초 6부는 신체의 중요한 부분을 통칭한 말이다. 부처님께서 이 또한 잘못된 생각임을 파해주기 위하여 계속해서 말씀하셨다.

"또 만일 밖으로 상대한 것만 보지 않고 안으로 상대한 것을 본다고 하면 눈 감고 어두운 것도 볼 수 있을 것 아니냐. 그렇다면 눈 뜨고 밖의 것을 볼 때는 어째서 얼굴을 보지 못하느냐. 만일 얼굴을 보지 못한다면 안으로 마주 본다는 이론이 성립되지 못할 것이다. 또 만일 얼굴을 본다면 이 깨닫고 알고 하는 마음과 눈이 허공에 있다는 말이 되는데 만일 허공에 있다면 어떻게 속에 있다 하겠느냐. 만일 허공에 있다면 너의 자체라 할 수 없으며, 또 지금 여래가 네 얼굴을 보는 것도 역시 네 몸이라 할 것이다. 그렇다면 네 눈은 알더라도 몸은 깨닫지 못해야 할 것 아니냐. 네가 기필코 고집하여 몸도 알고 눈도 안다면 마땅히 두 알음알이가 있는 것이니 너 한 사람의 몸에서 두 부처를 이루어야 할 것이다. 그러니까 알라. 네 말에 어두운 것 보는 것이 몸 속을 보는 것과 같다는 이치가 옳지 않다."

이곳은 도리어 보는(返觀) 이치를 변명(辨明)한 곳이다. 첫째는 눈을 뜨고도 보지 못하는 이치, 둘째는 보는 것이 허공에 있다면 마음은 이 몸과 관계가 없을 것이란 이치를 밝힌 것이다. 이에 아난이 또 말했다.

"제가 일찍 들었나이다. 부처님께서 대중에게 말씀하시기를, '마음이 나는 탓으로 여러 가지 법이 나고, 법이 나는 탓으로 여러 가지 마음이 난다' 하였는데, 지금 생각해보니 곧 생각하는 자체가 나의 심성이기에 합하는 곳을 따라서 마음이 따라 있는 것이옵고 속에나 밖, 중간에 있는 것이 아니겠나이다."

이것이 제5 수합(隨合)법문이다. 인과 연, 곧 주(主)와 객(客)

이 합하는 곳에 마음이 있다는 말이다. 이것은 능가경의 뜻이다. '경계의 바람이 불면 알음알이의 물결이 일어나는 것이 이것이 법이란 마음이 생기(法生心生)는 이치이다' 하였다.

이에 부처님께서 말씀하셨다. 사유의 몸(思惟體)으로 마음을 삼은 것 또한 뜬 생각(浮想)이라고 말이다.

"네 말대로 법이 나는 탓으로 여러 가지 마음이 난다고 하여 인연이 합하는 곳을 따라서 마음이 따라 난다고 한다면 그 마음 자체가 없으므로 합할 것이 없고, 만일 자체가 없어도 능히 합한다고 하면 그것은 19계(界)가 7진(塵)으로 인해 합한다는 말과 같을 것이니 그럴 이치가 없다."

19계와 7진은 없는 것이므로 이치에 맞지 않다는 말이다. 6근·6경·6식이 합하면 18계가 되고, 빛·소리·냄새·맛·감촉·법은 6진이므로 19계와 7진은 원래부터 없는 것이다.

부처님께서 계속해서 말씀하셨다.

"만일 자체가 있다면 네 손으로 네 몸을 찌를 때 너의 아는 마음이 속에서 나오느냐 밖에서 들어오느냐. 만일 속에서 나온다면 몸 속을 보아야 할 것이고, 밖에서 들어온다면 먼저 얼굴을 보아야 할 것 아니냐."

아난이 대답하였다.

"아닙니다 세존님. 보는 것은 눈이 하는 일입니다. 마음은 알기만 한 것이므로 눈과는 다릅니다. 그런데 눈이 아닌 마음이 어떻게 볼 수 있겠습니까."

이것이야말로 잘못 대답한 것이다. 보는 놈은 마음이고 눈이 아닌데 반대로 대답했으니 말이다. 이에 부처님께서 문과 죽은 사람을 비유로 들어 설명하였다.

"만일 눈만이 볼 수 있다면 네가 방 안에 있을 때 문(門)이 능히 보느냐? 그리고 금방 죽은 이도 눈은 그대로 있으니 마땅히 물건을 보아야 할 것 아니냐? 만일 물건을 본다면 어떻게 죽었다고 할 수 있겠느냐?"

다음은 참 마음은 '하나도 아니고 여럿도 아니고(非一非多), 두루하지도 않고 두루하지 않지도 않다(不偏不當)'는 네 가지 뜻으로서 마음의 당체를 밝혀주셨다.

"그리고 네가 깨달아 아는 마음이 만일 자체(自體)가 있다면 그 체가 하나이냐 여럿이냐. 지금 네 몸이 두루하여 있느냐 두루하지 아니하여 있느냐. 그 체가 하나라면 네가 손으로 한 활개를 칠 때 네 활개가 마땅히 깨달아야 할 것이며, 만일 모두 깨닫는다면 치는 곳이 따로 정한 곳이 없을 것이다. 만일 치는 곳이 따로 처소가 있다면 체가 하나라는 것이 성립될 수 없으리라. 또 체가 여럿이라면 여러 사람이 될 것이니 어느 체를 너라 하겠느냐. 만일 체가 두루하여 있다면 앞에서 말할 때라는 것과 같을 것이고, 두루하지 않다면 네머리를 만지면서 발까지 만져 보아라. 머리가 깨닫는다면 발은 만지는 줄을 몰라야 할 것인데, 지금 너는 그렇지 않지 않느냐. 그러니까 알라. 합하는 곳에 따라서 마음이 있다는 말이 옳지 않느니라."

이에 아난이 그렇다면 '중간'에 있지 않을까 생각하고 말하였다.

"세존이시여, 저도 들었거니와 부처님께서 문수 등 여러 법왕자와 더불어 실상을 말씀하실 때 마음은 속에도 있지 않고 밖에도 있지 않다고 하셨나이다. 지금 제가 생각해보니 속에 있다면 보는 것이 없고, 밖에 있다면 서로 알지 못할 것이온데 안으로는 알지 못하므로 속에 있다고 할 수 없고, 몸과 마음이 서로 아는 연고로 밖에 있다는 것도 옳지 않습니다. 지금 서로 알면서도 안으로는 보지 못하오니 마땅히 중간에 있는가 합니다."

이것이 제6 중간(中間) 법문이다.
그런데 부처님께서는 또 중간은 그 기준이 명확치 못한 것이므로 확정지을 수 없다 설명하시므로 아난의 잘못된 생각을 지적하여 주신다.

"네가 중간이라 말하니 그 중간이 막연하지 아니하여 있는 데가 분명 있으리라. 네가 중간을 추측하여 보라. 중간이 어디 있느냐. 처소에 있느냐 몸에 있느냐. 만일 몸에 있어서 곁에 있으면 중간이 아니고, 안에 있다면 속에 있는 것과 같을 것이다. 만일 처소에 있다면 표시할 수 있느냐 표시할 수 없느냐. 표시할 수 없다면 없는 것과 같고 표시할 수 있더라도 일정하지 아니하니 무슨 까닭이냐. 어떤 사람이 표시하여 중간이라 할 때

동에서 보면 서가 되고, 남에서 보면 북이 되어 표시하는 자체가 혼잡하니 마음까지도 어지럽기 때문이다."

아난이 자신이 생각하고 있는 중간에 대하여 변명하였다.

"제가 중간이라 말한 것은 이 두 가지가 아니옵니다. 세존께서 말씀하심과 같이 눈(眼根)과 빛(色塵)이 연이 되어 안식(眼識)을 낸다는 말입니다. 눈(眼根)은 분별하고 빛은 알음이 없는데 안식이 그 중간에서 생기므로 이것을 마음이 있는 곳이라 하겠습니다."

다시 말하면 식(識)이 곧 중간이라는 말이다. 그러나 이 또한 맞지 않는 말이라고 부처님께서 다시 한 번 설명해주신다.

"네 마음이 만일 근(根)과 진(塵)의 중간에 있다면 이 마음의 자체가 둘을 겸하였느냐 둘을 겸하지 않았느냐. 둘을 겸하였다면 물(物)과 자체가 어지럽게 섞여 있는 것이 될 것이다. 그러나 물(物)은 자체가 아는 것이 아니므로 적대가 되어 두 쪽으로 갈라설 것이니 어떻게 중간이 되겠느냐. 또 둘을 겸하지 아니 하였다면 아는 것(知)도 아니고 알지 못하는 것(不知)도 아니어서 체성이 없을 것이다. 중간이란 것이 무슨 모양을 하고 있겠느냐. 그러니까 알라. 중간이 있다는 말 또한 옳지 않다."

"세존이시여, 부처님께서 예전에 대목건련과 수보리, 부루나, 사리불 4대제자와 함께 법륜(法輪)을 굴리실 때 항상 말씀하시기를 깨달아 알고 분별하는 심성은 안에도 있지 않고 밖에도 있지 않고 중간에도 있지 아니하여 아무데도 있는 데가 없다고 하였는데, 그것은 어느 곳이든 주착함이 없는 것이 마음이라 말씀하신 것으로 알겠나이다. 그러므로 저는 이제 주착함이 없는 것으로 마음을 삼아야 옳을 것 같습니다."

이것이 제7 무착(無着) 법문이다.

이에 부처님께서 토끼뿔과 거북이 털을 들어 집착에 대한 생각까지도 마저 털어주신다.

"네가 말하기를 깨달아 알고 분별하는 심성은 어느 곳에도 있는 데가 없다 하였는데, 이 세간과 허공·물·육지에 있어 날아다니는 여러 가지 물건들이 다 그렇다는 말이냐. 또 네가 집착하지 않는다는 것이 있다는 말이냐 없다는 말이냐. 만약 없다면 거북이의 털, 토끼의 뿔과 같을 것이니 무엇을 집착하지 않는다 하느냐. 만약 집착하지 않는 것이 있다면 가히 없다고 말하지 못할 것이다. 형상이 없으면 아주 없는 것이고, 없는 것이 아니라면 형상이 있는 것이니, 형상이 있으면 마음도 있는 것인데 어떻게 집착이 없다고 하겠느냐. 그러므로 알라. 온갖 것에 집착이 없는 것을 깨닫고 알고 하는 것이 마음이라 하는 말은 옳지 않다."

이것이 저 유명한 칠처징심(七處徵心) 법문이다.
1은 마음이 근내(根內)에 있다는 말이고,
2는 마음이 바깥경계(根外)에 있다는 말이며,
3은 근속(根裏)에 있다는 말이고,

4는 장 속(藏內)에 있고,
5는 마음이 정처가 없고,
6은 근과 진 중간에 있다는 말이고,
제7은 마음은 처소가 없음을 밝혔다.

실로 마음은 본래 마음이 아니다. 그런데 사람들은 이름으로 지어진 그 마음에 집착하여 마음을 마음되게 하지 못한다. 왜냐하면 마음은 체가 없고 처소가 없기 때문이다. 그런데 사람들이 체에 집착하고 처소에 집착하여 진실한 마음을 이해하지 못하므로 일곱 번 묻고 일곱 번 답변하는 가운데서 마음에 대한 잘못된 인식을 파하여 준 것이다.

아난다가 마등가의 집에 끌려들어간 것을 부끄럽게 생각하여 걱정하므로 부처님께서는 이 7처징심을 통하여 '네 부끄러운 마음이 안에 있느냐 밖에 있느냐 중간에 있느냐' 물어 마음은 본래 주소가 없다는 것을 깨닫게 함으로써 그 부끄러운 마음을 없애준 것이다. 그러니 이것이야말로 능엄경이 가르친 인식논리학이고 생명의 철학이라 하겠다. 다시 말하면 1과 4는 사람들이 함께 계탁(計度 : 계산하고 헤아려)한 것이며, 뒤의 3은 부처님의 가르침을 잘못 해석하고 있는 것을 바로잡아 준 것이다.

다시 말하면 보는 놈은 동요하지 않고 허공과 같이 빈 마음속에 있나니, 일찍이 한 번도 유실된 일이 없고 돌려보낸 일도 없으며, 혼란에 빠진 일도 없어 초시간 초공간 속에서 자유자재함을 밝혔다. 어찌 그것을 너, 나를 구분한 것이며, 정(情)으로써 헤아리고 보았다 보지 못했다 하는 허망한 견해를 가질 수 있겠는가. 그러므로 마음은 언어도단(言語道斷)하고 심행처멸(心行處滅)한 것이다.

참 마음을 가려 뽑다(決擇眞心)

　그때 아난이 대중 가운데 있다가 자리에서 일어나 부처님께 사뢰었다.

　"저는 여래의 가장 어린 아우로서 부처님의 사랑을 입고 출가하였사오나 귀여워하심만 믿은 탓으로 많이 듣기만 하고 무루(無漏 : 번뇌가 없는 지혜)를 얻지 못하였으므로 사비가라주문을 굴복시키지 못하고 거기에 홀리어서 음실(婬室)에 들어갔으니 참마음이 있는 데를 알지 못한 까닭입니다. 바라옵건데 세존께서 큰 자비로 어여삐 여기사 우리에게 사마타1)의 길을 열어 주시어 저 천제(闡提)들로 하여금 미루거(彌戾車)를 깨뜨리게 하옵소서."

　이렇게 말하고는 오체투지하고 가르침을 듣고자 하였다.

　이때 세존께서 얼굴로부터 갖가지 광명을 놓으시니 그 빛이 찬란하여 백천 개의 해가 한꺼번에 비치는 것과 같았다. 모든

---

1) 사마타는 물과 같아 닦고 익히면 흐린 것이 가라앉아 맑고 깨끗하게 정화될 수 있기 때문이다. '일천제'는 선근을 끊은 어리석은 사람이고, '미루거'는 더러운 것을 좋아하는 것이다.

부처님 세계가 움직이고(動) 일어나며(起) 용솟음치고(涌) 진동하고(震) 소리를 내며(吼) 격동하는(擊) 등 6종으로 진동하고 시방의 티끌수와 같은 국토들이 일시에 나타나 부처님의 위신으로 여러 세계가 합하여 한 세계가 되었다.

우리의 뇌 속에는 수천억개의 뇌가 있고, 그 뇌속에는 한량없는 전파가 들어 있다. 이들 전파를 하나로 잡아 밝히면 얼굴과 몸, 그 가운데 나타난 영상들이 마치 활동사진처럼 훤히 드러나게 된다.

6종 진동은 장차 6처의 허망한 생각들을 없애줄 것을 예시한 것이다. 눈·귀·코·혀·몸·뜻이 모두 한 얼굴에 담겨 있기 때문이다. 6근·6경·6식이 진동하여 하나로 터지면 곧 한 성품이 된다.

그런데 그때 여러 세계 안에 있는 큰 보살들이 모두 본국에 있으면서 합장하고 들었다.

시방세계가 모두 일심으로 통하여 보고 듣는 것을 함께 하는데 중생들이 그렇게 못하는 것은 원인이 어디 있는가. 바로 부처님은 그것을 일깨워주기 위하여 아난에게 말씀하셨다.

"일체중생이 비롯함이 없는 옛적부터 가지가지로 거꾸러진 생각으로(顚倒) 업을 지은 것이 험악한 가시덤불과 같으며, 수행하는 사람들도 위없는 깨달음을 이루지 못하고 내지 인과를 깨달은 성문(聲聞)이나 인연법을 깨달은 연각(緣覺)이 되거나 외도나

천(天), 마(魔)의 권속이 되는 것은 다 두 가지 근본을 알지 못하고 잘못 닦고 익힌 탓이다. 마치 모래를 삶아 좋은 음식을 만들려는 것과 같아 비록 티끌겁(微塵劫)을 지내도 될 수 없는 일이다."

이것은 중생들이 업을 따라 사는 것과 수행인들이 바른 깨달음을 이루지 못한 것을 밝힌 것이다. 이제 부처님께서는 그 두 가지를 구체적으로 설명해주신다.

"무엇이 두 가지인가. 하나는 비롯함이 없는 생사의 근본이니 지금 너와 중생들이 반연하는 마음으로 자기의 심성을 삼는 것이고, 둘은 비롯함이 없는 보리(菩提), 열반(涅槃)의 원래 청정한 본체이니 지금 너의 식정(識精)의 원래 밝은 것이 능히 여러 가지 반연(緣)을 지었거든 그 연을 손실한 까닭이다. 모든 중생들이 이 본래 밝은 것을 잃어버린 탓으로 종일토록 행하면서도 스스로 깨닫지 못하고 억울하게 전진해 들어갈 곳만 찾게 된 것이다."

첫째는 자성(自性)을 모르고
둘째는 그 자성이 맑고 깨끗한 것을 깨닫지 못한 것이다.
이 두 가지를 밝히려면 우선 견해가 바로 서야 한다.

부처님께서 아난에게 물었다.
"아난아, 네가 지금 사마타의 길을 알아서 생사에서 벗어나려 하거든 내가 묻는 말을 자세히 듣고 답변해 보라."

하시고 여래께서 금색 팔을 들어 다섯 손가락을 구부리고 아난에게 물으셨다.

"네가 이것을 보느냐?"

"봅니다."

"네가 무엇을 보느냐?"

"여래께서 팔을 들고 손가락을 구부려 빛나는 주먹을 만들어 저의 마음과 눈에 비추는 것을 봅니다."

"네가 무엇으로 보느냐?"

"저와 대중이 다같이 눈으로 봅니다."

"네가 지금 '여래가 손가락을 구부려 빛나는 주먹을 만들어 네 마음과 눈에 비춘다' 하였는데, 네 눈은 보겠다마는 무엇을 마음이라 하여 나의 주먹에 비추느냐?"

앞에서 부처님께서 묻기를 '무엇으로 보며 무엇이 사랑하고 좋아하느냐?' 하여 그 뜻을 이미 깊이 이해하도록 하였으나 잘 이해하지 못했으므로 여기서는 첫째 주먹을 보이고 둘째는 무엇이 보는가를 묻고 세 번째는 무엇으로 보는가를 물었다. 그런데 아난은 보는 눈이 곧 마음인 것을 깨닫지 못하고 먼저는 그냥 '본다' 하고, 다음에는 '빛나는 주먹을 본다' 하고, 또 그 다음에는 '눈으로 본다' 하여 거듭거듭 가르쳐 주어도 말마다 잘못 이해하였다.

"여래께서 지금 마음이 있는 곳을 물으셨는데 제가 이제 추측해보니 그 추측하는 것 자체가 마음인 것 같습니다."

이것은 허망한 견해(妄見)이다. 그러므로 부정하신 것이다.

"아니다. 아난아, 그것은 네 마음이 아니다."

이에 아난이 놀라면서 자리에서 일어나 합장하고 여쭈었다.

"이것이 저의 마음이 아니라면 무엇이 저의 마음입니까?"

이것은 잠재의식이다. 잠재의식이란 본 마음속에 잠재되어 있
는 생각을 말하는데, 마치 물속에 베어있는 설탕·소금·우유와
같아서 본래의 물과는 달라진 맛을 가지고 있는 것이다. 그것은
곧 분리하면 물은 물대로 설탕은 설탕대로 나누어질 수 있으므
로 허망한 생명심이 되고, 참 마음(본래의 물)이 아닌 것이다.
그래서 부처님께서는 참 마음을 깨우쳐 주기 위하여 다시 말씀
하셨다.

"그것은 전진(前塵 : 잠재의식)의 허망한 생각이라 너의 참성품
을 의혹케 하는 것이다. 네가 끝없는 세월로부터 금생에 이르도
록 도적을 오인해 아들인줄 알고 너의 본래 청정한 마음을 잃어
버린 탓으로 윤회전생하게 된 것이다."

이에 아난이 놀라 거듭 열어 보여 주시기를 청하였다.

"세존이시여. 저는 부처님의 사랑하는 아우로서 마음속으로
부처님을 사랑하여 출가하였으나 어찌 저의 마음이 홀로 여래만
공양하였겠습니까. 내지 갠지스강의 모래알 숫자와 같은(恒河沙)
국토를 다니면서 여러 부처님과 선지식을 섬기며 큰 용맹심을
내어 모든 행하기 어려운 법사(法事)를 행함도 이 마음으로 하였

고, 비록 법을 비방하고 선근에 영원히 물러나는 것도 역시 이 마음으로 인하여 한 것인데, 만일 이것이 마음이 아니라 하신다면 저는 마음이 없는 흙과 나무와 같을 것이며, 이렇게 깨닫고 알고 함을 여의고는 다른 것이 없거늘 어찌하여 여래께서 마음이 아니라 하시나이까. 저는 참으로 놀랍사오며 이 대중들도 의혹이 없지 않을 것이오니 바라옵건대 세존께서는 어여삐여기시는 마음으로 알지 못하는 저희들을 깨우쳐 주옵소서.”

이때 세존께서 아난과 대중에게 열어 보이어 마음으로 하여금 무생법인(無生法忍 : 태어남이 없는 참 마음의 경지)에 들게 하려고 사자좌(獅子座)에서 아난의 정수리를 만지시며 말씀하셨다.

“여래가 항상 말하기를, 모든 법이 생기는 것이 마음으로 나타나는 것이며, 일체 인과와 세계와 미진이 마음으로 인해 자체가 된다고 하였느니라. 하물며 아난아, 모든 세계의 온갖 것 가운데에 내지 풀잎과 실오라기 하나라도 그 근원을 따지면 모두 체성이 있고 허공까지라도 이름과 모양이 있거늘 어찌 하물며 청정하고 묘하게 깨끗한 밝은 마음이 일체 마음의 성품(性)이 되지 않겠느냐.”

이것이 저 유명한 ‘삼계가 오직 마음이고(三界唯心), 만법이 오직 생각이다(萬法惟識)’ 하신 법문이다.

허공은 이름이고 훤히 터져 걸림이 없는 것은 모양이다. 몸이 없는 것을 몸이 있는 것에 비유한 것은 온갖 마음의 성품은 일체법으로 더불어 심성(心性)을 삼기 때문이다. 나타난 물건들도

52

오히려 자체가 있는데 모든 것을 능히 나타내는 마음이 어찌 자체가 없겠는가. 그러나 결단코 이것은 거짓 마음(妄心)이고 참마음(眞心)이 아니다. '참마음'은 자체가 없는 것이다. 그런데 사람들이 거짓 마음을 집착하여 실체를 삼는 까닭에 그 거짓마음을 여의고 참마음을 깨닫게 하기 위하여 이렇게 말한 것이다.

그래서 부처님은 분별로 인하여 깨닫고 보는분별각광(分別覺觀)을 6진의 경계와 짝하여 작업한(塵業) 사실을 구체적으로 설명하였다.

"만일 네가 분별하고 깨달아 보아 분명하게 아는 성품을 고집하여 마음이라 한다면 이 마음은 마땅히 온갖 빛·소리·냄새·감촉의 모든 경계(法塵)를 여의고 따로 완전한 성품이 있어야 할 것이다. 마치 네가 지금 나의 법문을 듣는 것은 소리(聲塵)로 인해 분별이 있는 것이니 비록 모든 보고·듣고·깨닫고·아는 것(見·聞·覺·知)을 멸하고 속으로 깊은 느낌을 가진다 하더라도 그것은 경계(法塵)를 분별한 그림자에 불과한 것이다. 내가 너에게 명령하여 마음이 아니라고 고집하는 것은 아니다마는 네가 마음으로 자세하게 헤아려 보라. 만일 전진(前塵)을 여의고 체성이 없다면 그것은 전진을 분별하는 그림자뿐임을 알 것이다. 전진은 항상 머물러 있는 것이 아니므로 만일 변하여 없어질 때에는 마음이 거북이 털, 토끼 뿔과 같게 될 것이니 그렇다면 너의 법신이 단멸하게 될 것이다. 그렇다면 무엇이 무생법인(無生法忍)을 닦아 증하겠느냐. 한 번 생각해 보라."

'분별'이란 흩어진 마음의 작용이고 '각관'은 추리하는 마음의 작용이다. 흩어진 마음은 거칠고 추리하는 마음은 세밀하다. 이 두 가지가 분명하여 갖가지 모양을 나타내므로 모든 것을 알아보는 지성(知性)이 있게 되는 것이다. 모든 사업이 경계(塵)를 반연하여 이루어지므로 일(事)은 업의 시초가 되고, 업(業)은 일의 중간이 되며, 장차 받은 과보는 일의 결과가 되는 것이다.

여기서 소리로서 그 경계를 드러내 보인 것은 가장 강한 것으로서 저열한 것까지도 포함하여 설명한 것이다. 범부와 외도, 권교(權敎 : 방편으로 가르친 것)와 소승은 유한(幽閑 : 지극히 고요한 것)한 것을 고집하여 법성의 깊은 곳을 삼으나 이 또한 망식(妄識)에 불과한 것이다. 그런데 이 경계를 거치른 마음이 이미 외진(外塵)을 여의면 분별없는 것으로 집착, 법진(法塵)을 여의지 못한다. 이 경계가 법진이 되는데는 두 가지 이유가 있다.

첫째는 범부와 외도, 소승은 모든 법이 본래 공한 것을 깨닫지 못하여 법 밖의 것을 버리고 안의 것에 반연하는 것이 거울 밖의 물건은 없애고 나서 도리어 거울 속의 그림자가 항상 있는 것으로 착각하는 것과 같다. 단지 중요한 것은 움직이지 않고 있는 마음이다. 실로 생각 밖에 있는 법도 잊지 못하는데 안에 있는 그림자가 어떻게 제거될 수 있겠는가. 그러나 그림자가 곧 법진이 되는 것이다.

둘째는 권교보살이 법이 공한 줄 알았다 하나 아직 이 경을 듣지 못해 확실히 깨닫지 못한 것이다. 경계(塵)에 열두 가지가 있는데 밝고(明) 동(動)하고 통(通)하고 달고(恬) 합(合)하고 생

(生)하는 것은 여의었으나 어둡고(暗) 고요하고(靜) 막히고(塞) 싱겁고(淡) 여의고(離) 없어진 것(滅)에 대해서는 아직 여의지 못한 까닭에 그것이 바로 법진이 되어있는 것이다.

또 경계를 지키는 마음이 분별의 원인이 된다고 하는데도 두 가지가 있다.

첫째는 경계가 이미 법진이라 체가 본래부터 있는 것이 아닌데 전혀 분별을 의지하여 나타내는 것이니 마치 흐르는 물 가운데서 파도를 본 사람이 파도가 가라앉은 뒤에도 물속에 파도가 있는 것을 영상(影像)하는 것과 같다.

둘째는 범부와 외도·권·소승이 6식사유(六識思惟)로서 관(觀)을 삼고 있다가 6식이 인지(印止)하면 그 그치는 것으로서 지(止)를 삼는 것 같다. 사실 6식을 여의고는 따로 선정과 지혜의 체가 없는 것이다. 문제는 분별하는 마음인 것인데 이것을 깨닫지 못하는 것이 병이다. 대개 경계는 법진(法塵)이고 마음은 분별하는 것이다. 경계는 마음을 여의지 못하고 마음은 경계를 여의지 못하는 것인데 이 둘이 서로 여의지 못한 것을 보고 청정하다 고집하는 경우가 있는데 이것은 온통 구염(垢染)이고 유주(流注)다. 대개 상선(上禪)과 심교(深敎)에 밝지 못한 수행자가 여기에 빠지기 쉽다. 그러므로 선정을 즐기는 자는 마땅히 이 경을 통해 참된 적정(寂靜)을 실천하여야 할 것이다.

그때 아난과 대중들이 잠자코 무엇을 잃어버린 듯 찾고 있었다. 이때 부처님께서 아난에게 말씀하셨다.

"세간에 여러가지를 공부하는 사람들이 현전에서 9차제정(4선+4정+멸진정)을 이루더라도 번뇌(漏)가 다하지 못하고 아라한을 이루는 것은 모두 이 생사하는 망상을 집착하여 진실한 것인줄로 오인하는 탓이다. 그러므로 네가 지금 많이 듣고도 성과(聖果)를 이루지 못하게 된 것이다."

아난이 이 말을 듣고 ·다시 슬피 눈물을 흘리면서 오체투지하고 부처님께 사뢰었다.

"제가 부처님을 따라 발심하여 출가한 뒤로부터 부처님의 위신만 믿고 항상 생각하기를 제가 애써 닦지 아니하여도 여래께서 삼매를 얻게 하시리라 생각하였고 몸과 마음은 본래 대신할 수 없는 줄을 알지 못하여 나의 본심을 잃었사오니, 몸은 비록 출가하였으나 마음은 도에 들어가지 못한 것이 마치 거지 아들이 아버지를 버리고 도망한 것과 같나이다."

아난뿐 아니라 가섭존자도 부처님의 삼매를 알지 못하여 피차의 뜻을 알지 못한 까닭에 스스로 그 몸을 다 바쳐 정진한 것이다. '거지 아들'의 이야기는 법화경에 나오는 궁자유(窮子喩)와 성경에 나오는 탕자유(蕩子喩)를 말한다. 아버지를 잃어버린 자식이 아버지를 보고도 아버지인줄 모르고 도망갔으니 말이다.

그러므로 아난존자는 듣는 것과 닦는 것이 하늘과 땅의 차이가 있음을 깨닫고 음식에 비유하여 말하였다.

"오늘에 와서 아무리 많이 듣는다 하더라도 닦고 수행하지 아니하면 많이 듣지 못한 것과 같아서 음식을 말하는 사람이 배부르지 아니한 것과 같은 줄을 비로소 알았나이다. 세존이시여, 저희들이 지금 번뇌장, 소지장에 얽매인 것은 고요하고 영원한 심성을 알지 못하는 탓이오니 바라옵건대 여래께서 어여삐 여기사 묘하게 밝은 마음을 밝혀 저에게 도안(道眼)을 열어주옵소서."

번뇌장은 곧 보고(見) 생각(思)하는 데서 나타나는 두 가지 혹(惑)이다. 보는 것은 뜻을 지어 분별하는 것이니 탐·진·치·만·의(貪·瞋·痴·慢·疑) 등 열 가지 번뇌를 말하고, 생각은 그 가운데서도 탐·진·치·만 네 가지 번뇌를 말한다. 앞의 열 가지는 거칠고 뒤의 네 가지는 세밀하다. 그러나 똑같이 아집(我執)을 일으키므로 인천의 승묘한 모습을 좋아하여 장애하는 까닭에 이를 사장(事障)이라 한다. 번뇌 그 자체가 곧 장애가 되기 때문이다.

다음 '소지장'은 경계를 취하는 것(取境)과 법을 사랑하는 것(法愛)이 있는데 경계를 취하는 것은 바깥 경계에 마음이 매달리고 있는 것을 말한다. 마음 밖에 실제 있는 것들에 대하여 희망을 가지고 취하기 때문이다. 법을 사랑한다고 하는 것은 공부를 하여 깨달았다고 하면서도 법이 공(法空)한 이치를 깨닫지 못하고 거기 애착하는 것이다. 그러므로 경계를 취하는 것은 거칠고 법을 사랑하는 것은 세밀한 것이다. 그러나 둘 다 법공의 이치를 장애하는 것이므로 이장(理障)이라 부른다. 이것은 실로 아는 것이 병이 되므로 또한 소지장 또는 지장(智障)이 되는 것이다.

그러므로 불법에서는 공(空)과 유(有)에 얽매이지 않는 것을 묘(妙)라고 부른다. 체와 용이 거울처럼 밝고 깨끗하게 되어 참되고 거짓된 것이 나타날 때 이를 선택할 줄 아는 마음을 도의 눈(道眼)이라 한다. 하물며 어떤 물(物)이 장애하고 혼잡하겠는 가. 참으로 고요한 것은 동요하지 않는 것이고 영원한 것은 나고 죽고 생기고 없어지는 것과 관계없다. 이제 부처님의 말씀을 통하여 참으로 고요하고(寂) 영원하며(常) 묘하고(妙) 밝은 것(明)이 어떤 것인가를 들어보도록 하자.

이때 여래께서 가슴 위의 卍자로부터 보배 광명을 놓으시니 그 빛이 찬란하여 백천 가지 색이 나타났으며 시방의 모든 부처님세계에 일시에 가득차 시방세계에 계시는 여러 여래의 정수리에 대고 다시 돌아와서 아난과 대중에게 대었다.

앞의 광명(面光)은 거짓을 깨닫게 하는 지혜의 광명이고 이곳의 광명은 참된 지혜를 통달케 하는 마음의 빛(心光)이다. 부처님께서 다시 아난에게 말씀하셨다.

"네가 이제 너를 위하여 큰 법의 깃대(法幢)를 세우며 시방의 일체중생들로 하여금 묘하고 그윽(玄微)하고 비밀한 성품과 깨끗하고 밝은 마음을 얻어 청정한 눈을 갖게 하리라. 아난아, 네가 아까 내게 대답하기를 빛나는 주먹을 본다 하였는데, 이 주먹의 빛이 어떻게 나타났으며, 어떻게 주먹이 되었고 네가 무엇으로 보았는지 말해보라."

이곳의 말씀은 아난다의 희망을 따라 나타나게 된 것이다. 아난다가 고요하고 영원한 심성을 구하므로 묘하고 미밀(微密)한 성품 보여줄 것을 허락하고 묘하게 밝은 마음을 구하므로서 묘하고 깨끗하고 밝은 마음 보여줄 것을 허락했으며, 도의 눈이 열리게 되기를 희망하므로 청정한 도안을 얻게 하겠다 허락하신 것이다.

법의 진리는 오직 체가 하나이지만 본래 고요한 것으로부터 말하면 성품(性)이 되고 본래 깨달은 것으로부터 말하면 마음(心)이 된다. 그런데 그 성품이 은미(隱微)하고 비밀(秘密)하여 모양과 소리가 없으므로 본래 고요하다 하는 것이고 마음이 깨끗하고 밝아 가리움(蔽)과 물듦(染)이 없으므로 본래 깨달아 있다고 하는 것이다. 말하자면 본래 깨달은 마음은 그 본체가 만물을 비추면서도 독립하되 공(空) 유(有)에 얽매임이 없으므로 만물에 걸림이 없는 것이다.

그러나 부처님의 가르침을 보면 식(識 : 지식과 상식)을 사용하느냐, 근(根 : 눈·귀·코·혀·몸)을 사용하느냐에 따라 권실양교(權實兩敎)가 분립된다는 식으로서 공부하는 사람은 티끌같은 세월을 공부하여도 깨닫기 어렵기 때문에 점수(漸修)라 하고, 근으로서 공부하는 사람은 손가락 한 번 퉁기는 사이에도 무학(無學)을 초월할 수 있기 때문에 돈오(頓悟)라 하는 것이다.

이에 아난존자가 말하였다.

"부처님의 온몸이 염부단금과 같아 빛나기 보배산과 같아서 청정하게 생겼으므로 광명이 있어 제가 눈으로 보았으며, 다섯 손가락을 구부려 쥐었으므로 주먹이 되었나이다."

연부단금은 연부제에서 나는 붉은 금을 말한다. 연부단 나무의 과일즙을 물속에 넣으면 모래나 돌처럼 금이 되는데 그 빛이 찬란하므로 적염(赤焰)이라고 한다. 부처님은 손과 주먹을 예로 들어 아난다의 어리석은 마음(迷雲)을 벗겨주고자 하였다.

"여래가 오늘에 진실한 말로 네게 말하노니 비유하면 내 손이 없으면 내 주먹을 만들 수 없듯이 네 눈이 없으면 네가 볼(見) 수 없으리니 너의 손으로 내 주먹에 비례하면 그 이치가 같겠느냐."
"그렇습니다, 세존님. 저의 눈이 없으면 저의 보는 것이 성립될 수 없듯이 저의 눈으로 여래의 주먹에 비례해 보면 사실과 이치가 서로 같습니다."

부처님께서 말씀하셨다.
"너는 서로 같다고 말하지만 그 이치가 그렇지 않다. 왜냐하면 손이 없는 사람은 주먹이 끝까지 없으려니와 저 눈 없는 사람은 보는 것이 아주 없지 않기 때문이다. 네가 시험삼아 한길에 나가서 소경들에게 '무엇이 보이느냐' 물어보라. 그 소경들이 대답하기를, '내 눈에는 꺼멓게 어두운 것만 보이고 다른 것은 아무것도 보이지 않는다' 할 것이다. 이 이치로 미루어 보면 전진이 어두울 뿐이언정 보는 것이야 무슨 손상이 있겠느냐."

"소경들이 꺼멓게 어두운 것만 보는 것을 어떻게 본다고 하겠나이까."

"소경들의 눈이 멀어서 어두운 것만 보는 것이 저 눈 밝은 사람이 어두운 방에 있는 것과 더불어 두 캄캄한 것이 같겠느냐 다르겠느냐."

"그렇습니다. 세존이시여, 이 어두운 방에 있는 사람과 저 소경들의 두 캄캄함을 비교하면 조금도 다름이 없겠나이다."

"아난아, 만일 눈먼 사람이 전진(前塵)의 캄캄한 것만 보다가 문득 눈빛을 얻으면 전진에서 갖가지 색을 보게 되리니, 이것을 눈이 보는 것이라 한다면 저 어두움 속에 있는 사람이 눈앞의 캄캄한 것만 보다가 문득 등불을 얻으면 역시 전진에서 갖가지 색을 본 것이 이것은 등불이 본 것이라 할 것이다. 만일 등불이 보는 것이라면 등불에 능히 보는 것이 있으므로 등불이라 이름하지 아니할 것이고, 또 등불이 보는 것이라면 너와 무슨 상관이 있겠느냐. 그러므로 알라. 등불은 능히 색을 나타낼지언정 보는 것은 눈이고 등불이 아니며, 눈은 능히 색을 나타낼지언정 보는 성품은 마음이고 눈이 아니니라."

참된 견(見)은 동요하지 않는다

아난이 비록 이 말씀을 듣고 대중과 함께 입으로는 할 말이 없으나 마음은 아직 깨닫지 못하여 여래께서 자비한 음성으로 말씀해 주시기를 원하여 합장하고 깨끗한 마음으로 부처님의 가르치심을 기다리고 있었다. 그때 세존께서 도라솜같이 빛나고 그물 모양인 손을 들어 다섯 손가락을 펴시고 아난과 대중에게 말씀하셨다.

"내가 처음 성도하고 녹야원1)에서 아야다(解) 등 5비구2)와 너희 4중에게 말하기를, '일체 중생이 보리를 이루지 못하고 아라한이 되지 못하는 것은 객진번뇌의 그르침이라' 하였는데, 너희들이 그때 어떻게 깨닫고 지금 성과(聖果)를 이루었는지 말해 보라."

이때 교진여가 일어서서 사뢰었다.

---

1) 녹야원은 인도 바라나시 근처에 있는 절이다.
2) 5비구는 교진여, 마하남, 알비, 바제, 바부 등이다. 이들은 어려서부터 부처님과 함께 자라온 도반들로서 출가 후에는 설산에서 시봉하고 있다가 부처님께서 수자타에게 유미죽을 얻어 잡숫는 것을 보고 타락했다고 녹야원으로 떠난 사람들이다.

"저는 나이가 많사온데 이 대중 가운데서 알았다는 이름을 얻은 것은 '객진(客塵)의 두 글자를 깨닫고 성과를 이루었습니다."

객(客)은 거친 번뇌이고 진(塵)은 객에서 떨어진 낙사진(落謝塵) 즉 잠재의식이다. 교진여는 번뇌와 불성을 여관집의 주인과 손님에 비유하고 또 허공과 먼지에 비유하여 설명한다.

"세존이시여, 마치 길 가는 객이 여관에 들어서 밥을 먹거나 잠을 자거나 하는데 먹거나 자는 일을 마치고는 행장을 차려 길을 떠나는 것이고 오래 머물지 못하거니와 주인은 갈데가 없나이다. 이렇게 생각해보면 머물지 않는 이는 객이고, 머무는 이는 주인이니 머물러 있지 않는 것을 객이라 하겠나이다.

또 비가 개고 볕이 나서 햇빛이 틈으로 들어오면 허공에 있는 작은 티끌들(細塵)을 보게 되는데 티끌의 성질(塵質)은 요동해도 허공은 고요하겠나이다. 이렇게 생각해 보면 맑고 고요한 것은 허공이고, 요동하는 것은 티끌(塵)이라는 것을 알게 될 것입니다."

이때 여래께서는 "그렇다" 긍정하시고 대중 가운데서 다섯 손가락을 구부렸다 펴시며 폈다 또 구부리시고 아난에게 물으셨다.

"네가 지금 무엇을 보고 있느냐?"

"여래께서 보배로운 손바닥을 대중 가운데 펴고 쥐는 것을 보았나이다."

"네가 내 손이 대중 가운데서 펴락쥐락 하는 것을 보았다 하니 그것은 내 손이 펴고 쥐어진 것이라 하겠느냐, 네 보는 것(見)이 펴락쥐락 하였느냐?"

"세존께서 대중 가운데서 손을 펴락쥐락 하실 때 제가 여래의 손이 펴락쥐락함을 보았을 뿐, 저의 견은 펴지거나 쥐어진 것이 아닙니다."

부처님께서 다시 물었다.
"어느 것이 요동한 것이고 어느 것이 고요한 것이냐?"
"부처님 손이 가만히 있지 아니하였고 저의 견은 오히려 고요할 것도 없는데 가만히 있지 않았다는 것은 무엇이오리까?"
"그렇다. 아난이여 참된 견은 동요하지 않느니라."
실로 세상은 펴고 쥐는 주먹과 같다. 한 생각 펴면 다섯 손가락이 나타나듯 5도 세계(지옥·아귀·축생·인·천)가 나타나고, 한 생각 접고 보면 다섯 손가락이 한 주먹이 되듯 이 세상 모든 것이 한 생각으로 귀결된다.

이것이 능엄경 제1권이다. 부처님께서 실라벌성 기원정사에서 대 비구스님들 1250인과 함께 있었다. 그들은 모두 번뇌가 없어진 대아라한들로서 부처님의 제자로 생활하였고, 모든 업에서 잘 벗어나 능히 여러 아라한들의 위의(行·住·坐·臥, 語·默·動·靜)를 성취하여 부처님을 따라 포교하고 있는 이들이었다.

계율을 엄격하고 깨끗하게 지켜 3계의 모범이 되고 한량없는 응신(應身 : 상대방에 필요한 몸)을 나타내어 중생들을 제도, 해탈케 하여 부처님의 유촉대로 중생들을 구제함으로써 생사의 구렁에서 벗어나게 하고 있는 이들이었다. 그 이름을 말하면 대지 사리불과 마하목건련, 마하구치라, 부루나 미다라니자, 수보리, 우파니 사타 등이 상수가 되었다.

또 한량없는 벽지불(辟支佛)과 무학(無學)과 처음 발심한 이들이 함께 부처님 계신 곳에 왔으니 마침 비구들이 여름 안거(安居)를 마치고 자자(自恣)하는 때에서 시방의 보살들이 의심을 물어 결단하려고 부처님의 자비와 위엄을 받자와 비밀한 뜻을 듣고자 모여왔던 그때였다.

여래께서 법좌에 앉아 대중을 위하여 심오한 이치를 말씀하시니 법회에 모였던 청중들은 미증유함을 얻었으며, 가릉빈가 같은 음성이 시방세계에 가득하여 항하사 보살들이 도량에 모여왔는데 문수사리가 으뜸이 되었다.

그때 빠사익왕이 그의 아버지를 위하여 재(齋)를 모시면서 부처님을 궁중으로 청하여 자신이 여래를 영접하고 진수성찬을 차려 여러 대보살들을 몸소 맞아들였다. 성중의 장자와 거사들도 동시에 스님들께 공양하려 하여 부처님께 공양을 청하였으므로 부처님은 문수에게 명하여 여러 보살과 아라한들을 나누어 거느리고 가서 재자(齋者)들의 공양을 받도록 하였다.

그런데 마침 아난은 미리 별청을 받고 멀리 갔다가 돌아오지 못하여 스님들의 무리에 참여하지 못하였고 상좌(上座 : 큰제자)와 아사리(阿闍梨 : 교수사)들도 없이 혼자 돌아오던 길에 마등가에게 걸려 갖은 고초를 다 겪게 되었던 것이다. 이에 부처님은 능엄삼매로서 아난다를 구하시고 칠처징심(七處徵心)을 통하여 아난다가 부끄러워하는 마음 그 마음의 정체를 밝혀주셨으니 앞서 마등가경에서 설명한 바와 같다.

다음 제2권에서는 처음부터 깨달음의 성품을 발명하여 깨달음의 길로 나아가는 과정을 설명하게 된다. 우선 4대색신 속에 불생불멸한 성품이 들어 있어서 영구불멸한다고 하는 외도 말가이(末伽梨)들의 단멸론(斷滅論)을 부정한다.

그리고 아난에게 분별하고 반연하는 마음과 4대색신이 우리들의 참다운 몸과 마음이라고 오인하고 있음을 말하고 분별하고 반연하는 마음을 깨달은 뒤에 비로소 참되게 볼 수 있는 진심(眞心)을 깨달을 수 있다는 사약장(四若章)을 설한다.

물(物)과 나, 세계와 나, 몸과 마음, 몸의 체와 형상 등이 모두 둘이 아니기 때문에 '참된 견'은 주위환경의 지배를 받아 불어나고 줄어짐이 없음을 밝혔다. 그러므로 이 글을 읽으면 함께 하고 따로하는 동분망견(同分妄見)을 알게 되고 허망한 5음(陰)은 인연도 아니고 자연도 아닌 것을 깨닫게 된다.

허공 속에 진실이 있다—능엄경 제2권

그때 아난과 대중이 부처님의 가르침을 듣고 몸과 마음이 태연하여 가만히 생각하니 무시이래(無始以來)로 본심을 잃어버리고 전진(前塵)을 분별하는 그림자만을 그릇 인정하다가 오늘에와서야 비로소 깨달으니 마치 젖을 잃었던 아이가 사랑스런 어머니를 만난 것 같아서 합장하고 부처님께 예배하고 이 몸과 마음의 참되고 허망한 것과 헛되고 진실한 것을 나타내어 눈앞에서 생멸하고 불생불멸하는 두가지 성품을 발명(發明)하여 주실 것을 듣고자 하였다.

이때 빠사익왕이 일어서서 부처님께 사뢰었다.

"제가 전일 부처님의 가르침을 받기 전에 가전연(迦旃延)과 비라지자(毘羅胝子)를 만났사온데 다 말하기를, '이 몸이 죽은 뒤에 단멸하는 것을 열반이라 한다'고 하였습니다. 이제 부처님을 만났사오나 아직도 의혹이 없지 않으니 어떻게 발명하면 이 마음이 생멸하지 않는 경지를 증하여 알겠습니까. 오늘 이 대중들 가운데 번뇌가 있는 이들과 함께 듣고자 하겠나이다."

가전연과 비라지자는 죽어야만 열반을 증득할 수 있다 주장한

단견외도(斷見外道)이다.

부처님께서 말씀하셨다.

"대왕의 몸이 현재 있기에 지금 묻지만 당신은 당신의 몸이 금강과 같아서 영원히 머물러 있고 죽지 않으리라 생각하십니까, 아니면 변하여 없어지리라 생각하십니까?"

"세존이시여, 이 육신은 마침내 멸할 것으로 압니다."

"대왕이 일찍이 죽어 본 적이 없는데 어떻게 그것이 없어질 것을 아십니까?"

"세존이시여, 이 무상하게 변하는 제 몸이 비록 멸한 적은 없사오나 현전에 생각생각이 변천하고 새록새록 달라지는 것이 마치 불이 스러져 재가 되듯이 점점 늙어지기 때문입니다. 이렇게 쉴새없이 늙어지므로 이 몸이 결단코 멸할 줄 아나이다."

"그렇습니다. 대왕이여, 대왕의 나이가 많아 지금은 노쇠하여졌다 하지만 대왕의 얼굴은 어떠합니까. 전과 같습니까?"

"세존이시여, 제가 어렸을 때는 피부가 윤택하였으며 점점 성장하여서는 혈기가 충실하옵더니 지금은 늙어 쇠진하여졌습니다. 형용은 초췌하고 정신은 혼미하며 머리털은 백발이 되고 낯은 쭈그러져 앞날이 멀지 않았는데 어떻게 젊었을 때와 비교할 수 있겠습니까."

"그러나 대왕이시여, 대왕의 얼굴이 갑자기 늙지는 아니하였을 것으로 생각됩니다."

"세존이시여, 밀밀(密密)히 변화하는 것을 제가 깨닫지는 못하나 세월이 흘러감에 따라 점점 이렇게 늙었나이다. 그 까닭을 말하오면 제 나이 20살 때에는 젊었다고는 하나 10세 때보다는 늙었고, 30세 때는 20세보다 늙었으며, 지금은 62세인데 50세 때에 비하면 많이 변한 것으로 아나이다."

"그렇습니다. 대왕이여, 그 얼굴이 이렇게 갑자기 늙지는 않았을 것입니다?"

"세존이시여, 내가 보건대 밀밀(密密)히 옮기는 것이 비록 이렇게 엄청나게 달라졌으나 그동안 천유변이(遷流變異)한 것을 생각해 본다면 어찌 1기(期) 2기(期) 뿐이겠습니까. 실로 해마다 변하고 달마다 변하고 날마다 변하고 찰나찰나 생각생각 사이에 머무름이 없이 변한 까닭으로 나의 몸이 이제 변해 멸하게 된 것입니다."

부처님께서 대왕에게 말씀하셨다.

"임금님께서 머리털이 희고 낯이 쭈그러진 것을 서러워하시니 그 낯은 결정코 어린시절보다는 쭈그러졌지만 지금 갠지스강을 본 것은 어렸을 때 강물을 본 것과 더불어 늙음이 있습니까 없습니까?"

"아닙니다. 세존이시여, 강물은 일찍이 달라진 것이 없습니다."

"그렇습니다. 대왕님, 임금님의 낯은 쭈그러졌으나 그 보는(見精) 성품은 쭈그러지지 않았습니다. 쭈그러지는 것은 변하지만 쭈그러지지 않는 것은 변하는 것이 아닙니다. 변하는 것은 멸하지만 변하지 않는 것은 원래 생멸이 없나니 어찌하여 그 중에서 생사를 받는다 하여 말가리 등의 단멸론(몸이 죽으면 모두 멸한다)을 인용하십니까?"

왕이 이 말씀을 듣고 나서 진실로 이 몸은 죽은 뒤에도 그것을 보는 견은 나고 죽지 않는다는 것을 알고 여러 대중들과 함께 환희용약 미증유를 얻었다.

이곳은 상근중생이 단번에 돈오(頓悟)를 얻은 증거이다. 그러나 아난은 아직도 깨닫지 못하여 다만 자리에서 일어나 합장 예불하고 부처님께 사루어 말씀하셨다.

"세존이시여, 만일 이 보고 듣는 것이 반드시 생멸하지 않는다면 어찌하여 세존께서는 저희들의 무리가 참된 성품을 잃어버리고 전도된 행을 한다고 말씀하셨나이까?"

이때 여래께서 손바닥으로 광명을 내어 아난의 오른쪽에 대시니 아난이 머리를 돌려 오른쪽을 보자 또 부처님께서는 한 광명을 놓아 아난의 왼쪽에 대시니 아난은 또 머리를 돌려 왼쪽을 보았다.

"네 머리가 지금 어찌하여 요동하느냐?"

"여래께서 보배로운 광명을 놓아 저의 왼쪽 오른쪽에 보내옵기 때문에 그것을 보느라고 좌우로 머리가 요동하였나이다."

"아난아, 네가 부처님의 광명을 보느라고 머리가 좌우로 요동하였다 하니 네 머리가 요동하였느냐, 네 견(보는 것)이 요동하였느냐?"

"세존이시여, 제 머리가 요동하였을 뿐이지 저의 견은 가만 있다 할 것도 없습니다. 하물며 요동할 수 있겠습니까."

보는 놈은 곧 마음이고 움직이는 것은 윤회이다. 그러므로 옛 사람이 이르기를, "마음은 경계를 따라 흘러가건만 흘러가는 곳은 나도 잘 알지 못하나니 천만번 흘러가도 하나인줄만 알면 기쁨과 슬픔에 속지 않으리라" 하였다. 움직이고(動) 움직이지 않는 것(不動)은 움직인 이후의 일이고, 머물고(住) 머물지 아니한 것(不住)도 머문 이후의 일이다. 본래의 우리 마음은 동(動) 부동(不動)과 관계없고, 주(住) 부주(不住)와 관계하지 않는다. 그래서 부처님은 아난다의 말을 긍정하였다.

"그렇다 아난이여."

이에 여래께서 널리 대중에게 말씀하셨다.

"만일 중생들이 요동하는 것을 경계(塵)라 하고 머물러 있지 않는 것을 객(客)이라 한다면 네가 보아라. 아난의 머리가 요동하였지만 보는 놈은 요동하지 않았고 나의 손바닥이 펴락쥐락하였지만 보는 놈은 펴락쥐락함이 없지 않았느냐. 어째서 너희들이 요동하는 것을 몸이라 하고 요동하는 것을 경계라 하여 처음부터 끝까지 생각생각마다 나고 멸하면서 참된 성품을 잃어버리고 전도(轉倒)하게 일을 행하느냐. 참된 마음을 잃어버리고 물건을 따라 내몸인줄 잘못 아는 탓으로 이 가운데서 윤회하여 윤전(輪轉)을 스스로 취하게 된 것이다."

실로 움직이는 것은 몸과 경계이다. 그렇다면 몸과 경계에 크게 집착할 것이 없다.

그런데도 사람들은 생각생각이 몸과 경계에서 생멸상을 봄으로써 괴로움과 기쁨을 느끼고 있다. 범부는 몸을 나로 삼고 경계를 내 것으로 삼아 몸은 중하고 경계는 가벼운 것으로 여긴다. 그런데 권교와 소승은 능히 깨달은 마음(證心)을 나로 삼고 깨달은 경계(涅槃)로서 내것을 삼는 까닭에 몸은 업신여기고 열반은 귀하게 생각한다. 그러므로 원각경에 '내지 청정한 열반을 증득했다 하더라도 그것은 아상(我相)에 불과하다' 하였는데, 바로 이것은 소승 권교의 열반을 지칭한 말이다. 실로 참 마음은 나도 내것도 아닌데 그 마음에서 나타난 그림자를 가지고 잘못 나, 내것을 구분하기 때문에 이것을 "전도된 생각(顚倒妄想)"이라 하는 것이다.

견(見)은 유실되지 않는다

아난이 자리에서 일어나 부처님께 예배하고 사뢰었다.
"세존이시여, 만일 이 보고 듣는 것이 반드시 생멸하지 않는다면 세존께서 어찌하여 저희들에게 참된 성품을 잃어버리고 전도하게 일을 행한다 하시나이까. 원컨대 자비하신 마음으로 우리의 진구(塵垢)를 씻어 주소서."

이곳은 아난다가 잘못된 마음으로 인하여 유실했다는 부처님의 말씀을 단멸로 유실한 것으로 착각할 염려가 있어 다시 물은 곳이다. 이때 부처님께서는 금색 팔로서 잘못된 생각을 바로잡아 주셨다.

여래께서 즉시에 금색 팔을 세우사 손을 아래로 내리시고 아난에게 말씀하셨다.
"네가 지금 나의 손을 보라. 바로냐 거꾸로냐."
"세간 사람들은 이것을 거꾸로라 하거니와 저는 바론지 거꾸론지 알지 못하겠나이다."
"아난아, 세간 사람들이 이것을 거꾸로라 한다면 세간 사람들이 어떤 것을 바로라 하겠느냐?"

"여래께서 팔을 세워 도라솜 같은 손이 위로 허공을 가리키면 바로라 하겠나이다."

부처님이 곧 팔을 세우시고 말씀하셨다.

"아난아, 이렇게 전도하는 것은 머리와 꼬리가 서로 바뀌었을 뿐이다. 그런데 세간 사람들은 하나(一) 둘(倍)하고 쳐다보면서 가지가지 분별심을 내느니라. 그러니까 네 몸과 여래의 청정한 법신과를 비교하여 밝혀보면 여래의 몸은 바로 모든 것을 두루 아는 정변지(正徧知)가 되고 너희들의 몸은 성품이 거꾸로 전도 (轉倒)된 것이라 하는 것이다. 네가 마음대로 살펴보라. 네 몸과 부처님의 몸에서 전도된 것이 무엇인지를!"

청정한 법신은 상(相)과 성(性)에 즉해 있고, 유(有)와 공(空) 에 즉해있다. 그러므로 현재 가지고 있는 32상 80종호가 그대로 법신이다. 상종(相宗)에서는 하염있는 몸(有爲身)과 하염없는 몸 (無爲身)을 논하고, 공종(空宗)에서는 보신(報身)과 화신(化身)을 따지나 성종(性宗)에서는 산하대지와 만상삼라를 이체(異體)로 보지 않는다. 팔이 거꾸로 세워졌든지 바로 세워졌든지 팔은 팔 이므로 유실된 것이 아니다. 잘못된 마음만 깨달으면 깨달은 그 마음이 곧 부처인 것이다. 그런데도 아난다는 그 전도된 곳을 찾지 못하였다.

이에 아난과 대중이 눈을 부릅뜨고 부처님을 자세히 살펴보면서 눈을 깜박거리지 아니했으나 몸과 마음이 전도한 데를 알지 못하였다.

부처님께서 자비하신 마음으로 아난과 대중을 어여삐 여기사 바다의 파도소리와 같은 음성(海潮音)으로 널리 회중에게 말씀하셨다.

"선남자들아, 내가 항상 말하기를 색과 마음, 모든 연(緣)과 마음의 심소(心所), 그리고 여러 소연(所緣)의 법들이 오직 마음으로 나타나는 것이라 하지 않더냐. 너와 몸과 마음이 모두 묘하게 밝고 참되게 깨끗한(妙明眞精), 묘한 마음으로부터 나타난 것인데 너희들이 어찌하여 본래 묘하고 원만하게 훤히 밝은 마음과 보배처럼 밝고 묘한 성품을 유실하고 깨달음 가운데서도 어리석음을 범하고 있느냐."

'일체유심조(一切唯心造)'를 범부와 소승은 업(業)이 지었다 보고, 권교에서는 식(識)이 지었다 하나 원돈(圓頓)에서는 진심(眞心)이 변천한 것으로 본다. 공(空)과 유(有)에 속하지 않는 것을 묘(妙)라 하고, 어두운 것을 영원히 떠난 것을 밝다(明)고 하며, 만법의 본체를 진정(眞精)이라 하고, 이 모든 것을 갖춘 것을 묘심(妙心)이라 한다. 그러므로 부처님께서 다시 공과 명암의 이치를 밝힌다.

"어두운(晦昧) 것이 공이다. 공과 어두움 가운데에서 희미한 것이 맺히어 색이 되고, 색이 망상과 섞여서 상상(想像)과 몸이 되었으며, 그것이 연을 만나 쌓이면 안에서 흔들리고 밖으로 나아가 분일(奔逸) 혼요(婚擾)하게 되나니 그것을 일러 심성이라 하느니라. 한 번 미하여 마음을 삼으면 그때부터서는 결정코 혹하여 색신 안에 마음이 있다 하고 색신 밖에 산과 물, 허공 가운데 대지가 있는 것으로 생각하되 그 상과 대지가 모두 묘하고 밝은 참 마음 가운데서 나타난 것(物)인줄을 알지 못한다. 비유하면 맑고 깨끗한 백천대해는 버리고 한 방울 떠있는 거품만을 알아 조수의 전체라 하면서 큰 바다와 발(渤 : 물이 용솟음쳐 거품이 일어나는 바다)을 다하였다는 것과 같으므로 너희들은 곧 어리석은 가운데서도 배나 더 어리석은 사람들이다. 마치 내가 손을 드리운 것과 차별이 없나니 여래가 그래서 그대들을 가련한 사람이라 하느니라. "

회매(晦昧)는 어두운 것이니 곧 무명(無明)이다. 무명이 변하면 완공(頑空)이 되고 공(空)과 회(晦)와 암(暗)이 합하여 색(色)이 된다. 4대색이 변하여 산하대지가 되어 만물이 의지하여 살게 된 국토를 형성한다. 4대의 색 속에서 감수작용(受) 상상작용(想) 행위작용(行) 분별작용(識)이 생기니 이것이 곧 망상이다. 4대색이 망상심과 합하면 정보(正報)인 중생이 생긴다.

그러므로 중생을 깨닫고 아는 것이라 하여 지각(知覺)이라 한다. 성명(性命)이 몸 가운데 있다고 하는 것은 도교의 학설이고, 모든 법이 마음 밖에 있다는 것은 소승의 주장이다. 우주 인생의 근본이 되는 큰 마음(大心)을 잃고 뜬 생각(浮想)을 자신으로 오인하는 것은 바다를 버리고 거품을 인식하는 것과 같은데, 딴 생각을 집착하여 큰마음을 삼으니 어리석은 가운데 더욱 어리석은 것이 된다. 실로 팔은 거꾸로 세워도 팔이고 바로 세워도 팔이다. 전도(轉倒)와 몽상(夢想)이 팔에서 온 것이 아니니 단지 잃지 않은 줄만 알면 안과 밖(內外) 겉과 속(表裏)에 걸릴 것이 없을 것이다.

견(見)은 돌려보낼 수 없다

아난이 부처님의 자비를 구하고 깊이 가르침을 받고 눈물을 흘리며 합장하고 부처님께 사뢰었다.

"제가 이렇게 부처님의 설법하는 음성을 듣고 묘하게 밝은 부처님의 원만한 상주심(常住心)을 깨달았으나 그것 역시 반연하는 마음에서 우러나온 것이라 그것을 묘하게 밝은 마음(妙明心)이라고 말할 수 없습니다. 그러니 원음(圓音)으로써 저희들의 의혹을 뽑고 위없는 깨달음(無上道)에 들어가게 하옵소서."

'원음'에는 세 가지 불가사의가 있다.

첫째는 서로 언어가 다른 사람들이 똑같이 알아듣는 것이고,

둘째는 크고 작고 깊고 얕은 사람들이 똑같이 이해하여 이익을 얻는 것이고,

셋째는 인연만 있으면 멀고 가까운 것에 관계없이 모두 눈앞에서 보고 듣는 것과 같이 이해되는 것이다.

이에 부처님께서 말씀하셨다.

"너희들이 반연(攀緣)하는 마음으로 법을 들으므로 이 법도 또한 연이라 법의 성품을 파악하지 못하였나니, 어떤 사람이 손가

락으로 달을 가리키면 그 손가락을 인하여 달을 보아야 할 것인데 손가락을 보고 달이라 한다면 그 사람은 손가락만 잃었을 뿐 아니라 달은 물론 밝고 어두운 것까지도 모르는 사람이다. 만일 나의 설법하는 음성을 분별하는 것으로 너의 마음이라 한다면 그 마음이 마땅히 분별한 음성을 여의고도 분별하는 성품이 있어야 할 것이다.

마치 어떤 손님이 여관에 들어가 기숙할 때 잠깐 머물렀다가는 문득 가는 것과 같이 마침내 상주하지는 않는 것이다. 그러나 여관집 주인은 갈데가 없으므로 항상 주하므로 주인이라 하는 것이다. 이것도 그와 같아서 참으로 너의 마음이라면 갈데가 없어야 할 것인데, 어찌하여 음성을 여의고는 분별하는 성품이 없느냐. 이것이야말로 어찌 음성을 분별하는 마음 뿐이겠느냐. 내 얼굴을 분별하는 것도 색상을 여의고는 분별하는 성품이 없다는 것을 알 수 있느니라.

이와 같이 내지 분별이 온통 없어서 색도 아니고 공도 아닌 것인데 외도 구사리들은 이를 깨닫지 못하고 명제(冥諦 : 우주 인생의 근본)라 하는 것이다. 만일 법진(法塵)이 연을 여의고는 분별하는 성품이 없다면 너의 심성이 각각 돌려보낼 데가 있거니 어떻게 주인이라 하겠느냐.”

‘법의 성품’은 곧 중생심(衆生心)으로 묘하게 밝은 마음을 말한다. 부처님의 말씀은 성진(聲塵)에서 나오는 것이므로 진리가 아니다. 달을 가리키는 손가락과 같다.

　'명제'는 수논외도(數論外道)의 학설이다. 수논에서는 우주인생의 모든 진리를 25제(諦)로 설정하고 최초의 각원(覺元)을 명제로 보았다. 25제란 자성제(自性諦), 대제(大諦), 아만제(我慢諦), 5유(唯 : 聲・觸・色・味・香), 5대(大 : 地・水・火・風・空), 5지근(知根 : 耳・身・眼・舌・鼻), 5작근(作根 : 舌・手・足・男女・大小便道)이 심평등근(心平等根), 신아(神我)가 그것이다. 이 가운데 물질적 본체인 자성제를 명제라 하는데 그 성품이 명막무제(暝漠無除)한 까닭이다. 그래도 아난다는 아직도 확실히 깨닫지 못했다. 반연한 마음을 돌려보낼 수 있다면 본심은 언제 어떻게 어디로 돌려보낼 것인가 의심한다.

　그래서 아난다가 다시 물었다.
　"만일 저희들의 심성이 각각 돌려보낼데가 있다 하오면 여래께서 말씀하시는 묘하게 밝은 원만한 마음은 어찌하여 돌려보낼데가 없나이까."
　"네가 나를 볼 때 견의 정명(精明)한 본원이 비록 묘하고 정명한 심성은 아니나 제2월(달 옆에 나타난 달)과 같은 것이고 달그림자가 아니다. 네가 자세히 들으라. 이제 너에게 돌려보낼데가 없음을 보여주리라."

　'견의 정명(精明)'은 능견(能見)의 체와 영명한 작용을 말하는데, 제1월은 본원(本元)으로 나온 것이다. 그러므로 제1월은 순

80

진무구한 마음이고, 제2월은 정명한 것을 말하며, 제3월은 달그림자로 연진분별(緣塵分別)의 마음에 비유된 것이다. 그러므로 '정명한 견' 속에는 아직 무명이 끼어 있으니 무명만 제거하면 곧 순진의 마음이 그대로 드러나게 된다. 왜냐하면 광(鑛)을 제련하면 금은 저절로 드러나기 때문이다. 이에 부처님은 또 여덟 가지 예를 들어 돌려보내야 할 것을 지적하였으므로 다음 부분을 팔환변견(八還辨見)이라 한 사람도 있다.

"아난아, 이 대강당이 동방이 훤히 열리어 해가 하늘에 뜨면 밝게 비추고 밤중의 검은 달에 운무가 자욱하면 다시 어둡고, 창틈으로는 통함을 보고 담장에서는 막힘을 보고, 분별한 곳에서는 연(緣)을 보고, 완전히 빈곳(頑處)에서는 모두가 공성(空性)이고, 흙비는 혼진(昏塵)이 얽힌 것이고, 맑게 개어 운예(雲翳)가 걷히면 청명함을 보게 되느니라.

아난아, 네가 이 여러 가지 변화하는 상을 보거니와 내가 이제 본래의 인(囚)한 곳에 돌려보내리라. 무엇이 본래의 인한 곳이냐. 아난아, 이 여러 가지 변화에서 밝은 것은 해에 돌려보낸다. 왜냐하면 해가 없으면 밝지 못하니 밝은 인은 해에 있기 때문이다. 그러므로 해에 돌려보낸다고 한 것이다. 어두움은 검은 달에 돌려보내고, 연은 분별에 돌려보내고, 완전히 빈 것은 공에 돌려보내고, 흙비는 혼진에 돌려보내고, 청명은 개인데 돌려보낸다. 세간 일체의 것이 이런 종류에서 벗어나지 못하느니라.

네가 이 여덟 가지를 보는 견의 정명한 성은 어디로 돌려보내 겠느냐. 만일 밝은 데로 돌려보낸다면 밝지 아니할 때에는 어두 움을 보지 못해야 하는데 비록 밝은 것, 어두운 것이 여러 가지 로 차별하나 견은 차별이 없느니라. 여러 가지 돌려보낼 수 있 는 것은 저절로 네가 아니려니와 네가 돌려보내지 못할 것은 네 가 아니고 누구이겠느냐.

그러므로 알라. 네 마음이 본래 묘하고 밝고 깨끗하지만 네가 스스로 혼미하고 답답하여 본래 묘한 것을 잃어버리고 윤회하면 서 생사 속에 표류하게 되었나니 그러므로 여래가 너를 가련하 다고 하느니라."

8환변견의 8은 모두 색진(色塵)으로 눈이 볼 수 있는 경계이 다. 각각 체도 있고 모양도 있으니 해는 체이고 빛은 모양이다. 단 그믐밤은 체이고 어두운 것은 모양이며, 이렇게 창호와 담장 과 분별과 공성(空性)·혼진(昏塵)·징재(澄霽)는 모두가 체이고, 터지고(通)·막히고(壅)·연(緣)과 허(虛)·울(鬱)·정(淨)은 모두 모양이다. 이 가운데 명암과 울정은 상반된 것이고, 공허와 진울 은 체와 상이 전도된 것이다.

소리와 색등 여러 가지 연심(緣心)은 객진(客塵)이므로 마땅히 돌아가야 할 것이고 그것을 본 견정(見情)은 돌려보낼 수 없는 것이다. 마음은 견정이고 묘하게 밝고 깨끗한 것(妙明·淨眞)은 그대로 마음의 상이기 때문이다.

견(見)은 혼란하지 않는다

아난다가 말했다.

"부처님, 제가 비록 견의 성품이 돌려보낼 수 없는 줄을 알겠사오나 그것이 저의 참 성품인줄이야 어떻게 아오리까?"

"아난아, 내가 너에게 묻노라. 네가 새는 것이 없는(無漏) 청정은 얻지 못하였으나 부처님의 신력을 받들어 초선천(色界 初禪天 : 梵天・梵補・大梵天)을 보는데 장애가 없었고, 아나율은 염부제를 보되 손바닥 가운데 암마라과 같이 하고, 보살들은 백천세계를 보고, 시방의 여래는 미진 같은 청정한 국토를 통틀어 보지 못하는데가 없거니와 중생의 보는 것은 분촌(分寸)에 지나지 못하느니라."

초선은 4천하를 보는 것이고, 염부제는 3천대천세계가 아닌가 생각된다. 왜냐하면 염부제는 4천하 가운데 남염부제만을 이야기한 것인데, 그것은 초과(初果)만 성취해도 보는 것이기 때문이다. 아나율은 4과 성인이므로 적어도 3천대천세계는 보지 않았나 생각된다.

부처님께서 또 말씀하셨다.

"아난아, 내가 너와 더불어 4왕천의 주거하는 궁전을 볼 때 중간에서 물과 육지와 허공에 있는 것들을 모두 보았나니, 비록 어둡고 밝은 종종 형상들이 있었으나 모두 전진(前塵)이 남아있어 장애를 형성하고 있는 것을 분별하는 것이니라. 네가 여기에서 나와 너를 분별해 보라. 내가 이제 너를 위하여 이 견 중에서 어느 것은 나의 체이고, 어느 것은 물상인 것을 가려 보이리라.

아난아, 네가 보는 근원을 끝까지 다하라. 해와 달까지도 모두 물상이다. 너의 견(見)이 아니며, 칠금산(七金山 : 수미산 주위에 있는 일곱 개의 산, 지쌍·지축·담목·선견·마이·상비·지지산)에 이르도록 두루 관찰하여도 비록 갖가지 빛이 있으나 역시 물상이고, 너의 견(見)이 아니며, 점점 보더라도 구름이 뜨고 새가 날고 바람이 불고 티끌이 날리는 것이나 수목과 산천, 초개와 사람, 축생이 모두 물상이고 너의 견이 아니다.

아난아, 이 가깝고 먼 데 있는 모든 물상이 비록 차별하나 다 같이 너의 청정한 견정으로 보는 것이니, 여러 종류가 스스로 차별이 있더라도 보는 성품은 다르지 않느니라. 이 견정(見精)의 묘하게 밝은 것이 진실로 네가 보는 성품이다.

첫째, 만일 보는 것이 물건과 같다면 너는 내가 보는 것을 보아야 하리라.

둘째, 만일 함께 보는 것으로 나의 보는 것을 본다고 하면 내가 보지 못할 때에는 어찌하여 나의 보지 못하는 곳을 보지 못하느냐.

셋째, 만일 보지 못하는 곳을 본다면 자연히 저 보지 못하는 상이 있나니라.

넷째, 만일 나의 보지 못하는 곳을 보지 못한다면 자연히 물상이 아니거늘 어찌 네가 아니겠느냐.

또 네가 지금 사물(物)을 볼 때 네가 이미 사물(物)을 보거든 사물(物)도 또한 너를 볼 것이니 그렇다면 체성이 분잡하여 너와 나와 모든 세간들이 안립하지 못할 것이다.

아난아, 만일 네가 볼 때 이것이 너의 견(見)이고 나의 견(見)이 아니라면 보는 성품이 우주에 꽉 차 있나니 네가 아니고 무엇이겠느냐. 어찌하여 너의 참된 성품이 너에게 만 참되지 못하겠느냐. 그런데 너는 의심하여 나에게 물어 실(實)을 구하려 하니 참으로 답답하구나."

이것이 저 유명한 4약장(若章)이다.

첫째는 진견(眞見)이니 물건과 같다면 물건은 누구나 눈으로 볼 수 있는 것이므로 남이 보는 것을 나도 보아야 할 것인데 그렇지 못한 점(著見思物 則汝無可見吾現),

둘째는 만일 두 사람이 함께 한 물건을 볼 때 갑과 을이 보는 견해가 같다 하더라도 육안으로 보지 않고 속으로 추측하는 것은 피차가 보지 못하는 것(著同見名學見吾不見時 何不見吾不見適),

셋째는 만일 갑이 물어본 것을 육안으로 보지 않고 추측해 안다고 하더라도 그것은 육안으로 보지 않고 본 상과 일치하지는 않는 것(著見不見 自然後不見相),

넷째는 바꾸어 말한다면 갑이 육안으로 보지 않았는데도 을이 육안 또는 생각으로 헤아려 안다고 하면 그것은 본 상이 아니라 물의 진성을 볼 뿐이라는 것이다(著不見吾不思之地 自然非物 云行非汝).

견(見)은 걸림이 없다

"세존이시여, 만일 이 보는 놈(見)의 성품(性)이 반드시 나요, 다른 것이 아니라면 제가 부처님과 함께 4천왕의 거룩한 보배궁전을 보느라고 일월궁(日月宮)에 있을 때에는, 이 보는 놈(見)이 두루 멀리 사바세계에 가득차 있다가 정사(精舍)에 돌아와서는 가람만 보이고 방안에서 마음이 당호(堂戶)에 막힐 때에는 처마만 보였습니다.

세존이시여, 이 보는 놈(見)이 이와 같아서 그 체(體)가 본래는 한 세계에 가득하던 것이 지금 방안에 있을 때에는 한 방에만 가득하오니 이 보는 놈(見)이 큰 것을 축소하여 작아진 것입니까 담과 지붕이 사이를 막아서 끊어진 것입니까. 제가 이 이치가 어찌된 까닭인지 알지 못하오니 바라옵건대 큰 자비로써 가르쳐 주옵소서."

부처님께서 말씀하셨다.

"아난아, 일체세간의 크고 작고 안이고 밖인 모든 일이 각각 전진(前塵)에 속한 것이라 보는 것(見)이 늘고 주는 것과는 상관이 없다. 비유하면 모난 그릇 속에서 모난 허공(空)을 보는 것 같느니라. 다시 네게 묻노니 이 모난 그릇 속에서 보는 모난 허공(空)이 일정하게 모난 것이냐 일정하게 모난 것이 아니냐. 만일 일정하게 모났다 하면 따로 둥근 그릇에 담아도 공이 둥글지 않아야 할 것이다. 만일 일정하게 모난 것이 아니라면 모난 그릇 속에서도 모난 허공(空)이 없어져야 할 것 아니냐. 그런데 네가 '이 이치가 어찌된 까닭을 알지 못한다'는 말은 그 이치가 바로 이런 것이니 어떻게 따질 수 있겠느냐.

아난아, 만일 모나고 둥근 것이 없는데 도달하고자 하면 모난 그릇만 버려라. 공 그 자체에는 모난 것이 없기 때문이다. 만일 그렇게 한다면 공의 모난 것을 버려야 한다고 말도 할 필요가 없게 될 것이다.

만일 네가 묻는 것 같이 방에 들어갔을 때 볼 것을 축소하여 작게 하였다면 해를 쳐다볼 때에는 견을 늘리어 해에 닿게 하겠느냐. 담과 지붕이 그 사이를 막아서 견이 끊어졌다면 작은 구멍을 뚫었을 때에는 어째서 이은 매듭이 없느냐, 그 이치가 그렇지 아니하니라.

일체중생이 무시이래로 자기를 미하여 물(物)이라 하여 본심을 잃어버리고 물에 굴린 바(所轉) 되었으므로 그 가운데서 큰 것을 보고 작은 것을 보거니와, 만일 능히 물을 굴려버리면 여래와 같이 몸과 마음이 훤히 밝아 그 자리(道場)에서 움직이지 않고 하나의 털끝(一毛端) 속에서도 시방세계를 넣고도 남게 될 것이다."

세상 사람들이 어리석은 것은
첫째는 물(物)에 어둡고,
둘째는 제 본 마음을 잃어버리고,
셋째는 업에 얽매여 굴러다니며,
넷째는 장애를 형성하기 때문이다.

보는 놈은 절대로 물이 장애할 수 없다. 끝없는 세월 속에 이 몸과 물이 자기인 것으로 착각하여 전진(前塵)과 비교함으로써 크고 작은 것이 더욱 심하게 나타난 것이다. 본래 마음은 원융무애하여 큰 것을 작은 곳에 넣어도 걸림없고 작은 것을 큰 것에 넣어도 걸림이 없는 것이다. 본마음은 밝아 미물(迷物)이 없고 본마음은 원만하여 실심(失心)이 없고 본마음은 동요함이 없어 피전(被轉)하는 일이 없기 때문이다.

견(見)은 나눌 수 없다

그때 아난다가 물었다.

"세존이시여, 만일 이 견정(見精)이 반드시 나의 묘한 성품이라면 이 묘한 성품이 지금 내 앞에 나타날 것입니다. 이 보는 것이 반드시 나의 참된 성품이라면 이 몸과 마음은 어떤 물건입니까. 지금 이 몸과 마음은 분별하는 실제가 있으나 저 보는 놈(見)은 따로 내 몸을 분별함이 없지 않겠습니까. 만일 저것이 참으로 내 마음이어서 나로 하여금 보게 한다면 보는 성품이 참으로 나이고 이 몸은 내가 아닐 것이니, 여래께서 먼저 말씀하신 물이 능히 나를 보리라던 것과 어떻게 다릅니까?"

부처님께서 말씀하셨다.

"아난아, 네가 '보는 것이 네 앞에 나타난다'는 것은 옳지 않다. 만일 참으로 네 앞에 나타나 보인다면 이 견정(見精)이 있는 것이 있을 것이니 가리키지 못할 것이 없으리라.

또 지금 너와 함께 제타숲에 앉아서 숲과 냇물과 전당을 보며 위로는 해와 달을 보고 앞으로는 항하를 대하였으니 네가 지금 내 사자좌 앞에서 손으로 분명히 가리켜 보라. 이 여러 가지 모양들이 그늘진 것은 숲이고 밝은 것은 해며, 막힌 것은 벽이고 통한 것은 허공이니, 이와 같이 초목과 실오라기까지 크고 작은 것은 다르나 형상이 있는 것은 가리키지 못할 것이 없을 것이다. 그 견이 반드시 네 앞에 있다면 네가 손으로 확실하게 가리켜 보라. 어느 것이 견(見)인지. 아난아, 마땅히 알라. 만일 공(空)이 견이라면 물이 이미 견이 되었으니 어느 것이 공이냐. 만일 물이 견이라면 이미 견이 되었으니 어느 것이 물이냐. 너는 이미 만 가지 상 가운데 미세하게 분석하여 맑고 밝고 깨끗하게 견을 쪼개내서 내게 보이되 저 물상과 같이 분명하여 의심이 없게 하라."

본 마음은 진짜로 맑고 밝고 깨끗하고 묘하다. 왜냐하면 어떤 물도 거기 섞일 수 없고 장애할 수 없으며, 물들일 수 없고 얽매이지(縛) 못하기 때문이다.

아난이 말하였다.
"제가 지금 중각강당에서 멀리는 항하에 이르고, 위로는 해와 달을 보거니와 손으로 가리키고 눈으로 보는 것이 모두 물상이고, 견이라 할 것이 없나이다. 세존이시여, 저는 부처님의 말씀과 같이 아직 번뇌(漏)가 있는 초학성문이거니와 내지 보살이라도 이 만물 중에서 바른 견해를 분석하여 일체물을 여의고 따로 자기 성품이 있게 하지 못할 것입니다."
"그렇다. 아난아, 네 말대로 견정(見精)이 일체만물을 여의고는 따로 자기의 성품이 없다면 네가 가리키는 이 물상 중에는 견(見)이라 할 것이 없어야 할 것이다. 지금 다시 말하노니, 네가 여래와 함께 제타숲에 앉아서 숲과 동산과 내지 해와 달을 보는데 여러 가지 물상이 다르지마는 반드시 네가 가리킬 견정(見精)이 없다면 네가 다시 밝혀 보라. 이 물상 중에서 어느 견이 견(見)인지."

"제가 이 제타숲을 두루 보지만 이 가운데서 어느 것이 견(見) 아닌 것이 있는지를 알지 못하겠습니다. 왜냐하면 나무가 견이 아니라면 어떻게 나무를 보며, 나무가 곧 견이라면 어느 것이 나무입니까. 이와 같이 내지 공이 견이 아니라면 어떻게 공을 보며, 공이 곧 견이라면 어느 것이 공이오리까. 제가 또 생각해 보니 만가지 물상 중에서 미세하게 살펴보면 견(見) 아닌 것이 없습니다."
"그렇다."

이에 대중 가운데 무학(無學)이 아닌 이들이 이 부처님의 말씀을 듣고 망연하여 이 이치를 처음부터 끝까지 알지 못하고 한참동안 황송하여 마치 가졌던 것을 잃어버린 듯하였다.
여래께서 그들의 정신이 변해가는 것을 아시고 어여삐 여기는 마음을 내어 아난과 대중을 위안하였다.
"선남자들아, 무상법왕(無上法王)은 진실하게 말하며, 한결(如) 같이 말하며, 거짓말(誑誕)하지도 않고 허망하지 않게 말한다. 말가이들이 죽지 않으려고 하는 네 가지 교란하는 논리와는 같지 아니하니 너희들은 잘 생각해 보라."

말가이들은 생천(生天)을 목적하는 외도들이다. 변항(變恒)과 생멸(生滅), 유무(有無)와 증감(增減)을 결정할 수 없다 하여 변하는 것을 말하면 항상한 것으로, 생(生)을 멸하면 멸(滅)로서, 유(有)를 말하면 무(無)로서, 증(增)를 말하면 감(減)으로서 각각 설명하여 혼란을 일으킨다. 그리고 이들은 심경(心境)과 4대 8식 상멸(想滅)을 의지하여 영생한다고 믿고 있다.

이때 문수사리법왕자(文殊師利法王子)가 4중을 어여삐 여겨 대중 가운데서 일어나 부처님의 발에 정례(頂禮)하고 합장 공경한 뒤 부처님께 사뢰었다.

"세존이시여, 이 대중들이 여래께서 발명하신 견정(見精)과 색과 공이 옳은 것(是)인지 그른 것(非是)인지 두 가지 이치를 깨닫지 못하고 있나이다. 이 전연(前緣)인 색상(色像)과 공상(空像)이 만일 견(見)이라면 가리킬 수가 있어야 하고, 만일 견(見)이 아니라면 보지 못해야 할 것인데, 지금 이 이치의 돌아갈 바를 알지 못하여 놀라고(驚怖) 있으니 옛날의 선근이 연약한 것은 아니니 바라옵건대 여래께서 대자대비로써 밝혀 주옵소서. 이 물상들과 견정이 원래 무엇이길래 이 중간에 옳고(是) 그른 것(非是)이 있나이까?"

부처님께서 문수보살과 대중에게 말씀하셨다.
"시방의 여래와 대보살들이 스스로 주하는 삼마지(三摩地)에서는 견(見)과 견(見)의 연(緣)이 원래 보살의 묘정명(妙淨明)한 본체이니 어찌 그 가운데 옳고(是) 그른 것(非是)이 있겠느냐. 문수야, 내가 이제 그대에게 묻노니 그대가 문수인데 또 다른 문수가 있다고 생각하겠느냐?"

"그러합니다. 세존이시여, 제가 참말 문수이며 따로 문수가 없나이다. 왜냐하면 또 다른 문수가 있다면 두 문수가 되기 때문입니다. 그러나 오늘날 두 문수가 없으니 이 가운데서 옳고 그른 것이 있을 수 없습니다."

부처님께서 말씀하셨다.
"이 묘하게 밝은 견과 모든 공(空)과 진(塵)도 또한 그러하여 본래 묘하게 밝은 무상보리의 깨끗하고 원만한 진심으로서 허망하게 색과 공과 듣는 것과 보는 것이 되었으니 마치 제2월과 같다. 어느 것이 달(是月)이고 달이 아닌 것(非月)이 있겠느냐.

문수야, 해와 달이 참된 것이며 그 중간에 달(是月)과 달 아닌 것(非月)이 없느니라. 그러므로 네가 지금에 보는 것(見)과 보여지는 것(塵)을 보고서 갖가지로 밝히는 것은 망상이니 능히 그 가운데서 옳고 그름을 일으키지 말라. 이 진정한 묘각의 밝은 성품으로 말미암아 너로 하여금 손가락(指)과 손가락 아닌 것(非指)을 능히 가려내게 하리라."

일진(一眞)은 바다 속의 물과 같고, 견정(見精)은 물속의 빛과 같고, 모든 물상은 물 속의 그림자와 같다. 그런데 어리석은 사람들은 물은 보지 않고 그림자만 보고 따라간다. 그래서 부처님은 우선 그림자가 그림자인 것을 밝히기 위하여 먼저 물빛을 설명하나 어리석은 사람들은 도리어 그 물빛과 그림자에 함께 집착한다. 그러나 자세히 보라. 그림자는 생멸이 있어도 물 빛은 가고 오는 것이 없다. 그러므로 빛을 알면 곧 물을 깨닫게 된다. 그런데도 사람들은 물 속의 그림자를 탐하다가 빠져 죽는다. 여기서 문수가 나타난 것은 일진(一眞)의 지혜(빛)를 나타내기 위한 까닭이다.

견(見)은 감정을 떠나 있다

아난이 부처님께 사뢰었다.

"세존이시여, 법왕의 말씀과 같이 각(覺)과 연(緣)이 온세계에 가득하여 맑고 깨끗하게 항상 머물러 성품은 나고 죽는 것이 아니라 한다면 예전 범지(梵志)인 사비가라(娑毘迦羅)가 말하는 명제(冥諦)나 투회외도(投灰外道 : 시바신의 요가정신을 믿는 사람)들이 말하는 진아(眞我)가 온 세계에 가득차 있다 하는 것과는 어떻게 다릅니까?

옛날 세존께서 능가산(楞伽山)에 계실 때 대혜보살(大慧菩薩) 등에게 이 이치를 말씀하시지 않으셨습니까. 저 외도들은 자연이라 말하거니와 내가 말하는 인연은 저들의 경계가 아니라고 말입니다. 제가 지금 볼 때 각(覺)의 성(性)이 자연한 것이어서 나는 것도 아니고 멸하는 것도 아니라 일체 허망과 전도를 여의어서 인연이 아닌 듯하오니 저들의 자연과 더불어 어떻게 열어 보여야 사견(邪見)에 빠지지 아니하고 진실한 마음을 묘하게 깨달아 밝은(妙覺明) 성품을 얻을 수 있겠습니까."

'능가산'은 신통이 없이는 갈 수 없는 산이므로 불가왕(不可往)이라 번역한다. 지금의 스리랑카에 있다. 외도의 자연설이란 안으로 심성과 밖으로 만법이 모두 본래의 인(因)이 없이 자연으로 생겨난 것이라 주장하는 학설이다. 이에 반하여 부처님은 이 인과발무(因果撥無)의 학설을 깨우치기 위하여 인연법을 널리 설하여 닦아 증(修證)하는 법을 세우게 되었다. 그러나 그것은 실제 부처님의 본회가 아니었던 까닭에 이제와서는 인연도 아니라고 설명하시게 된 것이다.

그래서 부처님께서 다시 말씀하셨다.

"내가 이렇게 방편을 베풀어서 진실하게 말하였는데도 네가 오히려 깨닫지 못하고 자연인가 의심하느냐. 아난아, 만일 자연이라면 자(自)라는 것이 분명하여 자연의 체가 있어야 할 것 아니냐. 네가 보라. 이 묘하게 밝은 견에서 무엇을 자(自)라 하겠느냐. 이 견의 밝은 것(明)으로써 자(自)라 하겠느냐. 어두운 것(暗)이나 터진 것(空), 막힌 것(塞)으로써 자(自)라 하겠느냐.

아난아, 만일 밝은(明) 것으로써 자라 한다면 어두운(暗) 것을 보지 못해야 할 것이고, 터진(空) 것으로써 자라 한다면 막힌(塞) 것은 보지 못해야 할 것이며, 내지 어두운(暗) 것으로서 자라 한다면 밝을(明) 때에는 보는 성품이 죽어 없어질 것이니 어떻게 밝은 것을 볼 수 있겠느냐."

아난다가 다시 그러면 인연인가 하여 물었다.

"이 묘한 견의 성품이 자연이 아니라면 제가 이제 인연으로 생긴 것이라 발명(發明)하려 하오나 마음이 오히려 분명하지 못하여 여래께 여쭈오니 이 이치가 어찌 하오면 인연에 합하겠습니까?"

"네가 인연이라 하니 네가 다시 물으리라. 네가 지금 보는 것으로 인해 견의 성품이 앞에 나타나게 되었나니 이 견이 밝음으로 인해 봄이 있느냐. 아니면 어두움(暗)과 터진 것(空), 막힌 것(塞)으로 인해 봄이 있느냐. 만일 밝은 것(明)으로 인해 봄이 있다면 어두움(暗)을 인해서는 보지 못해야 하고, 어두움(暗)을 인해 봄이 있다면 밝았을 때(明)는 보지 못해야 할 것 아니냐. 그러므로 보는 것은 터지고 막힌 것과는 관계가 없는 것이다.

또 아난아, 이 견이 밝음(明)을 인연하여 보게 되었는지, 어두움을 인연하여 보게 되었는지, 아니면 터짐을 인연하여 보게 되었는지, 막힌 것을 인연하여 보게 되었는지 자세히 살펴보라. 만일 터진 것을 연하여 있다면 막힌 것은 보지 못해야 하고, 막힘을 연하여 있다면 터진 것은 보지 못해야 할 것이다. 밝음을 인연하고 어둠을 인연한 것도 터진 것과 막힌 것도 이와 같느니라.

그러므로 알라. 이 정미로운 깨달음의 묘하게 밝은 마음은 인도 아니고 연도 아니며 자연도 아니고 자연 아닌 것도 아니다. 여기에는 비(非)와 비 아닌 것(不非)도 없고, 시(是)와 시 아닌 것(非是)도 없다. 일체의 상을 여의고 일체의 법에 즉하였으므로, 네가 어떻게 그 가운데 마음을 내어 세간의 희론과 명상(名相)으로 분별하려 하느냐. 마치 손바닥으로 허공을 만지려는 것 같아서 자못 애만 쓸지언정 허공이 어찌하여 네게 잡히겠느냐."

변치 않는 진체(眞體)를 정각(精覺)이라 하고, 인연따라 신령스럽게 작용하는 것을 묘명(妙明)이라 한다. 체가 변치 않는다면 인연도 아니고, 작용이 연을 따른다면 자연도 아니다. 그러므로 인연도 아니고 자연도 아니라고 말하는 것이다. 이로서 세간의 희론(자연)과 권승(權乘)들의 희론(인연)이 한꺼번에 무너졌다. 그러나 아난다는 평상시 인연법을 많이 들어 왔으므로 다시 또 묻게 된다.

견(見)은 견(見)을 여의었다

아난이 부처님께 사뢰었다.

"세존이시여, 이 묘한 깨달음의 성품이 인(因)도 아니고 연(緣)도 아니라면 세존께서 비구들에게 말씀하시기를, '보는 성품에는 네 가지 연을 갖추어야 한다' 하였는데 그 뜻이 어떠합니까?"

'네 가지 성품'이란 간격(空)과 빛(光), 마음(心), 눈(眼)이다. 이 네 가지가 없이는 눈으로 만물을 볼 수 없다고 말한 것이다.

이에 부처님께서 설명하였다.

"아난아, 그것은 내가 세간의 모든 인연상을 말한 것이고, 제일의제(1차적인 전체 통일의 원리)를 말한 것이 아니다. 아난아 내가 또 네게 묻겠다. 세간 사람들이 '내가 본다' 하는데 어떤 것을 본다 하고, 어떤 것을 보지 못한다 하느냐."

"세간 사람들이 해나 달이나 등불의 광명으로 인해 갖가지 상을 보는 것을 본다 하고 이 세 가지 광명이 없으면 보지 못한다 하겠나이다."

"아난아, 만일 빛이 없을 때 보지 못한다고 한다면 어두운 것은 보지 못해야 할 것 아니냐. 만일 어두운 것을 본다면 그것은 밝은 것이 없을 뿐이거늘 어찌하여 봄이 없다 하겠느냐. 또 만일 어두울 때는 밝은 것을 보지 못하므로 못본다 한다면 밝을 때는 어두운 것을 보지 못한다는 것도 못본다 해야 할 것이니, 그렇다면 두 상을 모두 못본다고 해야 할 것이다.

만일 두 모습이 서로 능탈(凌奪)할 지라도 너의 보는 성품은 그 중에서 잠깐도 없는 것이 아니니, 그렇다면 둘을 다 본다고 해야 할 것인데 어찌 못 본다 하겠느냐. 그러므로 알라. 밝은 것을 볼 때에도 보는 것은 밝은 것이 아니고 어두운 것을 볼 때에도 보는 것은 어두운 것이 아니며, 빈 것을 볼 때에도 보는 것은 빈 것이 아니고 막힌 것을 볼 때에도 보는 것은 막힌 것이 아니니라.

네 가지 이치가 성취되었으니 너는 분명히 알라. 허망한 것을 볼 때에 보는 것은 망견이 아니다. 견의 체는 오히려 견을 여의어서 견으로도 미치지 못하는 것이다. 어찌 다시 인연이다 자연이다 화합상이다 말하겠느냐. 너희 성문들이 용렬하고 지식이 없어 청정한 실상을 통달하지 못하기 때문에 내가 다시 네게 말하노니 잘 생각하여 묘한 깨달음의 길에서 고달파하지 말라."

참된 견(眞見)은 오히려 견정(見精)의 자성도 여의었기 때문이다. 허망한 생각이 나타나면 진짜의 견해는 숨어버린다. 그러나

망견이 없어지면 진짜 밝은 마음이 나타난다. 그러므로 금강경에서도 '모든 상이 상이 아닌 줄 알아야 실상을 본다'한 것이다. 그러나 아난은 이 말씀을 듣고 더욱 캄캄하게 되어 다시 또 질문하게 된다.

망(妄)에서 진(眞)을 본다

아난이 부처님께 사뢰었다.

"세존이시여, 불세존께서 저희들에게 인연과 자연과 화합과 불화합을 연설하였으나 마음이 열리지 아니하더니, 이제 다시 견을 보는 것은 견이 아니라 함을 듣고 더욱 답답하겠나이다. 바라옵건대 큰 자비로 큰 지혜의 눈을 베푸시어, 우리에게 열어 보여 깨닫는 마음을 더욱 분명하게 하옵소서."

이 말을 마치고 슬피 울며 정례하고 부처님의 가르침을 받고자 하였다.

이때 세존께서 아난과 대중을 어여삐 여기사 큰 다라니(陀羅尼)와 모든 삼마제(三摩提)를 묘하게 닦고 행하는 길을 가르치고자 아난에게 말씀하셨다.

"네가 비록 정확하고 오래도록 기억하나 다문에만 이익하고 사마타(奢摩他)의 세밀한 관조에는 마음이 오히려 분명하게 알지 못하는구나. 너는 자세히 들으라. 내 이제 너를 위하여 분별하여 보이며 장차 번뇌망상에 시달리고 있는 이들로 하여금 보리과(菩提果 : 깨달음)를 얻게 하리라."

삼마제에는 스물다섯 가지가 있는데 순서대로 설하게 될 것이다. 알고 보면 사마타는 본래부터 나에게 갖추어져 있는 정(定 : 안정된 마음)이다. 그러므로 이 사마타는 자세히 관조(微密觀照)하여야 할 것이다. 경계를 대하여 깊이 사유하는 것을 미(微)라 하고, 선정 속에서도 출입을 알 수 없는 것을 밀(密)이라 하며, 허망한 모습 여원 것을 미(微)라 하고 상(相) 속에 있으면서도 상을 나타내지 않는 것이 밀(密)이다.

"아난아, 일체 중생이 세간에 윤회하는 것은 두 가지를 전도하게 분별하는 망견으로 말미암아 부딪치는 곳마다 일으키는 당업(當業)으로 인하여 윤회하게 되나니,
첫째는 중생의 별업망견(別業妄見)이고,
둘째는 중생의 동분망견(同分妄見)이니라."

처(處)와 업(業)을 모두 당(當)이라 한다. 당처는 움직이지 않는 것이니 몇 가지 꿈을 꾸어도 한 잠자리를 여의지 않는 까닭이고 당업은 물(物)이 따로 없는 것을 나타내 보인 것이니 자기의 업 속에서 온갖 물을 만들어 내는 까닭이다.

사실 당처는 온 법계심(法界心)인데 미혹이 변성(遍成)한 곳에 따라 처소가 생기게 된다. 그리고 당법은 경계를 따라 집착한 사람들이 업을 지으므로 동분경(同分境)과 별업경(別業境)이 나타나게 된 것이다. 부처님께서 다시 별업망견과 동분망견을 구체적으로 설명해 주신다.

"어떤 것을 별업망견이라 하느냐. 아난아 세간 사람들이 눈병(赤病)이 생기면 밤에 등불을 볼 때 특별히 오색이 거듭거듭 그림자처럼 나타나나니 어떻게 생각하느냐. 이날 밤 등에 나타나는 둥근빛이 등불의 빛이겠느냐 견의 빛이겠느냐. 만일 등의 빛이라면 적생(赤眚)이 없는 사람은 어째서 보지 못하고, 병든 사람만이 보게 되느냐. 만일 견의 색이라면 견이 이미 색이 되었으니 저 병난 사람이 둥근 그림자(圓影)를 보는 것은 무엇이라 하겠느냐.

또 아난아, 둥근 그림자가 등을 여의고 따로 있다면 곁으로 병(屛)·장(帳)·궤(几)·연(筵)을 볼 때에도 둥근 그림자가 나타나야 할 것이고, 견을 여의고 따로 있다면 눈으로 볼 것이 아니니 그렇다면 어찌하여 눈병난 사람이 눈으로 둥근 그림자를 보게 되느냐. 그러므로 알라. 색은 실로 등에 있지마는 견의 병으로 둥근 그림자가 되나니 둥근 그림자와 견이 다 생병이거니와 생(眚 : 눈에 백태가 낀 것)을 보는 것은 병이 아니니라. 그러므로 말하기를 이것이 등 탓이라 견 탓이라 하거나, 그 중에서도 등 탓이 아니다 견 탓이 아니다 할 것이 아니다.

마치 제2월이 자체도 아니고 영상도 아닌 것과 같다. 무슨 까닭인가. 제2월을 보는 것은 눈을 눌러서 생긴 것이므로 지혜가 있는 사람은 이 눈을 눌러서 생긴 것이 달무리(月形)와 달무리가 아니다 하는 견해를 여의었다 여의지 아니했다고 말하지 않는다. 마찬가지로 이 같은 모든 현상은 눈병으로 인하여 생긴 것

이니 무엇을 이름하여 등탓이라 견 탓이라 하고 등 탓이 아니다 견 탓이 아니다라고 분별하겠느냐.“

눈은 4대의 부진(浮塵) 위에 나타난 기관이지만 그 눈 속에 나타난 견을 통해 보는 빛(見精)이 있음을 알게 된다. 마찬가지로 눈병 역시 눈 속에서 난 병이지만 견성을 통해 이 병을 알게 되니 알고 보면 이 병은 곧 견성병이다. 하물며 등가에 나타난 그림자야 더 말할 것 있겠는가. 그러므로 무명은 근본 견병이 되고 색맹은 부진근에 나타난 견병이라 하겠다. 또 몸의 경계는 근본 경계는 근본 견병의 그림자가 되고 동분이자만 견병의 그림자가 된다. 따라서 이 눈병의 예는 별업(別業)과 망견(妄見)을 쉽게 알아 볼 수 있는 좋은 자료이다. 다시 부처님께서 동분망견에 대해서 설명해 주신다.

“또 어떤 것을 동분망견이라 하느냐. 아난아, 이 염부제(閻浮提)에서 대해수(大海水)를 제하고 중간에 있는 육지에 삼천주(三千洲)가 있는데, 복판의 대주(大洲)를 동서로 총괄하면 대국이 2천3백개이고 다른 소주(小洲)들이 바다가운데 있는데, 그 섬들에는 2,3백국들이 있기도 하고, 혹 1국, 2국도 있고 30국, 40국, 50국이 있기도 하다.

아난아, 이 가운데 가장 작은 섬에 두 나라가 있어 한 나라 사람들은 악연을 함께 만나게 되어 그 작은 섬에 있는 그 나라 중생들은 불상(不祥)한 경계를 보는데, 두 해를 보기도 하고 두

달을 보기도 하고 내지 햇무리, 월식, 일식, 해의 귀걸이, 혜성, 패성, 비성, 유성, 등무지개, 곁무지개, 홍예(虹蜺 : 무지개)의 갖 가지 나쁜 것을 보고, 저 나라 중생들은 보지도 못하고 듣지도 못하느니라.

아난아, 내가 이제 이 두 가지를 섞어가면서 예를 들어 말하 리라. 아난아, 저 중생의 별업망견으로 등불에 나타나는 그림자 를 보는 것이 비록 전경(前境)인 듯하나, 그 실은 보는 이의 눈 병으로 되는 것이다.

생(眚)은 견이 피로한 것이고 색으로 된 것이 아니며, 생병임 을 보는 것은 마침내 견의 허물이 없는 것이다. 네가 지금 눈으 로 산과 물, 국토와 중생을 보는 일에 비교해 보면 모두가 무시 이래의 견의 병으로 이루어진 것이다. 견과 견의 연이 전경인 듯이 나타내거니와 원래 나의 각명(覺明)으로 소연(所緣)을 보는 것이 생(眚)이다. 각(覺)으로 보는 것은 생(眚)이지만 본각(本覺) 의 밝은 마음으로 연을 깨닫는 것은 생(眚)이 아니니라. 소각(所 覺)을 깨닫는 것은 생(眚)이나 그 깨달음은 생중(眚中)의 것이 아니다. 이는 실로 견을 보는 것인데 어찌하여 깨닫는다 듣는다 안다 본다 하겠느냐.

그러므로 네가 지금 나와 너와 모든 세간과 10류중생을 보는 것이 다 견의 생(眚)이고 생을 보는 것이 아니니, 저 견의 진정 한 성은 생(眚)이 아니므로 견이라 하지 않느니라."

'각명(覺明)'은 본각의 무명 가운데 떨어져 있는 것이다. 그리고 각(覺)은 본래의 진(眞)이고 생(眚)은 본래의 망(妄)이다. 그러므로 병연(病緣)이므로 무병취급을 해서는 안된다.

그래서 부처님께서 또 말씀하셨다.

"아난아, 저 중생의 동분망견으로써 그 별업망견이 있는 사람에 비례해 보면 눈병이 난 사람은 저 한나라와 같고 그가 보는 둥근 그림자는 눈병으로 인하여 생긴 것이다. 또 저 동분망견으로 보는 상서롭지 못한 경계가 다 같은 견업중의 장악(瘴惡)으로 인하여 생긴 것이니 모두 다 무시이래의 망견으로 생긴 것이다. 염부제의 3천주와 4대해와 사바세계와 시방의 유루국(有漏國)과 모든 중생들에게 비추어 보면 모두가 다 각명의 무루한 묘심이 보고 듣고 깨닫고 알고 하는 마음이 허망한 병연과 화합하여 허망하게 나고 화합하여 허망하게 죽는 것이다.

만일 화합하는 연과 불화합을 멀리 여의면 곧 생사의 인을 없애버리고 보리의 불생멸(不生滅)하는 성을 원만히 하여 청정한 본심의 본각에 항상 머무를 것이다.

아난아, 네가 비록 본각의 묘하게 밝은 성품은 인연도 아니고 자연도 아닌 줄을 깨달았으나 오히려 이 각(覺)의 근원이 화합으로 난 것도 아니고 불화합으로 난 것도 아님을 알지 못하는 까닭에 보리를 증하는 마음도 화합으로 생긴다 의심하고 있구나. 너의 묘하게 깨끗한 견정(見精)이 밝은 것과 화합하였느냐, 어두운 것(暗)과 화합하였느냐, 아니면 통한 것(通)과 화합하였느냐, 막힌 것(塞)과 화합하였느냐. 만일 밝은 것과 화합하였다면 네가 밝은 것을 볼 때에 밝은 것이 앞에 나타날 것이니 어느 곳에 견이 섞이었겠느냐. 보는 바 상은 가릴 수 있지만 섞인 것은 가리기 어렵나니 무슨 형상이냐.

만일 견이 아니라면 어느 곳에 밝은 것이 화합하였으며, 만일 밝은 것이 원만하다면 견과 화합하지 아니 하였을 것이다. 보는 것은 밝은 것과 다르므로 섞이었으면 성품이 밝다는 이름을 잃었을 것이니 섞이어서 밝은 성품을 잃었다면 밝은 것과 화합하였다는 말이 옳지 아니할 것이다. 저 밝은 것과 어두운 것, 통한 것과 막힌 것과 화합하였다는 말까지도 옳지 아니하리라.

또 아난아, 네가 지금 묘하게 깨끗한 견정이 밝은 것과 합하였느냐, 어두운 것과 합하였느냐, 아니면 통한 것과 막힌 것과 합하였느냐, 만일 밝은 것과 합하였다면 어두울 때는 밝은 것이 이미 없어졌고 이 보는 것이 어두운 것과 합하지 아니하였을 것인데 어떻게 어두움을 보겠느냐.

만일 어두움을 볼 때 어두움과 합하지 않았다면 밝은 것과 합한 것도 밝을 것을 보지 못해야 할 것이다. 이미 밝은 것을 보지 못한다면 어떻게 밝은 것과 합하였다 하며, 밝은 것이 어두운 것이 아닌 줄을 알겠느냐. 저 어두운 것과 통한 것, 막힌 것과 합하였다고 하는 것도 또한 이와 같느니라.”

깨달음(覺)이란 본래 깨달아 있는 마음(本覺)으로 나타나는 것이다. 그러나 이미 깨닫지 못한 것(不覺)이 있으므로 비로소 깨닫는 시각(始覺)이 있는 것이다. 그러나 그것은 체가 없으므로 자연이 아니고 또한 허망한 것이 아니므로 인연도 아닌 것이다. 그래서 아난이 부처님께 사뢰었다.

"세존이시여, 저의 생각에는 이 묘한 깨달음의 근원이 여러 연진(緣塵)과 심(心)과 염(念), 여(慮)와 더불어 화합할 것이 아닌 듯하겠나이다."
"네가 또 이 깨달음이 화합이 아니라 하니 다시 네게 묻겠다. 이 묘한 견정(見精)이 화합이 아니라면 밝은 것과도 화합하지 않았을 것이다. 마찬가지로 어두운 것과 통하고 막힌 것과도 섞이지 아니했다면 보는 것과 밝은 것이 경계(邊畔)가 있어야 할 것이다. 네가 자세히 보라. 어디까지는 밝은 것이고 어디까지는 보는 것인지 보는 것과 밝은 것의 살피(畔)가 어디가 되는지 살펴보라.

아난아, 만일 밝은 세계에 보는 견이 없다면 서로 미칠 수 없어서 밝은 모습이 있는 데를 알지 못할 것인데 어떻게 살피가 성립되겠느냐. 저 어두운 것과 통하고 막힌 것도 마찬가지이다. 또 묘한 견정이 화합이 아니라면 밝은 것과 합하지 않는지 살펴보라. 어두운 것과 통하고 막힌 것과 합하지 않았다는 것이냐.
만일 밝은 것과 합하지 않았다면 보는 것과 밝은 것, 성품이 서로 어긋나리니 마치 귀(耳)와 밝은 것이 서로 부딪치지(觸) 못한 것 같아서 보아도 밝은 모습이(明相) 어두운 것 있는 데를 알지 못할 것이다. 어떻게 합하고 합하지 않은 이치를 밝히겠느냐. 저 어두운 것과 통하고 막힌 것도 역시 이와 같으니라."

이로서 참된 성품인 견(見)은 인연도 아니고 자연도 아니고 또 화합한 물건도 아닌 것을 명백히 밝혔다. 그러므로 다음 장부터는 5음 6입 12처 18계의 4과가 그대로 여래장(如來藏)임을 드러내 보이게 된다.

4과(科)에서 여래장(如來藏)을 본다

(1) 오음(五陰)이 곧 여래장

부처님께서 말씀하셨다.

"아난아, 네가 오히려 일체의 들뜬(浮塵) 환화상(幻化相)이 곳을 따라 생겨 따르는 곳마다 멸진함을 알지 못하나니 그러므로 허망한 생각(幻妄)을 상이라 하지만 그 성품은 참으로 묘한 깨달음의 밝은 본체라 들뜬 마음과 허망한 마음에 관계없이 언제나 존재하고 있는 것이다. 이와 같이 5음과 6입과 12처와 18계가 모두 인연 따라 화합하면 허망하게 생겨나고 인연이 떠나게 되면 허망하게 멸하느니라.

진실로 생멸거래가 본래 여래장에 항상 머물고 묘하게 밝으며 동하지 않고 두루 원만한 것인데 묘한 진여의 성품인줄을 알지 못하므로 생멸거래에 미오(迷悟) 장단(長短)이 있게 될 것이다. 그러므로 성품의 참모습 가운데에서는 거래와 생사 미오를 구하여도 얻을 수 없는 줄 알아야 한다."

밝고 어둡고 터지고 막히고 합하고 흩어지는 것은 모두가 들뜬 환상(幻相)이라 화합하면 허망하게 일어나고 화합하지 아니하면 허망하게 멸한다. 그러므로 어느 때 어느 곳에서나 인연이 닿으면 곧 생기고 멸하는 것이지만 참된 마음(見)은 그런 것과 관계 없으므로 허공 가운데 꽃, 물 가운데 거품에 비유하여 설명하게 되는 것이다. 허공은 본마음이고 꽃은 본마음 가운데 나타난 인연소생법이며, 물은 참된 성품이고 거품은 바람을 따라 나타난 망상그림자이다. 그러나 만일 허공을 보고 꽃을 보며, 물을 보고 거품을 본다면 꽃과 거품이 모두 허공이고 물인 것을 알 것이니 그러므로 5음 18계가 모두 여래장임을 설하게 되는 것이다. 이제 부처님께서 먼저 5음이 여래장임을 설한다.

"아난아, 어찌하여 5음이 본래 여래장의 묘한 진성이라 하느냐. 아난아, 비유하면 어떤 사람이 청명한 눈으로 청명한 허공을 볼 때에는 다만 청명한 허공뿐이고, 훤칠하게 아무 것도 없다가 그 사람이 무고하게 눈동자를 움직이지 않고, 몽롱하게 피로하게 되면 곧 허공 가운데서 어지럽게 꽃들을 보기도 하고 일체의 광란 속에서 상(相) 아닌 것(그림자)을 나타내게 되나니, 색음(色陰)도 이러한 것임을 알아야 한다. 그러니 아난아, 이 어지러운 꽃들은 허공 가운데에서 온 것도 아니며 눈에서 난 것도 아니다. 만일 허공에서 났다면 이미 허공에서 왔으니 갈 때에는 허공으로 돌아가야 할 것이다. 또 만일 오고 감이 있다면 그것은 허공이 아닐 것이다. 허공이 만일 비지 아니했다면 꽃의 모습이 일어났다 꺼졌다 하는 것도 용납하지 아니할 것이다. 마치 너의 몸 가운데서 또 다른 몸을 용납하지 못하는 것과 같다."

그래서 금강경에서는 무상(無相)으로서 비상(非相)을 삼았으며 여기서는 공(空)이 없어지는 것으로서 비상을 삼았다. 묘한 깨달은 마음으로서 법계를 보는 것은 깨끗한 눈이 맑은 하늘을 쳐다보는 것 같다. 그 청정불변한 모습 가운데서 무엇을 다시 보겠는가. 그런데 이 아무것도 없는 가운데서 성각(性覺)이 나타나 명각(明覺)이 나타나므로 무단히 얼빠진 눈(翳眼)이 생겨 그 가운데 피곤이 겹쳐 갖가지 색을 보는 것과 같다.

눈으로서 각명(覺明)에 비유하고 공으로서 법계에 비유하였으나 그러나 이것은 구슬이 스스로 비치는 것과 같아서 본래 두 모습이 없는 것이다. 그래서 눈과 공을 통해 이 두 모습을 가려 보게 한 것이다. 허공의 물은 실로 생겨난 곳도 없고 멸해 갈 곳도 없다. 그런데도 범부와 소승은 색이 마음 밖으로 좇아 나타난다. 계탁(計度)하므로 이를 말해준 것이다.
그래서 부처님께서는 다시 말씀하셨다.

"만일 눈에서 나왔다면 이미 눈에서 나왔으니 도로 눈으로 들어가야 할 것이다. 또 이 어지러운 꽃의 성품이 눈에서 나왔으므로 마땅히 보는 것이 있어야 할 것이고, 만일 보는 것이 있다면 나가서 허공에 어지러운 것이 되었을 것이니 돌아올 때에는 눈을 보아야 할 것 아니냐. 만일 보지 못하면 나가서 허공을 가리웠으므로 돌아와서는 눈을 가리워야 할 것이다.

또 어지러운 것을 볼 때에는 눈에는 가리움이 없을 것인데 어찌하여 청명한 허공을 볼 때에 청명한 눈이라 하느냐. 그러므로 알라. 색음이 허망하여 본래 인연도 아니고, 자연도 아닌 성품이니라."

여기까지가 색이 곧 성임을 밝힌 곳이다. 성으로 인해서 색이 났으나 성은 본래 나고 멸하는 것이 없고, 안과 밖이 없으므로 인연도 자연도 아니다. 왜냐하면 성은 상주부동(常住不動), 항상 변치 아니하므로 인연이 아니고 묘하게 밝은 마음이 두루하여 또한 인연을 따라나면 갖가지 모습이 두루 나타나기 때문에 자연도 아닌 것이다. 다음은 수음(受陰)이 곧 성임을 밝힌다.

"아난아, 마치 어떤 사람이 수족이 편안하고 백가지 뼈(百骸)가 조적(調適)할 때는 홀연히 생을 잊은 듯 어기고(違) 따르는 것(順)이 없다가, 그 사람이 무고히 공중에서 두 손을 마주 비비면 두 손바닥에서 허망하게 깔깔하거나 미끄럽거나 차거나 더운 모습들이 생기나니, 수음도 이러한 것임을 알아야 한다.

아난아, 이 여러 가지 허망한 촉(觸)은 허공에서 온 것도 아니고 손바닥에서 난 것도 아니니라. 만일 허공에서 왔다면 이미 손바닥에 접촉하였을 때에 어째서 몸에는 접촉하지 않겠느냐. 허공이 선택하여 와서 접촉하지는 아니하리라.
만일 손바닥에서 났다면 손바닥을 합해야 날 것이 아니며, 또 손바닥에서 나왔으므로 합할 때에는 손바닥이 안다면 떼면 촉이

들어갈 것이니, 팔과 손목과 골수들이 들어가는 종적을 알아야 할 것이다.

만일 깨닫는 마음이 있어 나옴을 알고 들어감을 안다면 스스로 한 물건이 있어서 몸 가운데에서 왕래하는 것인데 어찌하여 합해서 아는 것을 촉이라 하겠느냐. 그러므로 알라. 수음이 허망하여 본래 인연도 아니고 자연도 아닌 성이다."

여기까지가 수음이 성임을 밝힌 곳이다. 1심법을 넷으로 나누면 수(受)와 상(想)은 변행(偏行)의 심소이고 행(行)은 생각(思)이고 식(識)은 8식 심왕에 합한다. 그런데 그 가운데 수(受)는 영납(領納)의 뜻으로 위(違) 순(順) 쌍삐(雙非)에 대하여 고·락·사(苦·樂·捨) 세 가지를 느끼는 것이다. 다음은 상음(想陰)이 성임을 나타낸다.

"마치 어떤 사람이 신 매실을 말하면 입에서 물이 생기고, 높은 언덕(懸崖)에 오를 것을 생각하면 발바닥이 시큰거리는 것과 같나니, 상음(想陰)도 이러한 것임을 알아야 하느니라. 만일 매실에서 난다면 매실이 제가 말할 것이니 어째서 사람이 말하기를 기다리겠느냐. 만일 입으로 들어간다면 입으로 들어가야 할 것인데 어째서 귀를 기다리겠느냐.
만일 귀로만 듣는다면 이 물이 왜 귀에서 나지 않겠느냐. 그러므로 알라. 상음이 허망하여 본래 인연도 아니고 자연도 아닌 것이다. 마치 폭류가 파도가 계속하여도 전제와 후제가 서로 넘고 넘지 않나니 상음도 이러한 것이다."

　여기까지가 상음이다. 상음은 자신의 경계를 안립하는 것이다. 전5식은 생각따라 나는 것(隨念)이고 제6식은 계탁(計度)하는 것이고 7, 8식은 섭지(攝持)하는 것이다. 눈앞의 몸과 세계가 생각의 분별을 따라 또 다른 생각을 일으키므로 매실의 신맛과 현애의 시큰거림이 생기는 것이다. 본래 실제 있는 것이 아닌데도 그 같은 생각을 일으키는 것은 과거의 경험을 잊지 못한 상음 때문임을 알겠다. 다음은 행음이다.

　"아난아, 비유컨대 저 폭류(暴流) 속에서 물결과 파도가 계속하여 앞뒤가 서로 뛰어넘지 않고 질서정연하게 흘러가나니 아난아 이렇게 흐르는 성이 허공으로 인해 나는 것도 아니고 물로 인해 있는 것도 아니며, 물의 성도 아니고 허공과 물을 여읜 것도 아니다. 만일 허공에서 났다면 시방이 그지없는 흐름을 이루리니, 세계가 자연히 그 속에 빠져들게(淪溺) 되리라.

　또 만일 물로 인해 있다면 이 폭류의 성은 물이 아닐 것이며, 유(有)와 소유(所有)의 성품이 지금 있어야 할 것이다. 만일 물의 성이라면 맑고 깨끗할 때에는 물의 체성이 아니리라. 또 만일 허공과 물을 여의었다면 허공은 밖에 있는 것이 아니며 물 밖에는 흐름이 없으리라. 그러므로 알라. 행음(行陰)이 허망하여 본래 인연도 아니고 자연도 아닌 성이니라."

여기까지가 행음이다. 행음은 갖가지 일을 능히 행하는 까닭에 행이라 한다. 행에 두 가지가 있는데 하나는 속으로 흐르는 것이므로 가늘다(細) 하고, 하나는 겉으로 나타나는 것이므로 거칠다(麤) 한다. 다음은 식음에 대한 법문이다.

"아난아, 어떤 사람이 빈가병(頻伽瓶 : 가릉빈가의 모습을 본떠 만든 병)의 두 구멍을 막고 가운데 허공을 가득하게 담아가지고 천리나 먼곳에 가서 타국에서 사용하나니 식음도 이러한 것임을 알라. 이와 같은 허공이 저곳에서 오는 것도 아니며 이곳에서 들어가는 것도 아니다. 만일 저곳에서 왔다면 병속에 허공을 담아가지고 갔으므로 본래 병이 있는 곳에는 허공이 조금 적어졌어야 할 것이며, 이곳에서 들어갔다면 구멍을 열고 병을 기울일 때 허공이 나와야 할 것이다. 그러므로 알라. 식음(識陰)도 허망하여 본래 인연도 아니고 자연도 아닌 성품인 것을 알아야 할 것이다."

식은 8식이다. 마치 이것이 허공과 같음에 비유한 것은 허공이 거처가 없는 것같이 이 또한 거처가 없기 때문이다.

여기까지 해서 능엄경 제2권이 끝났다. 다음은 제3권이다. 이상의 6입이 인연도 아니고 자연도 아닌 것같이 12처 18계 7대 만법도 그리하여 모두가 여래장묘진여성(如來藏妙眞如性)임을 밝힌다.

(2) 6입이 곧 여래장 — 능엄경 제3권

"또 아난아, 어찌하여 6입이 본래 여래장인 묘한 진여의 성이라 하느냐. 저 밝은 눈(目睛)이 흐려져 피로함을 느낀 까닭이다. 밝은 것과 어두운 것의 두 가지 망진으로 인해 보는 마음을 내면 그 가운데 있으면서 이 진상을 흡취하는 것을 견의 성품이라 하거니와, 이 견이 밝고 어둠의 2진을 여의면 필경에는 자체가 없느니라. 그러므로 마땅히 알라. 이 견이 밝은데서 오는 것도 아니고 어두운 곳에서 오는 것도 아니며, 근에서 나는 것도 아니고 허공에서 생기는 것도 아니니라. 왜냐하면 만일 밝은 곳에서 왔다면 어두워지면 따라서 멸할 것이니 어두움을 보지 못해야 하며, 만일 어두움에서 왔다면 밝아지면 따라서 없어질 것이니 밝은 것과 어두운 것이 없을 것이다. 그러므로 보는 성품도 본래 자성이 없을 것이다. 또 만일 허공에서 생겼다면 앞으로 진상(塵像)을 보았으니 물러가서는 근(根)을 보아야 할 것이며, 또 허공이 제가 보는 것이니 네가 들어가는 것이 무슨 관계가 있겠는가. 그러므로 알라. 눈으로 보는 것이(眼入) 허망하여 본래 인연도 아니고 자연도 아닌 성품이니라."

여기까지가 눈이 곧 여래장임을 밝힌 부분이다. 6입의 입(入)은 흡수(吸收)의 뜻이다. 앞에서는 중생의 연심(緣心)을 여의고는 참 마음을 보지 못하므로 근중(根中)에 나아가 성(性)을 가르쳐 진심을 알게 하였지만 그러나 마음의 눈이 아닌 도리를 안 후로는 다만 오직 성품만 논하고 근은 논하지 않는다. 그러나 어떤 사람은 이 같은 말을 듣고 6근에 따른 체상(體相)이 있음을 고집하여 한 성품에 융회(融會)하지 못할까 염려하므로 여기서는 6입에 자체상이 없음을 밝힌 것이다. 다음은 이근(耳根)이 여래장임을 밝힌다.

"아난아, 마치 사람이 두 손가락으로 귀를 급히 막으면 귀(耳根)가 피로하여 머리에서 소리가 난다. 귀와 피로한 것이 모두 깨달음이 시원치 않아 피로를 발한 까닭이다. 동(動)과 정(靜) 두 가지의 망진으로 인해 들음(聞)을 내어 가운데 있으면서 이 진상을 흡취하는 것을 듣는 성품이라 하거니와, 이 듣는 것이 동과 정의 2진을 여의고는 필경에 자체가 없느니라. 그러므로 마땅히 알라. 이 듣는 것이 시끄럽고 조용한 곳에서 오는 것도 아니며, 근에서 오는 것도 아니고 허공에서 생기는 것도 아니다. 왜냐하면 만일 고요한 곳에서 왔다면 시끄러우면 없어질 것이니, 시끄러운 것을 듣지 못해야 하며, 만일 시끄러운 데서 왔다면 조용하면 없어질 것이므로 조용한 곳에서는 알지 못해야 할 것이다. 또 만일 근에서 났다면 반드시 시끄럽고 조용한 것과 관계가 없는 것이니 그렇다면 듣는 체(聞體)가 본래 자성이 없을 것이다. 만일 허공에서 생겼다면 듣는 것이 있어 소리가 되었으므로 허공이 아닐 것이며, 또 허공이 제가 듣는 것이니 너의 귀(耳)에야 무슨 관계가 있겠느냐. 그러므로 알라. 귀로 듣는 것이 허망하여 본래 인연도 아니고 자연도 아닌 성이니라."

이것이 이근여래장이다. 다음은 비근(鼻根)이 여래장임을 밝힌다.

"아난아, 어떤 사람이 코를 급히 들이켜 오래되면 피로하여지므로, 콧속에 찬 기운이 있음을 말하며, 촉으로 인해 통하고 막히고 비고 실한 것과 내지 향기와 취기를 맡나니, 코와 피로한 것이 모두 깨달음이 시원치 않아 피로를 느낀 모습이다. 통하고 막힌 2종의 망진으로 인하여 맡음을 내어 가운데 있으면서 이 진상과 흡취하는 것을 냄새맡는(齅聞) 성품이라 하거니와, 이 후문이 통하고 막힌 2진을 여의고는 필경에 자체가 없느니라. 그러므로 마땅히 알라. 이 후문은 통하고 막히는데서 오는 것도 아니며, 근에서 나는 것도 아니며, 허공에서 생기는 것도 아니다.

왜냐하면 만일 통하는데서 왔다면 막히면 맡는 것이 없어질 것이니 어떻게 막히는 것을 알며, 막히는 것으로 인해 있다면 통하면 맡는 것이 없을 것인데 어떻게 향촉과 취촉을 발명하겠느냐. 만일 근에서 났다면 반드시 통하고 막히는 것이 없을 것이니 그렇다면 맡는 사람이(聞機) 본래 자성이 없을 것이다. 또 만일 허공에서 생겼다면 이 듣는 것이 도리어 네 코를 맡아야 할 것이며, 허공이 제가 맡을 것이니 너의 입에야 무슨 관계가 있겠느냐. 그러므로 알라. 코로 냄새를 맡는 것(鼻入)이 허망하여 본래 인연도 아니고 자연도 아닌 성품인 것을 알라."

여기까지가 비근 여래장이다. 다음은 설근 여래장이다.

"비유하면 어떤 사람이 혀로 입술을 핥아 오래 빨면 피로하여 지므로 그 사람이 병이 있으면 쓴맛(苦味)이 있고 병이 없으면 단맛(甛觸)이 있는 것 같다. 이 달고 쓴 것으로 말미암아 혀가 동하지 않은 때에는 맑은 성품(淡性)이 항상 있음을 나타내나니, 혀와 피로한 것이 모두 보리가 중하여 피로한 현상이다. 달고 쓰고 짜고 싱거운 두 가지가 망진으로 인해 알음을 내어 가운데 있으면서 이 진상을 흡취하는 것을 맛을 아는 성이라 하거니와, 이 맛을 아는 성이 달고 쓴 것과 싱거운 것 등 경계를 여의고는 필경에 자체가 없게 된다. 그러므로 알라. 이 쓰고 단 것을 맛보아 아는 지(知)가 달고 쓴 곳에서 오는 것도 아니며, 싱거운 것으로 인하여 있는 것도 아니며, 근에서 나는 것도 아니고, 허공에서 생기는 것도 아니다. 왜냐하면 만일 달고 쓴데서 왔다면 싱거우면 지(知)가 멸할 것이니 어떻게 싱거운 것을 알며, 싱거운 것으로부터 왔다면 달면 아는 것(知)이 없어질 것인데 어떻게 달고 쓴 두 모습을 알겠느냐. 만일 혀에서 났다면 반드시 달고 싱겁고 쓴 경계(塵)가 없어질 것이니 이 맛을 아는 근이 본래 자성이 없기 때문이다. 또 만일 허공에서 생긴다면 허공이 스스로 맛을 아는 것이니, 네 입으로 알 것이 아니며, 또 허공에서 제가 아는 것이니 너와 무슨 관계가 있겠느냐. 그러므로 알라. 혀에서 맛보는 것(舌入)이 허망하여 본래 인연도 아니고 자연도 아닌 성품이니라."

여기까지 비근 여래장이다. 다음은 몸의 촉진(觸塵)이다.

"아난아, 마치 어떤 사람이 찬 손으로 더운 손을 만지게 되면 찬 기운이 많으면 더운 손이 차지고, 더운 기운이 많으면 찬 손이 더워지는 것과 같다. 이와 같이 합하여 아는 촉으로 떼어서 앎을 나타내거니와 서로 포섭하는 세력이 이루어지는 것을 피로한 촉(觸)으로 인해 나타나는 것이니, 몸과 피로한 것이 모두 깨달음을 증하여 피로한 모습이 나타나는 것이다.

여의고(離) 합(合)하는 두 가지의 망진으로 인하여 깨달음을 내어 가운데 있으면서 이 진상을 흡취(지각)하는 것을 성품이라 하거니와, 이 지각의 체가 여의고 합하는 것과 어기고 따르는 두 가지 경계(塵)를 여의고는 필경에 자체가 없다. 그러므로 알라. 이 깨달음이 여의고 합하는데서 오는 것도 아니며, 어기고 따르는데 있는 것도 아니며, 근에서 나는 것도 아니며, 허공에서 생기는 것도 아니니라.

왜냐하면 만일 합할 때에 온다면 떨어진 때에는 없어질 것이니 어떻게 여의는 것을 알겠는가. 어기고 따르는 두 가지 모습도 마찬가지이다. 또 만일 근에서 났다면 반드시 여의는 것과 합하는 것, 어기는 것과 따르는 것이 두 가지 모습이 없을 것이다. 너의 몸으로 지각하는 것이 원래 자성이 없기 때문이다. 반드시 허공에서 생긴다면 허공이 스스로 지각할 것이니 너의 입이야 무슨 관계가 있겠느냐. 그러므로 알라. 몸으로 느끼는 것이 허망하여 본래 인연도 아니고 자연도 아닌 성품이니라."

이것이 신근이 여래장이라는 소식이다. 실로 이 몸은 차고 더운 것과 부드럽고 강한 것 이외에는 별로 감촉을 느끼지 못한다. 다음은 의근이 여래장임을 밝힌다.

"아난아, 마치 어떤 사람이 피로하면 자고, 실컷 자고는 깨어서 경계(塵)를 보고는 기억하고, 기억이 없어지면 망각하나니, 이것이 전도(顚倒)하는 생·주·이·멸(生·住·異·滅)이다. 잡아당기고 익히는(吸習) 가운데서 서로 질서를 지켜 넘어서지 않는 것을 뜻(意志)이라 하나니, 뜻과 피로한 것, 이것이 모두 정신이 멍하여 피로한 모습이다.

생하고 멸하는 두 가지의 망진으로 인해 지(知)를 집(集)하여 가운데 있으면서 속의 경계(內塵)를 흡찰(吸撮)하되 보고 들은 것이 역류하거나 유(流)로 미칠 수 없는 자리를 각지하는 성품이라 하거니와, 이렇게 깨달아 가는 성품이 오(寤)와 매(寐), 생(生)과 멸(滅)의 두 가지 경계를 여의고는 필경에 자체가 없느니라. 그러므로 알라. 이 깨달아 아는 근이 깨어있을 때나 매해 있을 때나 생하는 것도 아니고 멸하는 것도 아니며, 근에서 나는 것도 아니고 허공에서 생기는 것도 아니다. 왜냐하면 만일 오(寤)에서 와서 매(寐)하면 곧 따라 멸할 것이니 무엇을 매(寐)라 하겠는가. 반드시 생할 때에 있다면 없어질 때는 곧 무(無)와 같을 것이니 누구로 하여금 없어짐(滅)을 받게 하며, 만일 없어지는 것을 좇아 있다면 생하면 곧 멸이 없을 것이니 누가 생하는 것을 알겠느냐.

또 만일 근으로부터 났다면 깨어있을 때와 매해 있을 때의 두 가지 모습은 몸의 개합(開合)을 따른 것이니 이 두 가지를 여의면 그 깨달아 아는 것이 공화(空華)와 같아서 필경에 체성이 없을 것이다. 또 만일 허공에서 생긴다면, 이것은 허공이 아는 것이니 너의 뜻과 무슨 관계가 있겠느냐. 그러므로 알라. 뜻으로 느끼는 것(意入)이 허망하여 본래 인연도 아니고 자연도 아닌 성품이니라."

이것이 의근이 여래장임을 증명한 글이다. 여기서 보면 눈은 다만 보고, 귀는 듣는데 색은 밝고 어두운 것을 나누고 소리는 시끄럽고 고요한 것으로 나눈다. 이제 뜻은 다만 지(知)가 되지만 기억하고 잊어버리는 것이 결국 생·멸 두 가지를 통하게 되는데 잠들면 잊어버리고 깨면 듣고 기억하는 것과 같다. 다음은 12처가 여래장임을 밝힌 것이다. 이것은 색에 어둡고 마음이 밝은 자를 위해 설한 법문이다.

(3) 12처가 곧 여래장

"또 아난아, 어찌하여 12처가 본래 여래장인 묘한 진여의 성품이라 하느냐. 아난아, 네가 이 제타숲과 우물과 못(泉地)을 보나니 어떻게 생각하느냐. 이것은 색이 눈(眼)을 보게 하느냐 눈이 색상을 내느냐. 아난아, 만일 눈이 색상을 낸다면 공을 볼 때에는 색이 아니니 색의 성품이 소멸하였을 것이고, 색의 성품이 소멸하였으면 일체를 나타내는(顯發) 것이 아주 없어졌을 것이니 색상이 없으면 어떻게 공의 질(空質)을 밝히겠느냐. 공도 또한 그러하니라.

만일 색의 경계(色塵)가 눈과 같이 있는 견을 낸다면 공을 볼 때에는 색이 아니므로 녹아 없어졌을 것이며(鎖亡) 녹아 없어졌다면 아무것도 없을 것이니 무엇이 색과 공을 밝히겠느냐. 그러므로 알라. 견과 색과 공이 모두 처소가 없어서 색·견 두 곳이 모두 허망하여 본래 인연도 아니고 자연도 아닌 성품임을 알 것이다."

여기까지가 눈과 색, 그 속에서 난 식(眼識)은 본래 처소가 없는 것을 밝힌 것이다. 다음은 귀와 소리와의 관계이다.

"아난아, 네가 이 제타숲에서 밥이 마련되면 북을 치고, 대중을 모을 때는 종을 쳐서 종소리, 북소리가 전후로 상속함을 듣나니 어떻게 생각하느냐. 이것은 소리가 귓가에 오느냐 귀가 소리나는 곳으로 가느냐. 만일 소리가 귓가에 온다면 내가 실라벌성에서 걸식할 때에는 기타림에는 내가 없듯이 이 소리가 아난의 귀 옆으로 갔으면 목련과 가섭은 함께 듣지 못해야 할 것인데 어떻게 1250명의 스님들이 한꺼번에 종소리를 듣고 모두 식당으로 모이게 되느냐.

만일 네 귀가 소리나는 곳으로 갔다면 내가 제타숲에 돌아왔을 때에는 실라벌성에는 내가 없듯이, 네가 북소리를 들을 때에는 귀가 북치는 곳에 갔을 것이니 종소리가 함께 나더라도 모두 듣지 못해야 할 것인데, 하물며 코끼리·말·소·양 등의 갖가지 소리가 들리겠느냐. 만일 오지도 가지도 않는다면 듣는 것도 없어야 할 것이다. 그러므로 알라. 듣는 것과 음성이 모두 처소가 없어서 듣는 것과 소리 두 곳이 모두 허망하여 본래 인연도 아니고 자연도 아닌 성품임을 알라."

여기까지가 소리와 귀, 그 사이에서 얻어진 지식과 상식 그 모두가 다 여래장임을 밝힌 곳이다. 소리와 듣는 것이 온 세계에 꽉 차 있으므로 따로 처소가 없게 된다. 다음은 코와 냄새와의 관계이다.

"아난아, 네가 또 향로에 전단을 피우고 맡아 보라. 이 향을 1수(銖)만 피워도 실라벌성의 40리 내에서 동시에 향기를 맡나니 어떻게 생각하느냐. 이 향기가 전단나무에서 나느냐 네 코에서 나느냐. 허공에서 생기느냐. 만일 코에서 난다면 코는 전단이 아닌데 어떻게 코에 전단 냄새가 있겠느냐. 또 네가 향기를 맡는다면 코에 들어가야 할 것인데 코에서 나오는 향기를 맡는다는 말이 옳지 아니할 것이다. 만일 허공에서 생긴다면 허공의 성품이 항상 있는 것이므로 향기도 항상 있어야 할 것인데, 어찌하여 향로에 이 고목을 살라야 할 필요가 있겠느냐.

만일 나무에서 난다면 이 향질이 타서 연기(煙氣)가 되었으니 코로 맡을 때에는 연기가 코로 들어가야 할 것인데, 그 연기가 공중으로 올라가 멀리 퍼지기도 전에 40리 안에서 어떻게 맡게 되겠느냐. 그러므로 알라. 향과 코와 맡는 것이 모두 처소가 없어서 맡는 것과 향 두 곳이 허망하여 본래 인연도 아니고 자연도 아닌 성품인줄 알아라."

여기까지가 비처(鼻處)이다. 맡는 데는 코(浮塵根) 신경(勝義根)의 작용이 크나 역시 처소가 따로 없다. 다음은 혀와 맛과의 관계이다.

"아난아, 네가 매일 두 때씩 대중 가운데서 발우를 들 때 이따금씩 소·락·제호(酥·酪·醍醐)를 만나면 상미(上味)라 하나니 어떻게 생각하느냐. 이 맛이 허공에서 생기느냐 혀에서 나느냐 음식에서 나느냐. 아니면 그 혀가 그때 소맛(酥味)이 되었으면 검은 밀(설탕)을 먹어도 달라지지 않아야 할 것이다.

만일 달라지지 않는다면 맛을 안다고 할 수 없고, 만일 달라

128

진다면 혀가 여러 체가 아닌데 어떻게 여러 가지 맛을 한 혀로 낼 수 있겠느냐.

만일 음식에서 난다면 음식은 음식을 먹지 아니하는데 어떻게 스스로 알겠느냐. 또 음식이 제가 아는 것이라면 다른 사람이 먹는 것과 같을 것이니, 나와 무슨 관계가 있길래 맛을 안다 했느냐.

만일, 허공에서 생긴다면 네가 허공을 씹어보라. 무슨 맛이 나는지, 허공이 만일 짜다면 네 혀를 짜게 하였으므로 네 얼굴도 짜게 할 것 아니냐. 만일 그렇다면 이 세상 사람들이 바다고기(海魚)와 같을 것이며, 항상 짜기만 하다면 싱거운 것은 알지 못할 것이고, 만일 싱거운 것을 알지 못한다면 짠 것도 알지 못해야 할 것이다. 또 만일 아는 것이 없다면 어떻게 맛본다 하겠느냐. 그러므로 알라. 맛과 혀와 맛보는 것이 모두 처소가 없어서 맛보는 것과 맛의 두 곳이 다 허망하여 본래 인연도 아니고 자연도 아닌 성품인 것을 알라."

여기까지가 설처(舌處)이다. 다음 신처(身處)를 밝힌다.

"아난아, 네가 아침마다 손으로 머리를 만지나니 어떻게 생각하느냐. 이 만져서 아는 것은 어느 것이 능촉(能觸) 되느냐. 능촉이 손에 있느냐 머리에 있느냐. 만일 손에 있다면 머리에는 앎이 없을 것인데 어떻게 촉이 되며, 만일 머리에 있다면 손에는 앎이 없을 것인데 어떻게 촉이라 하겠느냐. 만일 각각 있다면 너 아난에게 두 촉이 있으리라. 또 머리와 손이 한 촉이 되는 것이라면 손과 머리가 1체가 되어야 할 것이다. 만일 1체라면 촉을 이룰 수 없고, 만일 2체라면 촉이 어디에 속하느냐. 능촉에 속하면 소촉(所觸)이 아닐 것이고, 소촉에 속하면 능촉이 아닐 것이다. 그렇다고 허공이 너를 위하여 특별히 촉이 되지도 아니하였으리라. 그러므로 알라. 깨닫는 촉과 몸이 모두 처소가 없어서 몸과 촉 두 곳이 다 허망하여 본래 인연도 아니고 자연도 아닌 성품이니라."

여기까지가 신촉이다. 앞의 빛·소리·냄새·맛과 다른 것은 몸이 홀로 촉감을 일으킨다는 사실이다. 몸은 외촉(外觸)이 따로 있기 때문이다. 다음은 법처(法處)이다.

"아난아, 너의 뜻 가운데 완연한 선성(善性), 악성(惡性), 무기성(無記性)이 법칙을 이루나니 이 법진(法塵)이 마음에 즉하여 생긴 것이냐 마음을 떠나서 따로 방소가 있느냐. 만일 마음에 즉하여 있다면 이 법진이 아니므로 마음으로 연할 것이 아니니 어떻게 처(處)를 이루겠느냐. 만일 마음을 떠나서 따로 방소가 있다면 이 법의 자성이 앎이 되느냐 되지 않느냐. 앎이 된다면 마음이라 할 것이니 너와는 다르고 진(塵)은 아니므로 다른 사람의 심량과 같을 것이다. 또 네가 즉하여 마음이 있다면 이렇게 네 마음이 다시 너에게 돌아오겠느냐.

만일 아는 것이 없다면 진은 색·성·향·미·촉과 이·합·냉·난(離·合·冷·煖)과 허공상이 아니니 어디 있다는 말이냐.

130

이제 색과 공에 도무지 표시할 수 없으니 마땅히 인간에 또 공외(空外)가 있다할 수 없을 것이다. 또 마음은 소연(所緣)이 아니니 처가 어떻게 성립 되겠느냐. 그러므로 알아라. 법과 마음이 모두 처소가 없어서 의근과 법진의 두 곳이 다 허망하여 본래 인연도 아니고 자연도 아닌 성품인 것을!"

이것이 법처(法處)이다. 다음은 18계가 여래장임을 밝힌다. 이것은 마음과 법, 두 가지 어두운 자를 위해 설한 것이다. 6근·6경·6식 세 개가 합하므로 18계가 된다. 먼저 빛과 눈, 눈의 세계를 설한다.

(4) 18계가 그대로 여래장

부처님께서 말씀하셨다.

"또 아난아, 어찌하여 18계가 본래 여래장인 묘한 진여의 성이라 하느냐. 네가 밝힌 바와 같이 눈과 색과 연이 되어 안식(眼識)을 낸다 하나니, 이 식은 눈으로 인해 났다 하여 눈으로 계(界)라 하겠느냐. 색으로 인해 났다 하여 색으로 계라 하겠느냐. 만일 눈으로 인해 났다면 이미 색과 공이 없으므로 분별할 것이 없으리니, 비록 네 식이 있은들 무엇에 쓰겠느냐. 네 견이 청·황·적·백이 아니므로 표시할 것이 없으리니 무엇에 의지하여 계를 세우겠느냐. 또 만일 색으로 인해 났다면 공하여 색이 없을 때에는 너의 식이 없어질 것이니 어떻게 허공성인줄을 알겠느냐.

만일 색이 변천할 때 네가 그 색상의 변천함을 안다면 네 식은 변천하지 않을 것이니 계가 무엇을 의지하여 성립하겠느냐. 따라서 변천한다면 곧 변천할 것이니 경계상(界相)이 없을 것이며, 변천하지 않는다면 항상할 것이니 색을 따라 났으므로 허공이 있는 것을 알지 못해야 할 것이다. 또 만일 이 두 가지가 겸하여 눈과 색이 함께 냈다 한다면 합하여 중(中)이 되었을 것이다. 중이 되었다면 두 군데로 합했을 것이라 체성이 잡란할 것이니 어떻게 경계를 이루겠느냐.

그러므로 알라. 눈과 색이 연이 되어 눈의 세계(眼識界)를 낸다 하거니와 세 곳이 모두 허무하여 눈과 색, 색의 경계 이 셋이 본래 인연도 아니고 자연도 아닌 성이니라."

여기까지가 안색계(眼色界)다. 다음 귀와 소리, 소리의 세계에 대하여 설한다.

"아난아, 또 네가 밝힌 바와 같이 귀와 소리가 연이 되어 귀의 식(耳識)을 낸다 하나, 귀의 식은 이로 인해 났다 하여 귀로 계를 삼겠느냐 소리로 인해 났다 하여 소리로 계를 삼겠느냐. 만일 귀로 인해 났다면 동과 정의 두 모습이 현전하지 아니하므로 근이 알 것이 없을 것이고, 반드시 알 것이 없다면 지(知)도 성립할 수 없을 것이니 식이 무슨 모양이 있겠느냐.

만일 귀로 듣는 것을 취한다면 동과 정이 없으므로 듣는 것(聞)이 성립할 수 없을 것이며, 어떻게 귀의 모양(耳形)과 색진(色塵), 촉진(觸塵) 들이 섞인 것을 식계(識界)라 하겠느냐. 그렇다면 귀의 세계(耳識界)가 무엇으로 좇아 성립되었다 하겠느냐. 또 만일 소리(聲)에서 났다면 식이 소리에 의하여 있는 것이므로 듣는 것은 관계가 없을 것이며, 듣는 것이 없으면 소리의 모습이 있는 데가 없을 것이다.

식이 소리에서 난다하고 소리는 듣는 것을 인하여 소리의 모습이 있다고 한다면 들을 때에 식을 들어야 할 것이다. 듣지 못한다면 귀가 아니고 듣는다면 소리와 같아서 식이 이미 들었을 것이니 무엇이 식이 듣는 줄을 알겠느냐. 만일 아는 이가 없다면 초목과 같을 것 아니냐.

소리와 듣는 것이 섞이어서 중계를 이루지는 않았을 것이니 계라는 중간 위치가 없으면 내외의 모습이 어떻게 성립되겠느냐. 그러므로 알라. 귀와 소리가 연이 되어 귀의 세계(耳識界)가 생겼다 하거니와 세 곳이 모두 허무하여 귀와 소리와 소리의 세계 셋이 본래 인연도 아니고 자연도 아닌 성품임을 알라.”

여기까지가 이성계(耳聲界)이다. 다음은 코와 향기, 향기의 세계이다.

“아난아, 또 네가 밝힌 바와 같이 코와 냄새가 연이 되어 코의 지식(鼻識)을 낸다 하는데, 이 식은 코로 인해 났다 하여 코로 경계를 삼겠느냐. 향으로 인하여 났다 하여 향으로 경계를 삼겠느냐. 만일 코로 인해 났다면 네 마음에는 무엇을 코라 하겠느냐. 살로 된 쌍손톱 모양을 취하느냐. 맡아 아는 성품을 취하느냐. 만일 살로 된 형상을 취한다면 살로 된 것은 몸이고, 몸으로 아는 것은 촉이니 몸이라 하면 코가 아니고, 촉이라 하면 곧 진(塵)이라 코라는 이름도 없겠거늘 어떻게 계를 성립시킬 수 있겠느냐.

만일 맡아 아는 것을 취한다면 네 생각에 무엇이 안다 하겠느냐. 살이 안다면 살로 아는 것은 촉이고 코가 아닐 것이다. 그렇다면 허공이 곧 네가 되고 네 몸을 아는 것이 아니므로 오늘

134

날 아난이 존재가 없으리라. 향이 안다면 아는 것이 향에 속하였거니 네게는 무슨 관계가 있겠느냐. 또 만일 향기와 냄새가 네 코에서 나는 것이라면 저 향기와 냄새가 이란(伊蘭)이나 전단(栴檀)에서 나는 것이 아니리니, 두 나무가 있지 않을 때에 네가 코로 맡아보라. 향기로우냐 구리냐. 구리다면 향은 아니고, 향기로우면 구리지 아니할 것이다. 만일 향기롭고 구린 것을 모두 맡는다면, 너에게 두 코가 있으리니, 나에게 도를 묻는데도 두 아난이 있어야 할 것 아니냐. 어느 것이 너의 본체이냐.

만일 코가 하나라면 향기와 냄새가 둘이 없을 것이니, 냄새도 향기가 되고 향기도 냄새가 되어 두 성이 있지 아니할 것이다. 경계가 무엇을 의지하여 성립되겠느냐. 향으로 인해 난다면 식(識)이 향을 인해 나는 것이니, 마치 눈으로 인해 있는 견이 눈을 보지 못하듯이, 향으로 인해 있으므로 향을 알지 못해야 할 것이다. 안다면 난 것이 아니고 알지 못한다면 식(識)이 아니며, 향이 아는 것이 아니라면 향의 세계가 성립되지 못하고, 식(識)이 향을 알지 못한다면 이를 인한 계(界)가 향으로 쫓아 건립된 것이 아닐 것이다.

이미 중간이 없으면 안과 밖이 성립되지 못하며, 저 맡는 성품이 필경에 허망할 것이다. 그러므로 알라. 코와 향이 연이 되어 코의 세계(鼻識界)를 낸다 하거니와, 세 곳이 모두 허무하여 코와 향, 향의 세계 셋이 본래 인연도 아니고 자연도 아닌 성품임을 알아야 할 것이다."

여기까지가 비향계(鼻香界)다. 다음은 혀와 맛, 맛의 세계이다.

"아난아, 또 네가 밝힌 바와 같이 혀와 맛이 연이 되어 설식(舌識)을 낸다 하는데, 이 식은 혀로 인해 났다 하여 혀로 계를 삼겠느냐. 맛으로 인해 났다 하여 맛으로 계를 삼겠느냐. 만일 혀로 인해 났다면 세간에 있는 감자(甘蔗), 오매(烏梅), 황연(黃蓮), 석염(石鹽), 세신(細辛), 강(薑), 계(桂)가 모두 맛이 없을 것이니 네가 스스로 혀로 맛을 보라. 다냐 쓰냐.

만일 혀의 성품이 쓰다면 누가 혀를 맛보느냐. 혀가 스스로 맛보지는 못할 것이다. 무엇이 자각하겠느냐. 혀의 성품이 쓰지 않다면 맛이 나지 못하리니 어떻게 맛의 세계를 성립시키겠느냐. 만일 맛으로 인해 난다면 식이 스스로 맛이 되었는지라 혀(舌根)가 스스로 맛보지 못한 것과 같을 것이니 어떻게 맛인지 맛 아닌지를 알겠느냐.

또 온갖 맛이 한 물건에서 나는 것이 아니니 맛이 여러 가지에서 나는 것이므로 식(識)도 여러 체가 되어야 할 것이다. 식(識)의 체가 하나라 하고 식(識)의 체가 반드시 맛에서 난다면 짜고·싱겁고·달고·쓰고·화합하고·구린 여러 가지 변이(變異)가 모두 한 맛이 되어 분별이 없을 것이다. 분별이 없다면 식(識)이라 이름하지 못할 것이다. 어떻게 설식계(舌識界)라 하겠느냐. 허공이 너의 심식을 내지 못할 것이다.

혀와 맛이 화합하여 냈다면 그 가운데는 원래 자성이 없으리니 어떻게 계(界)가 생기겠느냐. 그러므로 알라. 혀와 맛이 연이되어 설식계(舌識界)를 낸다 하거니와 2처가 모두 허무하여서 혀와 맛과 설계의 셋이 본래 인연도 아니고 자연도 아닌 성품임을 알아야 할 것이다."

여기까지가 설미계(舌味界)다. 다음은 몸과 감촉과 감촉의 세계이다.

"아난아, 또 네가 밝히는 바와 같이 몸과 감촉이 연이 되어 신식을 낸다 하나니 이 식은 몸으로 인해 났다 하여 몸으로 계(界)라 하겠느냐. 촉을 인해 났다 하여 촉으로 계라 하겠느냐. 만일 몸으로 인해 났다면 반드시 모였다(合) 흩어졌다(離) 하며, 각·관·연(覺·觀·緣)이 없으리니 몸이 무엇을 알겠느냐. 만일 촉으로 인해 났다면 반드시 네 몸이 없을 것이니 어찌 몸이 아니고서 모였다 흩어지는 것을 안다 하겠느냐.

아난아, 물은 접촉하여도 알지 못하고 몸이 있어 부딪치는 것을 아나니 몸을 아는 것은 곧 부딪치는 것이고, 부딪치는 것을 아는 것은 곧 몸이다. 그렇다면 (부딪치는 것이라면) 곧 몸이 아니고, 곧 몸이라면 부딪치는 것이 아닐 것이다. 몸과 촉의 두 모습이 원래 처소가 없다. 몸에 합하면 곧 몸의 자체성이 되고, 몸을 여의었으면 곧 허공과 같은 모양이 될 것이다. 안과 밖이 없으면 중간이 어떻게 성립되겠느냐. 중간이 성립되지 못하면 내외의 성품도 공해질 것이니 몸의 식이 난다 하더라도 무엇을 의지하여 계(界)를 세우겠느냐. 그러므로 알라. 몸과 촉과 연이 되어 신식계(身識界)를 낸다 하거니와 세 곳이 모두 허무하여 몸과 촉과 몸의 세계의 셋이 본래 인연도 아니고 자연도 아닌 성품이라 하는 것이다."

여기까지가 신촉계(身觸界)다. 다음은 뜻과 법과 법의 세계이다.

"아난아, 또 네가 밝힌 바와 같이 뜻과 법이 연이 되어 의식을 낸다 하는데, 이 식은 뜻으로 인해 났다 하여 의계(意界)라 하겠느냐. 법을 인해 났다 하여 법계(法界)라 하겠느냐. 만일 뜻으로 인해 났다면 네 뜻 가운데 반드시 생각하는 바가 있어야 네 뜻을 발명할 것이고, 만일 앞에 법이 없으면 뜻이 나지 못할 것이다. 연을 여의고는 형상이 없을 것이니 식이 장차 무엇하겠느냐.

또 너의 식심(識心)이 사량(思量)함과 요별(了別)하는 성품으로 더불어 같다 하겠느냐, 다르다 하겠느냐. 뜻과 같으면 곧 뜻일 것이니 어떻게 낸 것이라 하겠느냐. 뜻과 다르면 같지 아니하므로 식이 없어야 할 것이니, 만일 식이 없다면 어찌 뜻에서 났다 하며, 만일 식이 있으면 어떻게 식의 뜻이라 하겠느냐. 같다거나 다르다거나 이 두 가지 성품이 이루어질 수 없으니 어떻게 계(界)가 성립되겠느냐. 만일 법을 인해 난다면, 세간의 모든 법이 5진을 여의지 못할 것이니, 네가 보라. 색·성·향·미·촉의 모양이 분명하여 5근을 대하는 것이므로, 뜻에 포섭된 것이 없다.

　5식이 결단코 법에서 난다면 법진(法塵)이라는 법이 무슨 모양이겠느냐. 만일 색과 공, 동과 정, 통과 색, 합과 이, 생과 멸을 여읜다면 이 여러 가지 상을 떠나서는 얻을 것이 없을 것이다. 생한다면 색·공 등의 법이 생기고, 멸한다면 색·공 등의 법이 멸하게 될 것이다. 인(因)할 바가 없다면 인(因)해 났다는 식이 무슨 형상이며, 모양이 없으면 경계(界)가 어떻게 나겠느냐. 그러므로 알라. 뜻과 법이 연이 되어 의식계(意識界)를 낸다 하거니와, 세 곳이 모두 허무하여 뜻과 법과 의계의 셋이 본래 인연도 아니고 자연도 아닌 성품인 것을 알아야 할 것이다.”

　여기까지가 의법계(意識界)이다. ‘인할바’의 인(因)은 곧 법진(法塵)을 말한다. 다음은 이 세계와 인생을 구성하고 있는 7대요소를 들어 모두가 여래성임을 밝힌다. 먼저 아난의 물음을 따라 부처님께서 답변하는데 화합과 불화합으로 하신다. 5대로 인하여 7대가 형성되나 인연을 따를 때는 화합한 것같이 보이나 실제 본성은 화합하지 않는다는 것이다.

7대에서 여래장을 본다

아난이 부처님께 사뢰었다.

"세존이시여, 여래께서 화합하는 인연을 항상 말씀하실 때 일체세간의 가지가지 변화하는 것이 다 4대의 화합으로 인해 발명한다 하시더니, 여래께서 어찌하여 인연과 자연을 모두 배척(排擯)하시나이까. 바라옵건대 진심으로 희론이 아닌 법을 열어 보여주십시오."

"네가 먼저 성문과 연각의 소승법을 싫어하고 발심하여 무상보리를 구하기에 내가 지금 제1의제를 너에게 개시하였는데 어째서 또 세간의 희론과 망상인 인연에 얽매이느냐. 네가 비록 많이 들었다 하지만 마치 약을 말하는 사람이 눈앞의 진짜 약을 분별하지 못하는 것과 같으므로 여래가 너를 가련하다 하는 것이다. 아난아, 네 말이 4대의 화합으로 세간의 가지가지 변화하는 것이 생긴다 하거니와, 만일 4대의 성품이 자체가 화합이 아니라면 능히 모든 대(諸大)가 서로 섞여 잡화(雜和)하지 못할 것이니 마치 허공이 모든 색과 화합하지 못할 것이다. 만약 또 화합한다면 변화하는 것이 되어서 시(始)와 종(終)이 서로 이루고 생과 멸이 서로 계속하여 났다 죽고 죽었다 나며, 나고 나고 죽고 죽어 마치 불 도르래(旋火輪)가 휴식하지 못하는 것 같으리라. 아난아, 마치 물이 얼음이 되었다가 얼음이 도로 물이 되는 것과 같다."

여기까지는 7대의 성품을 통째로 설명한 것이다. 다음은 7대를 낱낱이 밝힌다. 7대는 총상이고 먼저의 4과는 별상이다. 다음은 7대 중 먼저 땅의 성품을 밝힌다.

"네가 지대(地大)의 성품을 보라. 큰 것은 대지이고 작은 것은 미진(微塵)이다. 그 가운데서도 인허진(隣虛塵)은 저 극미인 색변제상(色邊際相)을 7분으로 쪼개어 된 것이니 인허진을 다시 쪼개면 곧 허공이 된다. 그러므로 만일 인허진을 쪼개어 허공이 된다면 허공이 색상을 내는 것임을 알 것이다.

네가 묻기를 화합으로 말미암아 세간의 모든 변화상이 생긴다 하였으니 네가 보라. 한 인허진은 허공이 얼마나 화합하여 이루어져 있겠느냐. 인허진이 화합하여 인허진이 되지는 않았으리라. 또 인허진을 쪼개어 허공이 된다면 얼마나 많은 색상을 쪼개고 모아서 허공이 되었겠느냐.

만일 색상을 합하였을 때는 색을 합한 것이라 공이 아닐 것이고, 공을 합하였을 때는 공을 합한 것이라 색이 아닐 것이다. 색상은 설사 쪼갤 수 있다 하지만 허공이야 어떻게 합하겠느냐. 네가 원래 알지 못하는구나. 여래장중에 성품이 색인 진공(眞空)

과 성이 공인 진색(眞色)이 청정하고 본연하여 법계에 두루하여 있으면서 중생의 마음을 따르고 소지(所知)의 양(量)에 응하느니라. 업에 따라 발현하는 것인데 세간이 무지하여 인연이라 자연성이라 의혹하나니 다 식심으로 분별하고 계탁(計度)하는 것이다. 다만 언설이 있을 뿐이고 전혀 실의(實義)가 없느니라."

여기까지가 지대이다. 허공은 만물을 만들어 내지 못한다. 오직 만물은 여래장에서 유출된 것이다. 왜냐하면 허공은 형상이 없고 수량과 변제(邊際) 변동이 없기 때문이다. 다음은 화대를 밝힌다.

"아난아, 화대(火大)의 성품이 내(我)가 없어서 여러 연(緣)에 기탁하나니 네가 이 성중에 밥먹지 못한 집을 보라. 밥을 지으려 할 때 손에 양수(陽燧 : 內鏡과 부싯돌)를 들고 해에 비추어 불을 구하고 있는 것을!

아난아, 이것을 화합이라 한다면 마치 나와 너와 1250비구가 한 무리가 되었나니 스님들은 비록 하나의 무리가 되었으나 그러나 그 근본을 따져 보면 각각 몸이 있고 모두 태어난 씨족과 명자가 있어서 사리불은 바라문종이고, 우루빈나는 가섭파종이며, 내지 구담종성이니라.

아난아, 이 불의 성이 화합하여 생긴 것이라면 저 사람이 손에 화경(火鏡)을 들고 해에서 불을 구하나니, 이 불이 거울 가운데서 나느냐 쑥에서 생기느냐 해에서 오느냐. 만일 해에서 온다면 능히 네 손에 있는 쑥을 태우는 것이니 오는 곳마다 숲과 나무가 모두 타야 할 것이다. 만일 거울 가운데서 난다면 쑥을 태우는데 거울은 어찌해서 녹지 않느냐. 내 손에 들려 있으면서 덥지도 아니한데 어찌하여 녹겠느냐. 만일 쑥에서 생긴다면 해와 화경의 빛이 서로 닿은 뒤에야 불이 나느냐. 네가 또 자세히 보라. 화경은 손에 들었고 해는 하늘에 떴고 쑥은 땅에서 난 것인데 불이 어디로부터 여기 오겠느냐. 해와 화경은 거리가 멀어서 불도 아니고 합도 아니며, 화광(火光)이 나는데 없이 저절로 생기지도 아니하리라. 네가 오히려 알지 못하는구나. 여래장 중에서 생긴 불이 진짜로 비어 그 성품이 공한 까닭에 거기서 난 불(眞火)이 청정하고 본연하여 법계에 주변하여 있으면서, 중생의 마음을 따르고 소지(所知)의 양을 따른다는 것을…

아난아, 마땅히 알라. 세상 사람이 한 곳에서 화경(火鏡)을 들면 한 곳에 불이 생기고, 법계에 두루하게 들면 세간에 가득하게 일어나서 세간에 두루하게 생기나니, 어찌 방향과 장소가 따로 있겠느냐. 업에 따라 나타나는 것인데 세간이 무지하여 인연이라 자연성이라 의심하나니, 다 식심으로 구별하고 계탁(計度)하는 것이다. 다만 언설이 있을 뿐이고, 전혀 실의(實義)가 없는 것이니라."

여기까지가 화대(火大)의 성품을 밝힌 것이다. 불은 자체가 없고 오직 다른 몸을 의지하여 형상이 있다. 다음은 물의 성품을 밝힌다.

"아난아, 물의 성품이 일정치 아니하여 흐르고 그치는 것이 항상하지 아니하니라. 실라벌성의 가비라선(迦毘羅仙), 작가라선(斫迦羅仙), 발두마(鉢頭摩), 화살다(訶薩多) 등 대환사(大幻師)들이 태음(太陰 : 달)의 정기를 구하여 환약을 반죽할 때 이 환사들이 보름달이 뜬 밤중에 방저(方諸 : 옥돌로 된 그릇. 뜨겁게 달구었다가 달을 향하면 진이 나와 물이 흐른다)를 들고 달속의 물을 받나니, 이 물이 구슬 가운데서 나느냐 허공 가운데서 저절로 생긴 것이냐 아니면 달에서 온 것이냐.

아난아, 만일 달에서 왔다면 능히 멀리서 방저로 하여금 물을 내게 해야 할 것이니 경과 하는 곳에 있는 숲마다 물이 흘러야 할 것이다. 만일 있는 숲마다 물이 흐른다면 무엇 때문에 방저에서 나오기를 기다리겠느냐. 흐르지 않는다면 물이 달에서 오는 것이 아닐 것이다. 만일 방저에서 난다면 이 구슬 가운데서 항상 물이 흘러야 할 터인데 어찌하여 밤중에 얼음 같은(밝은) 달빛을 받아야만 하느냐.

만일 허공에서 생긴다면 공의 성품이 끝이 없으므로 물도 끝이 없어서 인간으로부터 천상까지 함께 푹 젖게(湑溺) 하여야 할 것인데 어찌 바다, 육지, 허공이 있겠느냐. 네가 다시 자세히 보라. 달은 하늘에 떴고 방저는 손에 들었고 구슬의 물을 받는 소반은 사람이 놓은 것이다. 그런데 그 물은 어디로부터 여기로

144

흘러 왔겠느냐. 달과 방저는 거리가 멀어서 화(和)도 아니고 합(合)도 아니며, 물의 정이 오는데도 없이 저절로 있지도 아니한 것인데…

네가 여태까지 알지 못하는구나. 여래장중에 성의 물인 진공과 성품이 공한 진수(眞水)가 청정하고 본연하여 법계에 주변하여 있으면서 중생의 마음을 따르고 소지의 양에 따른다는 것을!

한 곳에서 방저를 들면 한 곳에 물이 생기고 법계에 두루하게 들면 법계에 가득하게 생기어서 세간에 두루하게 되나니 어찌 방소가 따로 있겠느냐. 업에 따라 나타나는 것인데 세간 사람들이 무지하여 인연이라 자연성이라 의혹하나니 다 식심으로 분별하고 계탁한 것이다. 다만 언설이 있을 뿐이고 전혀 실의가 없는 것이다."

여기까지는 수대(水大)의 성품을 밝힌 곳이다. 가비라는 청색이고, 작가라는 원앙이며, 발두마·가살라는 알 수 없으나 모두 외도로서 환술을 잘 부리던 사람들이다. 다음은 바람의 성품을 밝힌다.

"아난아, 바람의 성품이 자체가 없어 동하고 정함이 항상하지 아니한다. 네가 가사를 바로 하고 대중에 들어갈 때 가사자락이 펄럭거려 옆에 사람에게 미치면 가벼운 바람이 저 사람의 얼굴에 스치게 된다.

이 바람은 가사자락에서 나느냐 허공에서 생기느냐 저 사람의 얼굴에서 나느냐. 이 바람이 가사자락에서 난다면 네가 바람을 입었으므로 옷이 날려서 네 몸에서 벗어나야 할 것이다. 내가 지금 법을 설하기 위해 회중에서 가사를 입었으니 네가 내 가사를 보라. 바람이 어디 있느냐. 가사 속에 바람 넣는 곳이 있지는 않느니라. 만일 허공에서 생긴다면 네 가사가 펄럭거리지 않았을 때에는 어찌하여 바람이 나지 않느냐. 허공의 성이 항상 있는 것인데, 바람도 항상 생겨야 할 것이며, 바람이 없을 때에는 허공이 멸했어야 하는데 바람이 멸함은 볼 수 있거니와 허공이 멸함은 무슨 모양이겠느냐. 만일 생하고 멸함이 있다면 허공이라 할 수 없고, 허공이라 한다면 어떻게 바람이 나겠느냐.

만일 바람이 저 사람의 얼굴에서 난다면 저 사람의 얼굴에서 나는 것이므로 네게로 불어와야 할 것인데 네가 가사를 바로 하는데 바람이 어째서 거꾸로 부느냐. 너는 자세히 보라. 가사는 네가 바로 하고 얼굴은 저 사람에게 있고, 허공은 적연하여 유동하지 않거늘 바람이 어디로부터 불어오겠느냐. 바람과 허공은 성질이 괴격(愧隔)하여 화(和)도 아니고 합(合)도 아니며, 바람이 오는데 없이 스스로 생기지도 아니하니라. 네가 완연히 알지 못하는구나. 여래장 중에 바람의 성품이 진공 가운데 성품이 공한 것을! 진실로 바람은 청정하고 본연하여 법계에 주변하여 중생의 마음을 따르고 소지의 양에 따르나니라.

아난아, 너 1인이 가사를 펄럭거리면 가벼운 바람이 나고, 법계에 두루하여 펄럭거리면 국토에 가득하게 나나니 어찌 방향과 장소가 따로 있겠느냐. 업에 따라 나타나는 것인데 세간 사람들이 무지하여 인연이라 자연성이라 의혹하나니 다 식심으로 분별하고 계탁하는 것이다. 다만 언설이 있을 뿐이고 전혀 실의가 없는 것이다."

여기까지가 풍대(風大)의 설명이다. 바람은 동정(動靜)을 중심으로 설명할 수 있으므로 가사로서 쉽게 풀었다. 다음에는 공의 성품을 분별한다.

"아난아, 공(空)의 성품이 형상이 없어 색으로 인해 나타난다. 이 실라벌성에 강과 멀리 떨어져 있는 곳에 찰제리(刹帝利)나 바라문이나 바이사나 수타나 파라타(頗羅墮)나 전다라(旃陀羅)들이 집을 새로 세우려 하면, 우물을 파서 물을 구할 때 흙이 한 자쯤 나오면 그 속에 한 자의 허공이 생기고, 그와 같이 흙이 한 길쯤 나오면 그 속에 1장의 허공이 생기게 되어 허공의 깊고 낮음이 흙이 많고 적게 나옴을 따르나니, 이 허공은 흙으로 인해 나느냐 팜으로 인해 생기느냐 아니면 원인이 없이 스스로 생기느냐.

만일 이 공이 원인이 없이 스스로 생긴다면 흙을 파기 전에는 어찌하여 걸림이 없지 않고 오직 대지 뿐이어서 통달하지 못하였더냐. 만일 흙으로 인해 난다면 흙이 나올 때에 허공이 들어감을 보아야 할 것이며, 만일 흙만 먼저 나오고 허공이 들어가지 않는다면 어찌하여 허공이 흙을 인해 난다 하겠느냐. 만일 나오거나 들어감이 없다면 허공과 흙이 원래 다른 원인이 없는 것이며, 다르지 않으면 같을 것인데, 흙이 나올 때에 허공은 어찌하여 나오지 않겠느냐.

만일 팜으로 인해 난다면 파서 허공이 나오는 것이므로 흙은 나오지 않아야 할 것이며, 팜으로 인해 나는 것이라면 파서 흙이 나오는데 어째서 허공을 보게 되느냐. 네가 자세하게 살펴보라. 파는 괭이는 사람의 손에 따라 이리저리 운전하고, 흙은 땅으로 인해 옮기나니 허공은 무엇으로 인해 생기느냐. 파는 일과 허공은 참되고 비어서 서로 작용이 될 수 없으므로 화(和)도 아니고 합(合)도 아니며, 허공이 오는데 없이 스스로 생기지도 아니할 것이다. 만일 이 허공의 성품이 원만하고 두루하여 본래 동요하지 않는 것이라면 눈앞에 나타난 지·수·화·풍과 함께 5대라고 이름할 것임을 알아야 할 것이니 성품이 참되고 원융(圓融)하여 다 여래장이라 본래 생멸이 없느니라.

아난아, 너의 마음이 혼미하여 4대가 원래 여래장임을 깨닫지 못하나니 이 허공을 보라. 나가느냐 들어오느냐, 나가지도 않고 들어오지도 않느냐. 네가 전혀 알지 못하는구나. 여래장 중에 성품이 각(覺)인 진공(眞空)과 성품이 공(性空)한 진각(眞覺)이 청정하고 본연하여 법계에 두루하여 있으면서 중생의 마음을 따르고 소지의 양에 따르나니라. 한 우물이 공하면 허공이 한 우물만치 나며, 시방의 허공도 역시 그러하여 시방에 원만하나니 어찌 방향과 장소가 따로 있겠느냐. 업에 따라 나타나는 것인데 세간이 무지하여 인연이라 자연성이라 의혹하나니, 다 식심으로 분별하고 계탁하는 것이다. 다만 언설이 있을 뿐이고 전혀 실의가 없는 것이다."

　여기까지가 공성(空性)을 밝힌 것이다. 다음은 견(見)의 성품을 밝힌다. 견은 곧 6근의 성품을 말한다.

　"아난아, 견의 각(覺)이 앎이 없어 색과 공으로 인해 존재한다. 네가 지금 기타림에 있을 때 아침에는 밝고 저녁에는 어두우며 설사 밤중이라도 보름에는 빛나고 초하루에는 어둡나니, 이 밝고 어둠으로 인하여 견이 분석된다. 그렇다면 이 견이 밝음과 어두운 것이 태허공으로 더불어 일체냐, 일체가 아니냐, 혹 같기도 하고 같지 않기도 하며, 다르기도 하고 다르지 않기도 하느냐. 이 견이 만일 밝고 어두운 것과 허공으로 더불어 일체라면 밝은 것과 어두운 것이 2체가 서로 없애는 것이어서 어두울 때는 밝음이 없고, 밝을 때는 어두운 것이 없으리라. 만일 어둠과 일체라면 밝을 때에는 견이 없어질 것이며, 반드시 밝음과 일체라면 어두울 때는 마땅히 밝은 것이 없어질 것이니 없어졌다면 어떻게 밝은 것을 보고 어두운 것을 보겠느냐. 만일 밝고 어두운 것이 다르더라도 견은 생멸함이 없나니 그렇다면 어떻게 일체라는 말이 생기게 되겠느냐.

　또 만일 이 견정(見精)이 어둠과 밝은 것으로 더불어 일체가 아니라면 네가 밝은 것을 떠나고 어두운 것을 떠나고 허공을 떠나서 견의 근원을 분석해 보라. 어떤 모양이 되겠는가. 밝은 것을 떠나고 어두운 것을 떠나고 허공을 떠나면 이 견이 거북이 털, 토끼 뿔과 같게 될 것이다. 밝고 어둡고 허공의 세 가지가 다르다면 무엇을 의지하여 견을 성립하겠느냐. 밝은 것과 어두운 것은 서로 어긋나는데 어떻게 같다고 하겠느냐. 이 세 가지를 떠나서는 원래 없는데 어떻게 다르다 하겠느냐. 허공과 견을 나누려면 갓과 끝이 없는데 어떻게 같지 않다 하겠느냐. 어두운 것을 보고 밝은 것을 보아도 성품이 옮겨가지 않는데 어떻게 다르지 않다 하겠느냐.

너는 다시 자세하게 살펴보라. 밝은 것은 태양에 의하고, 어두운 것은 달에 의하고, 터진 곳(通)은 허공에 속하고, 막힌 것(壅)은 대지에 속하였는데, 견의 정은 무엇을 인해 생기느냐. 견은 깨닫는 것이고 공은 미천한 것이어서 화(和)도 아니고 합(合)도 아니며, 견정이 의지한데 없이 스스로 생기지도 아니하느니라.

만일 보고 듣고 아는 성품이 원만하고 무변하여 본래부터 동요하지 않는다면, 갓이 없고(無邊) 움직이지 않는 허공이나 요동하는 지·수·화·풍과 아울러 함께 6대라고 할 것인줄을 알아야 하리니, 성품이 참되고 원융하여 다 여래장이라 본래 생멸이 없느니라.

아난아, 너의 성품이 침륜(沈淪)하여 너의 보고 듣고 깨달아 아는 놈이 본래 여래장임을 깨닫지 못하나니 네가 보고 듣고 깨닫고 아는 놈을 보라. 생하느냐 멸하느냐 동하느냐 정하느냐 이

(離)하느냐 합(合)하느냐. 생과 멸이 아니냐, 동과 정이 아니냐. 네가 일찍 알지 못하는구나. 여래장중엔 성품이 견인 각명(覺明)과 각정(覺精)인 밝은 견이 청정하고 본연하여 법계에 두루하여 있으면서 중생의 마음을 따르고 소지의 양에 응하는 것을!

한 견근의 견이 법계에 두루함과 같이 듣고 맡고 맛보고 부딪치는 감촉과 각지의 묘한 덕이 영원하여 법계에 두루하여 시방허공에 원만하나니 어찌 방향과 장소가 따로 있겠느냐.

업에 따라 발현하는 것인데 세간이 무지하여 인연이라 자연성이라 의혹하나니 다 식심으로 분별하고 계탁하는 것이라 다만 언설이 있을 뿐이고 전혀 실의가 없느니라.”

여기까지가 견성(見性)을 밝힌 것이다. 성견각명(性見覺明)은 성품 가운데 있는 견이 곧 밝은 깨달음임을 나타낸 말이고, 각정명견(覺精明見)은 진짜 깨달음의 정(精)이 성품을 밝히는 견임을 말한다. 다음은 식성(識性)을 밝힌다.

“아난아, 식의 성이 근원(源)이 없어 6종의 근진(根塵)으로 인해 허망하게 나타난다. 네가 지금 이 회의 성중을 두루 보되 눈으로 차례차례 둘러보면 눈으로 둘러보는 것은 거울과 같아서 별로 분별하는 것이 없거니와, 너의 식이 차례로 지목하여 이는 문수이고 이는 부루나며 이는 목건련이고 이는 수보리며 이는 사리불이다 하느니라. 이 식으로 아는 것이 견에서 나느냐 상에서 나느냐 허공에서 생기느냐 인함이 없이 돌연히 생기느냐.

아난아, 너의 식성(識性)이 만일 견에서만 난다면 명·암과 색·공은 없을 것이니 네 가지가 반드시 없으면 네 견도 없으리라. 견의 성이 없다면 무엇으로부터 식을 발하겠느냐. 만일 너의 식성이 상(相)에서 난다면 견으로부터 나는 것은 아니리니, 밝은 것도 보지 않고 어두운 것도 보지 않을 것이며, 밝은 것과 어두운 것을 보지 않는다면 색도 공도 없을 것이다. 상도 없거늘 식이 무엇으로부터 발하겠느냐. 또 허공에서 생긴다면 상도 아닌데, 견이 아니면 분별함이 없이 능히 명·암·색·공을 알지 못할 것이다. 또 상이 아니면 연이 멸하여서 견·문·각·지가 안립할 곳이 없으리라. 단 비상(非相), 비견(非見)에 처한다면 공이 없는 것과 같은 것이 있다 하여도 물상과는 같지 아니할 것이니, 비록 네가 식(識)을 발한들 무엇을 분별하겠느냐.

만일 원인이 없이 갑자기 생겼다면 어찌하여 낮에는 밝은 달을 인식하지 못하느냐. 네가 다시 자세히 살펴보라. 보는 것은 네 눈에 의지하고 나타난 상은 앞의 경계에 미루는데 모양이 있는 것은 유가 되고 모양이 없는 것은 무가 된다. 이와 같은 식의 연은 무엇을 인해 나느냐. 식은 동하고 견은 정하여서 화도 아니고 합도 아니니, 듣는 것과 깨달아 아는 것도 역시 그러하며 식이 의지한데 없이 스스로 생기지도 아니하느니라.

만일 식심(識心)이 본래 의지한데가 없다면 요별(了別)하고 보고 듣고 깨닫고 아는 것도 원만하고 담연하여 성이 찾아온 데가 없는 것이라. 저 허공이나 지·수·화·풍과 함께 7대라고 할 것인줄 알아야 하리니, 성품이 참되고 원융하여 다 여래장이라 본래 생멸이 없는 것이다.

아난아, 너의 마음이 거칠게 들떠 있어서 보고 듣고 아는 것이 본래 여래장인줄을 알지 못하나니, 네가 이 6처의 식심을 보라. 같으냐 다르냐, 공이냐 유냐, 같은 것도 아니고 다른 것도 아니고, 공도 아니고 유도 아닌데 네가 원래 알지 못하였구나. 여래장중에 성품이 식인 명지(明知)와 각명(覺明)인 진식(眞識)이 묘각 담연하여 법계에 두루하여 있으면서 시방허공을 함토(含吐)하나니 어찌 방향과 장소가 따로 있겠느냐. 업에 따라 발현하는 것인데 세간이 무지하여 인연이라 자연성이라 의혹하나니 다 식심으로 분별하고 계탁하는 것이라 다만 언설이 있을 뿐이고 전혀 실의가 없느니라.“

여기까지가 식(識)의 성품을 밝힌 곳이다. 성식명지(性識明知)는 참된 성품을 아는 것이 곧 묘하게 밝은 지(知)라는 말이고, 각명진식(覺明眞識)은 본래 깨달아 밝은 마음이 곧 참된 성품의 식(識)이라는 뜻이다. 그러므로 성식(性識)과 진식(眞識)은 융통자재한 성품을 말한 것이고, 명지(明知)는 각명(覺明)으로 바로 성체(性體)를 지목한 것이다. 청정본연한 마음이 변하여 묘각담연(妙覺潭然)이 될 때는 근진(根塵)을 의지하여 있지만 이미 여러 가지 모습으로 나타나면 공화와 같이 환영(幻影)한다.

이때 아난과 대중들이 불·여래께서 미묘하게 열어 보이심을 받잡고 몸과 마음이 탕연하여 걸림이 없어지고 대중들의 마음이 시방에 가득함을 각각 알았고, 시방의 허공을 보되 손에 가진 풀나무를 보듯하며, 일체세간에 있는 것들이 모두 보리의 묘하게 밝은 마음인 것을 알게 되었다.

심정(心精)이 두루하고 원만하여 시방을 그 속에다 머금었는지라 부모가 낳아준 이 몸은 마치 시방의 허공 가운데 날으는 한 티끌과 같이 보고 또 큰 바다에 뜬 거품 한 방울이 의지없이 일어났다 꺼졌다 하는 것임을 보았으나 본래 묘한 마음이 상주하여 멸하지 아니함을 얻은 것을 분명하게 스스로 알았다.

그래서 일찍이 있지 못한 일을 얻었다고 부처님께 예배하고 게송으로서 부처님을 찬탄하였다.

묘하고 깨끗하고 총지부동한 세존 수능엄왕이시여,
세상에 희유하시나이다.
억겁의 전도 망상을 소멸하고
아승지겁을 아니 지내고 법신을 얻게 되었습니다.
나도 지금 과위를 얻어 보왕 이루고
이와 같은 항사중생(恒沙衆生 : 많은 중생) 건져지이다.
이러한 깊은 마음 미진찰토 받드는 것으로
부처님 은혜 갚겠습니다.

원컨대 세존께서 증명하소서.
오탁악세에 서원코 먼저 들어가

154

만일 한 중생만 성불하지 못하여도
열반을 취하지 않겠나이다.

대웅·대력하고 대자비하신 세존이시여,
원컨대 미세한 혹을 끊고
하루빨리 위없는 깨달음에 올라
시방의 법도량에 앉게 하소서.

순야다(허공)의 성은 헤아릴 수 있다 하더라도
삭가라(견고)의 이 마음은 움직일 수 없습니다.

이것으로서 능엄경 제3권이 모두 끝났다. 세계의 만법이 오직
한 생각에서 연유된 것을 깨닫고 인연도 자연도 아닌 여래장 불
심이 이 우주에 꽉 차 있는 도리를 깨달은 모든 대중이 환희한
마음으로 세상을 바라보면서 부처님의 깊은 은혜 갚을 것을 다
짐하였다.

다음 제4권부터서는 세계가 일어난 일에 대해서 설하게 된다.

세계와 중생이 생기던 일 – 능엄경 제4권

이때 부루나미다라니자가 대중 가운데 있다가 자리에서 일어나 부처님께 사뢰었다.

"대위덕 세존이시여, 중생들을 위하여 여래의 제일의제를 잘 부연하시나이다. 세존께서 항상 주장하시기를 설법하는 사람 중에 제가 제일이라고 하시었사오나, 이제 여래의 미묘한 법음을 듣사오니 마치 귀먹은 사람이 100보 밖에서 모기 소리를 듣는 것 같사와, 본래 보지도 못하옵는데 어떻게 들을 수 있겠나이까. 부처님께서 비록 분명하게 말씀하여 저의 의혹을 덜게 하시오나 아직도 이 뜻을 자세하게 알지 못하여 끝까지 의혹이 없지 않나이다.

세존이시여, 아난같은 이는 비록 깨달았다고 하나 익힌 누(漏)가 없어지지 못하였거니와 저희들이 회중에서 무루에 오른 이들도 비록 모든 번뇌가 다하였다고는 하나 지금 여래의 말씀하시는 법음을 듣삽고 오히려 의회(疑悔)에 얽혔나이다.

세존이시여, 만일 세간의 온갖 근·진·음·처·계(根·塵·

陰・處・界) 등이 다 여래장이어서 청정하고 본연하다 하오면, 어찌하여 홀연히 산하대지의 모든 유위의 상이 생기었사오며, 차례로 천유(遷流)하여 마치었다가 다시 비롯하나이까. 또 여래 께서 말씀하시기를, 지・수・화・풍의 본성이 원융하여 법계에 두루하여 맑고 깨끗하게 항상 머무른다 하시었는데, 만일 땅의 성품이 두루하다면 어떻게 물을 용납하며, 물의 성품이 두루하 다면 불은 생기지 못할 것이온데, 어떻게 물과 불의 두 가지 성 품이 함께 허공에 두루하여 서로 없애지 못하나이까.

세존이시여, 땅의 성품은 장애하고 공의 성품은 비어 있사온 데 어떻게 둘이 함께 법계에 주변하나이까. 제가 이 이치를 알 지 못하오니 원컨대 여래께서는 대자비를 베푸시어 저의 어리석 은 생각(迷雲)을 열어 주시옵소서."

절절한 힘이 있는 것을 위(威)라 하고 섭수의 정이 있는 것을 덕(德)이라 한다. 하나의 진리 속에 만 가지 진리가 다 들어있는 것을 제1의제라 하고, 설하는 말씀마다 스승의 견해를 초월하면 '제1의제를 잘 부연한다'고 한다. 지극한 이치가 갖가지 근기를 따라 잘 계승되게 하기 때문이다. 부처님께서 부루나미다라니자 의 질문을 따라 답변해 주신다.

부루나미다라니자는 '사랑과 원이 가득찬 이'라 번역하는데 중 인도 교살라국 사람이다. 바라문으로 아버지는 정반왕의 국사로 이름이 부루나이고 어머니는 미다라니이다. 큰 부자로서 일찍이 출가하여 설산에서 수도하다가 부처님께서 성도하여 녹야원에서 설법하신다는 말을 듣고 제자들과 함께 부처님의 제자가 되었다.

부처님께서 말씀하셨다.

"여래가 금일에 이 회중을 위하여 승의중(勝義中 : 가장 거룩한 진리 가운데)의 진승의 성품(眞勝義性)을 설하여 회중의 정성성문(定性聲聞)과 2공(我空·法空)을 얻지 못한 이들과, 상승(上乘)으로 회향한 아라한들로 하여금 일승(一乘)의 적멸한 성지(性智)와 참된 수행의 길을 모두 얻게 하리니 너희들은 자세히 들으라."

'승의중의 진짜 승의성'은 법상종에서는 네 가지로 설명한다. ①은 5온 12처 18계는 세간승의이고 ②는 4제는 도리승의 ③은 2공진여는 증득승의 ④ 일진법계는 승의중의 승의이다. ①~③은 진속(眞俗)이 서로 통하지 못하나 ④는 융통자재하기 때문이다.

부루나의 질문은 세 가지로 집약된다.

첫째는 세상이 갑자기 생기게 된 연유이고,

둘째는 상속되고 있는 세계가 언제쯤 끝나게 될 것인가 하는 문제이고,

셋째는 4대가 상극성을 가지고 있으면서도 상호공존하는 이유인데,

부처님께서는 홀연히 산하대지가 일어나게 된 일부터 설명해 주신다.

"부루나야, 네 말대로 청정본연하다면 어찌하여 홀연히 산하대지가 생겼는가 하거니와, 너는 여래가 항상 말하기를, 성각(性覺)은 묘명(妙明)하게 밝고 본각은 명묘(明妙)하다 한 말을 듣지 못하였느냐."

"들었나이다. 부처님께서 이런 이치를 항상 말씀하시는 것을 제가 들었나이다."

"네가 각(覺)이다 명(明)이다 부르는 것은 성품이 밝은 것을 불러 각(眞覺)이라 하느냐. 각이 밝지 못한 것을 일러 어두운 각(妄覺)이라 하느냐."

"만일 이 밝힐 것 없는 것을 각이라 이름한다면 밝힐 것(明) 또한 없겠나이다."

이 말씀은 성품이 본래부터 밝은 것을 각(覺)이라 했다는 말이다. 그러니까 부처님께서 다시 묻고 스스로 답하셨다.

"만일 밝힐 것이 없다면 밝혀야 할 각도 없을 것이다. 밝힐 것이 있다면 그것은 각이 아니고 밝힐 것이 없다면 명(明)이 아니다. 또 밝힐 것이 없으면 각의 맑고 밝은 성품이 아니기 때문이다. 성각(性覺)은 반드시 밝지만 허망하게 명각(明覺)이 되었느니라.

각은 밝힐 만한 것(所明)이 아니지만 밝은 것을 인하여 밝힐 것을 세우므로 밝힐 것이 이미 허망한데서(妄) 허망한 마음(妄能)을 내었다. 따라서 같고 다른 것이 없는 가운데서 치연(熾然)

하게 다른 것(異)을 이룬 것이다."

　앞에서는 성각(性覺)을 '묘하게 밝다(妙明)'하고, 여기서는 성각은 '반드시 밝혀져야 한다(必明)'하였는데, 묘하게 밝은 것은 진(眞)이고, 밝혀져야 한다한 것은 망(妄)이다. 묘하게 맑고 밝은 마음에 대하여 최초에 분별심을 일으킴으로 인하여 무명업(業)이 생기고, 그 무명업이 한 번 굴러 주관이 생기면 따라서 경계상이 나타나게 되어 있다.

　이것을 기신론에서는 업·전·현(業·轉·現) 3상이라 부른다. 그러므로 '만일 밝힐 것이 없다면~명각이 되었다'까지는 청정본연한 가운데서 한 생각을 일으킨 것이고, '각은 밝힐 만한 것이 아니지만~다른 것(異)을 이룬 것이다'까지는 주객이 갈라진 능견상(能見相)과 경계상(境界相)이다.

　"저 다른 것을 다르다 함으로 인하여 같은 것(同)을 세운 것이다. 같고(同) 다른 것(異)을 발명하고 나서야 비로소 이로인해 다시 같은 것도 다른 것(異)도 없음을 세우게 된다. 이렇게 요란하므로 서로 상대하여 피로함이 생기고 피로함이 오래되어 번뇌(塵)를 일으켜 제 모습마져 혼탁하게 되었나니, 이로 말미암아 진로와 번뇌를 일으키게 된 것이다. 일어나면 세계가 되고 고요하면 허공이 된다. 허공은 같고 세계는 다른지라, 저 같고 다른 것이 없는 것이 참으로 유위법이 되었느니라."

무명업상(無明業相) 가운데는 주객이 아직 나누어지지 아니 했으므로 같고 다른 것이 없다. 그런데 여기서 서로 다른 주·객 2상이 나타나면 어두운 곳에서 빛이 나타나 밝아짐으로 인하여 보지 못하던 것을 새롭게 보는 것 같다. 그러므로 '저 다른 것에서 같은 것을 세우고 같고 다른 것을 발명하는 가운데서 같은 것도 다른 것도 없음을 세우게 된다'한 것이다.

기신론에서는 이것을 여섯 가지 거친 모습(六麤)으로 설명하고 있다.
① 경계를 보고 집착하여 시비선악 호오염정을 일으키는 지상(智相),
② 그 마음을 지속적으로 이끌어가는 상속상(相續相),
③ 경계에 크게 집착하는 집취상(執取相),
④ 거기에 온갖 이름을 붙여 사랑하는 계명자가(計名字相),
⑤ 그래서 새로운 업을 짓는 기업상(起業相),
⑥ 갖가지 업에 매어 부자유한 고통을 겪는 업계고상(業繫苦相)이 그것인데
장차 이루어지는 세계는 모두 이 범주를 벗어나지 않는다.

"각의 밝고 공의 어두운 것을 상대하여 동요함이 생기므로 바람(風輪)이 일어나 세계를 집지(執持)하고 있다.

공매(空昧)로 인해 요동함이 생기고 밝은 것(覺明)을 고집하여 장애를 형성하므로 저 금이 명각을 굳게 장애(堅碍)하여 금륜을

형성하여 국토를 보호하여 가지게 된다. 그러니까 망각(妄覺)을 고집하면 금보(金寶)가 되고 망명(妄明)을 요동하면 바람이 된다. 바람과 금이 서로 마찰하면 불빛(火光)이 일어나 마찰하므로 금의 밝은 것은 윤기를 내고 불빛은 꺼져서 물을 만들어 시방세계를 흠뻑 젖게 하는 것이다.

불은 위로 타고 물은 밑으로 흘러 서로 장애하면서도 서로 껴잡아 젖은 편으로는 큰 바다를 이루고, 마른 편으로는 주단(洲潭)이 된다. 이런 이치 때문에 바다 가운데서 항상 불빛이 나고 주단 가운데서 강과 호수가 항상 흐르게 된 것이다.
　물의 세력이 불보다 얕으면 응결하여 높은 산이 된다. 그러므로 산에 돌이 부딪치면 화염이 되고, 융반(融泮)하면 물이 되고, 흙이 세력이 물보다 열하면 추출하여 초목이 되므로 숲이 타면 땅이 되고, 쥐어짜면 물이 되며, 망(妄)이 서로 발생하여 번갈아 종자가 되나니 이런 인연으로 세계가 상속하게 된 것이다."

여기까지가 세계기시(世界起始)이다.
다음은 중생이 이루어지게 된 동기를 밝힌다.

기독교, 이슬람교, 힌두교 등의 학설은 모두가 신생설(神生說)을 쓰고 도교는 자연, 유교는 태극설을 쓰나 불교에서는 유심설(唯心說)과 연기설(緣起說)을 쓴다. 그런데 특히 능엄경에서는 홀연 돌출설을 쓰고 있다. 홀연히 한 생각 일어나면 천지만물이 그를 따라 생하기 때문이다.

"또 부루나야, 밝은 망(明妄)이 다른 것이 아니다. 각의 밝은 것(覺明)이 저지른 것이니 소(所)인 망(妄)이 이미 성립되면 밝은 이치가 넘어가지 못하므로 듣는 것은 성을 뛰어넘지 못하고, 보는 것은 색을 뛰어넘지 못한다. 색·향·미·촉 등의 망이 성취되면 이로 인해 보고 듣고 깨닫고 아는 관계로 같이 업을 지어 서로 얽히고 합하고 여의며, 이루고 변화하게 되는 것이다."

이미 세계가 이루어지면 그 속에 살게 되는 중생이 있기 마련이니 집을 지으면 집주인이 나타나게 되는 것과 같다. 세계가 이미 각명(覺明)에서 연유하듯 중생도 그 세계를 벗어날 수 없다. 그러므로 세계의 모든 중생들은 망(妄)을 근본으로 하여 나타나게 되는 것이다.

"밝은 것을 보므로 색이 나타나고 밝게 보고나서는 생각하게 된다. 견해가 다르면 미워지고 생각이 같으면 사랑하며, 사랑을 흘러 넣어 씨가 되고 생각을 받아들여 태가 되는데, 교구(交溝)하여 생명을 탄생시킬 때 같은 업을 이끌어 내므로 이러한 인연으로 갈라남(입태후 초 7일, 이때 피가 엉긴다)과 알포담(입태후 초2, 7일, 이때 피가 생긴다) 등이 생긴다. 그러나 태·란·습·화가 제각기 따를 곳을 아나니 난생은 생각으로 생기고, 태생은 정(情)으로 인해 있게 되고, 습생은 합하여 느끼고, 화생은 이별하므로 따른다. 이와 같이 정·상·합·이(情·想·合·離)가 서로서로 변이하되 업으로 받게 되어 날고 빠지(沈)나니 이런 인연으로 중생이 상속하게 된 것이다."

마음으로 말미암아 경계가 생기고 경계로 인해서 견해가 나타나고, 견해로 인해서 생각이 일어나나니, 생각이 같으면 사랑하고 생각이 같지 아니하면 미워하게 되어 있다. 그러므로 사랑은 생각이 같고 마음을 서로 주는 자 가운데서 이루어지게 되어 있다.

부처님께서 다시 말씀하셨다.

"부루나야, 생각과 사랑이 함께 맺혀서 사랑을 능히 여의지 못하므로 모든 세간의 부모와 자손이 서로 낳아 끊이지 않는 것이다. 이것은 욕탐이 근본이 되는 까닭이다. 탐애가 함께 적셔(滋), 탐을 능히 그치지 못하게 하므로 모든 세간의 난생·화생·습생·태생이 힘의 강약을 따라 번갈아 서로 탄식(呑食)한다. 이것이 살탐(殺貪)이다.

사람이 양을 먹으면 양은 죽어 사람이 되고, 사람은 죽어 양이 되어서 이렇게 10류의 중생들이 죽이고 죽고 나고 나면서 번갈아 와서 서로 먹되 악업으로 함께 나서 미래제가 다하여도 끝이 없나니, 이것이 도탐(盜貪)이다.

너는 나의 명(命)을 지고(負) 나는 너의 빚을 갚아서 이런 인연으로 백천 겁을 지내면서 항상 생사에 있게 된 것이다. 너는 나의 마음을 사랑하고 나는 너의 얼굴을 사랑하여 이런 인연으로 백천 겁을 지내면서 항상 얽히게(纏縛) 되나니 살·도·음이 근본이 되어 업(業)과 과(果)가 상속하게 되는 것이다.

부루나야, 이와 같은 세 가지가 전도하여 계속되는 것은 모두 각명(覺明)이 밝게 요지(了知)하는 성품이 분명하게 앎으로 인하여 상(相)을 말하며, 허망한 이견으로부터 생기나니, 산하대지의 모든 유위상이 차례로 천유하며, 이 허망함으로 인해 마치고 또 시작하느니라."

여기까지가 부루나 질문의 답변이 모두 끝난 곳인데 이곳의 법문은 '종이후시(終而後始)'를 답한 곳이다. 전도(顚倒)는 전광미도(顚狂迷倒)로서 처음과 끝이 서로 인이 되고 변이 되는 것을 말한다. 각명(覺明)은 곧 무명(無明)이고 명료지성(明了知性)은 본진(本眞)이다. 망진화합(妄眞和合)은 업상(業相)이고 '분명하게 이르다'는 능견상(能見相)이다. 능견상을 인하여 새로운 업을 짓고, 또 새로운 업을 짓기 때문에 중생의 업은 끝이 없는 것이다.
다음은 부루나의 질문이다. 부루나가 부처님께 말하였다.

"만일 이 묘각의 본래 묘한 각명(覺明)이, 여래의 마음과 더불어 불어나지도 않고 감하지도 않는다 하였는데, 까닭없이 산·하·대지의 모든 유위상이 홀연히 생겼다면, 여래께서는 이제 묘공명각(妙空明覺)을 얻었사오니, 산하대지의 유위인 습누(習漏)가 언제 다시 생기겠나이까."

이곳의 '묘각'은 중생이 본래부터 갖추고 있는 재전(在纏)의 체를 말하고, 득묘공명각(得妙空明覺)은 부처님께서 성불하여 본묘각에 돌아간 것을 말한다. 부루나의 질문은 '시방 중생이 본래 성불한 가운데서 무명을 일으켰다면 성불한 부처님께서는 언제 다시 번뇌를 일으키겠습니까?'한 것이다. 부처님께서 도리어 부루나에게 물었다.

"부루나야, 마치 미련한 사람이 어떤 마을에서 남쪽을 혹 북이라 한다면, 이 어리석음이 미(迷)함으로 인해 있는 것이냐, 오(悟)로 인해 생긴 것이냐?"

"이 어리석은 사람은 미(迷)를 인하지도 않고, 오(悟)를 인하지도 않았나이다. 왜냐하면 미가 본래 뿌리가 없사온데 어떻게 미를 인했다 하며, 오에서는 미가 생기는 것이 아니온데 어떻게 오를 인했다 하리까."

"어리석은 사람이 한창 미하였을 때에 어떤 깨달은 사람이 지시하여 깨닫게 한다면, 부루나야, 어떻게 생각하느냐?"

"다시는 그런 생각은 갖지 아니할 것입니다. 세존이시여."

"부루나야, 시방의 여래도 또한 그러하느니라. 이 미(迷)가 근본이 없어 성품이 끝까지 공하므로 예전에 본래 미하지 않았던 것이 미각(迷覺)이 있는 듯 하지마는, 미를 깨달아 미가 멸하면 각에서는 미가 생기지 않느니라. 또 눈병난 사람이 허공 가운데서 꽃을 보다가도 눈병만 없어지면 꽃이 허공에서 없어지듯이, 어떤 사람이 저 공화가 멸한 자리에서 다시 공화가 나기를 기다린다면 네가 보기에 이 사람을 어리석다 하겠느냐 지혜롭다 하겠느냐."

눈병은 망견(妄見)이고 꽃은 산하(山河)며, 허공의 꽃이 없어진 것은 묘공명각(妙空明覺)에 비유된 것이다.

166

"허공에 원래 꽃이 없는 것을 허망하게 꽃의 생멸을 보는 것이오니, 꽃이 허공에서 멸함을 보는 것부터 이미 잘못된 것인데, 다시 나기를 기다린다면 이것은 실로 미친 바보입니다. 어찌 이런 미친 사람을 어리석다 지혜롭다 하오리까."

"네 소견이 그렇다면, 어째서 제불여래의 묘각이 밝고 빈 것인데 언제 다시 산하대지가 생기느냐고 묻느냐. 또 금광에 정금이 섞였으나 그 금이 한 번 순금이 되면 다시는 광석에 섞이지 않으며, 마치 나무가 재가 되면 다시 나무가 되지 않는 것 같아서 모든 부처님들의 보리와 열반도 그와 같으니라."

보리(菩提)는 깨달은 결과이고 열반은 보리의 덕이다. 이상 4개의 비유 가운데 앞의 두 비유는 본래 어리석음이 없는 가운데서 허망을 일으킨 것을 비유한 것이고, 뒤의 둘은 습루망연(習漏妄緣)을 밝혀 영원히 끊을 것을 비유한 것이다. 다음은 4대의 상호관계에 대하여 설한다.

"부루나야, 또 네가 묻기를 지·수·화·풍의 본성이 원융하여 법계에 두루하였다면, 물의 성품과 불의 성품이 서로 능멸하지 않느냐 의심하고, 또 '허공과 대지가 다 법계에 두루하다면, 서로 용납하지 못할 것이다' 하였는데, 부루나야, 마치 허공의 체가 여러 가지 모양은 아니나 여러 가지 모양이 발휘함을 거부하지 않는 것과 같다.

왜냐하면 부루나야, 저 태허공이 해가 비치면 밝고, 구름이 끼면 어둡고, 바람이 불면 동요하고, 비가 개면 맑고, 기운이 엉기면 흐리고, 먼지가 쌓이면 흙비가 되고, 물이 맑으면 비치는데 어떻게 생각하느냐. 이와 같은 여러 가지 유위의 모습이 저를 인하여 나게 되느냐 공을 인하여 있게 된 것이냐. 만일 저것들로 인해 생긴다면 해가 비칠 때는 이미 해가 밝은 까닭이니, 시방의 세계가 똑같이 햇빛이 된 것인데, 어찌하여 공중에서 다시 둥근 해를 보게 되느냐. 또 만일 그것이 허공에서 밝아 왔다면, 허공이 스스로 비칠 것인데, 어찌하여 중간에 구름이 끼었을 때는 빛을 내지 못하느냐. 그러므로 알라. 이 밝은 것은 해 때문도 아니고, 허공 때문도 아니고, 허공이나 해와 다른 것도 아니니라. 모양(相)으로 보면 원래 망(妄)이라 펴 보일 것이 없다. 마치 공화(空華)에서 공과(空果)가 맺히기를 바라는 것과 같거늘 어떻게 서로 능멸하는 뜻을 힐난(詰難)하겠느냐.

또 "성으로 보면 원래 진(眞)이어서 오직 묘각명(妙覺明)뿐이니, 묘하게 깨달아 밝은 마음은 본래 물도 불도 아니거늘, 어찌하여 서로 용납하지 못할 것이라고 묻느냐. 참으로 묘한 각명도 역시 이와 같아서 네가 공으로 밝히면 공이 나타나고, 지·수·화·풍으로 각각 밝히면 각각 나타나며, 한꺼번에 밝히면 함께 나타나느니라.

어떤 것이 함께 나타난 것이냐. 한 물 속에 해의 그림자가 나타나거든, 두 사람이 물속의 해를 함께 보다가 동쪽과 서쪽으로 제각기 가면 물속의 해도 두 사람을 각각 따라가되, 하나는 동으로 가고, 하나는 서로 가서 본래 표준이 없나니, '이 해가 하

168

나인데 어찌하여 각각 가며, 각각 가는 해가 둘인데 어찌하여 하나로 나타났느냐' 하고 따질 것이 아니니, 완연히 허망하여 근거할 것이 없기 때문이다."

　이것이 4대가 서로 용납하며 존재하는 까닭이다. 다음은 허망한 생각따라 나타났다가 참된 마음을 의지하여 돌아가는 과정을 설명한 것이다.

　"부루나야, 네가 색과 공으로써 여래장에서 서로 기울어지고 (相傾) 빼앗아(相奪) 여래장도 따라서 색과 공이 되어 법계에 두루하나니, 그러므로 그 가운데서 바람은 동하고 허공은 맑고 해는 밝고 구름은 어둡나니, 중생이 미민(迷悶)하여 깨달음을 등지고 진(塵)에 합하므로, 진로(塵勞)를 발하여 세간의 온갖 모양이 나타나게 된 것이니라.

　나의 묘하게 밝은 마음이 불생불멸함으로써 여래장에 합하고, 여래장이 오직 묘각명이어서 법계를 원만히 비치나니, 그러므로 그 가운데서 하나가 한량없이 되고 한량없는 것이 하나가 되며, 작은 가운데서 큰 것을 나투고, 큰 가운데서 작은 것을 나투며, 도량에서 동하지 않고 시방세계에 두루하며, 한몸에 시방의 무진한 허공을 머금고, 털끗 하나 속에 보왕찰(寶王刹)을 나타내고, 미진 속에 앉아서 대법륜을 굴리나니, 번뇌를 없애고 깨달음에 합하므로 진여가 묘하게 깨달아 밝은 성품을 나타내게 되는 것이다.

여래장의 본래 묘하고 원만한 마음은 마음(心)도 공(空)도 아니고, 땅(地)도 물도 아니고, 바람도 불도 아니며, 눈·귀·코·혀·몸·뜻도 아니며, 빛·소리·냄새·맛·감촉·법도 아니며, 눈의 세계도 아니고, 내지 의식의 세계도 아니니라. 밝고 어두운 것도 아니고, 밝고 어두운 것이 다함도 아니며, 내지 늙고 죽는 것도, 늙고 죽음이 다한 것도 아니며, 고·집·멸·도도 아니고, 지혜도 아니고, 얻는 것도 아니니라. 단나(보시)도 시라(지계)도 아니고, 비리야(인욕), 찬제(정진), 선나(선정), 반야(지혜), 바라밀다도 아니며, 내지 다타아가도(여래), 아라하(응공), 삼먁삼붓다(무상정등정각)도 아니며, 대열반도 아니고, 항상 즐겁고 깨끗한 것도 아니니라."

어리석어 진짜 몸을 잃어버리고 인연의 그림자만 쫓아 분별하는 것을 배각합진(背覺合塵)이라 하고, 상(相)이 원래 허망한 것인줄을 알고 성품이 원래 참된 것인줄을 관하면 멸진합각(滅塵合覺)이 된다. 그러므로 배각합진의 법을 깨닫게 하기 위하여 만들어진 모든 법은 여래장의 본래 묘하고 원만한 마음이 아닌 것이다. 왜냐하면 그 속에는 5온 12처 4제 12인연 6바라밀 등의 법이 있지 않기 때문이다. 그러나 진(眞)과 여(如)는 본래 둘이 아니므로 아닌 줄 알았으면 다시는 그 아닌 것에 속지 말아야 될 것이다. 이것은 여러 악기를 통해 알 수 있다.

"이렇게 세(世)와 출세(出世)가 모두 아니므로 여래장의 원래 밝고 묘한 마음은 곧 마음이오, 곧 공이며, 땅이고 물·바람이며, 눈·귀·코·혀·몸·뜻이며, 빛·소리·냄새·맛·감촉·법이며, 눈의 세계이고 내지 곧 의식의 세계이다. 또 밝고 어두운 것이며, 밝고 어두운 것이 다함이며, 내지 늙고 죽고, 늙고 죽는 것이 다한 것이며, 곧 고·집·멸·도이고 지혜이고 얻는 것이니라. 또 단나이고 시라이며, 비리야·찬제·선나·반야바라밀다며, 내지 곧 다타아가도·아라하·삼먁삼붓다이고 대열반이며, 항상 즐겁고 자유롭고 깨끗한 것이니라.

이렇게 모두가 곧 세와 출세이므로 곧 여래장의 묘하게 밝은 마음은 근원은 즉(卽)을 여의고 비(非)를 여읜 까닭에 이것이 즉(卽)이고 즉(卽)이 아닌 것이다. 어떻게 세간의 삼유(三有：欲·色·無色有) 중생이나 출세간의 성문·연각심으로, 여래의 무상보리를 헤아려 세상의 언어로써 부처님의 지견에 들어가겠느냐.

마치 거문고(琴)·큰 거문고(瑟)·피리(箜篌)·비파(琵琶)가 비록 묘한 음율을 가지고 있으나, 만일 손가락(妙指)이 없으면 소리를 낼 수 없는 것같이, 너와 중생들도 그와 같아서 보각(寶覺)인 진심이 각각 원만하지만, 내가 손가락을 짚으면 해인(海印)과 같이 광을 발하고, 너는 잠깐만 마음을 두어도 진로(塵勞)가 먼저 일어나나니, 무상각에 이르는 도를 부지런히 구하지 않고, 소승을 사랑하여 적은 것을 얻고 만족하게 여기는 탓이니라."

거문고 속에 원래 소리가 들어 있으나 손가락이 아니면 소리를 내지 못하듯 사람의 마음도 원래는 원만한 것이지만 스승이

없으면 깨닫지 못하게 되는 것이다. 그러므로 부처님께서 여래
장의 거문고가 부처님의 손가락을 대시니 삼라만법이 당처에 소
연(昭然)하여 해인 속에서 빛을 발할 것이다 한 것이다.

그래도 부루나는 아직 확실히 풀리지 아니하였다. 그래서 부
루나가 다시 물었다.

"제가 여래로부터 보각(寶覺)이 원만히 밝아 참되고 묘하게 깨
끗한 마음은 원만하여 둘이 아니건만, 제가 오래부터 끝없는 망
상을 일으켜, 오랫동안 윤회하였으므로, 지금 성승(聖乘)을 얻었
으나 오히려 깨닫지 못하고, 세존께서는 모든 망상이 아주멀리
떠나 홀로 묘하고 진상(眞常) 하시나이다. 감히 여래께 묻자오니
일체중생은 무슨 인연으로 거짓(妄)이 있어서 묘하게 밝은 것을
스스로 가리우고 윤회의 고통을 받나이까."

부처님께서 말씀하셨다.
"네가 비록 의심을 제하였으나 남은 의혹이 다하지 못하였으
니 내가 이 세간에 지금 있는 사실로써 너에게 물으리라. 실라
벌성의 연야달다(演若達多)가 새벽에 홀연히 거울을 보다가 거울
속에 있는 머리를 보고, 자기의 머리 위에 있는 눈과 얼굴을 볼
수 없으므로, 이매(魑魅)가 되었다고 성을 내고 미쳐서 달아났다
하니, 어떻게 생각하느냐. 이 사람이 무슨 인연으로 까닭없이 미
쳐서 달아났겠느냐."
"그 사람은 마음이 미친 탓이옵고, 다른 까닭은 없나이다."
"묘한 깨달음이 밝고 원만하여 본래 뚜렷하고 밝고 묘한 것인

172

데, 이미 거짓이라 일컫는 것은 무슨 까닭인가. 만일 거기에 원인이 있다면 어찌 거짓이라 하겠느냐. 스스로의 모든 망상이 전전히 서로 인이 되고, 어리석음으로부터 어리석음을 쌓아 진겁(塵劫)을 경과하였으므로, 비록 부처님이 발명하여도 오히려 돌이키지 못하게 되어 있다. 이렇게 어리석은 것은 어리석기 때문에 스스로 있는 것이나, 어리석음에 종자가 없는 줄 알면 거짓이 의지할데가 없어서 오히려 생도 없거늘, 무엇을 없애려 하겠느냐. 하물며 원인이 없어서 본래부터 있는 것 아니니, 마치 저 성중의 연야달다가 어찌 인연이 있어서 제 머리가 무섭다고 달아났겠느냐. 광증이 쉬지 아니했다고 해서 어찌 잃어졌겠느냐.

부루나야, 허망한 성이 이런 것이니, 원인이 어디 있겠느냐. 네가 다만 세간·업과·중생의 세 가지 상속함을 따라서 분별하지 아니하면, 세 가지 연이 끊어지므로 세 가지 연이 생기지 아니하여, 너의 마음 가운데 있는 연야달다의 광성이 스스로 쉬게 될 것이며, 쉬기만 하면 곧 보리가 승(勝)하여 깨끗한 마음이 본래 법계에 두루할 것이다. 다른 이로부터 얻은 것이 아닌데, 어찌하여 그렇게 애써서 닦아 증하려 하겠느냐. 마치 어떤 사람이 자기의 옷속에 여의주를 차고 있으면서도 알지 못하고 가난하게 타방으로 돌아다니면서 걸식함과 같아서 진실로 빈궁하지마는 여의주는 잃어진 것이 아니라. 문득 지혜있는 사람이 여의주를 가리켜주면 소원이 여의하여 큰 부자가 될 것이다. 그때서야 신기한 여의주를 다른데서 얻는 것 아님을 알 것이다.”

단지 망연(妄緣)만 여의면 곧 그대로 부처다. 여기에는 닦고 끊을 것도 없는 까닭에 이러한 것을 돈오돈수(頓悟頓修)라 하는 것이다. 그러나 이 같은 돈오돈수는 상근기가 아니면 깨닫지 못하게 되므로 다시 아난다가 질문을 제기하여 중하 중생들로 하여금 깨달음의 길을 연다.

인연이란 의심을 덜게 하다

그때 아난이 대중 가운데 있다가 부처님의 발에 정례하고 일어서서 사뢰었다.

"세존께서 지금 말씀하시기를, '살·도·음의 세 가지 업이 끊어지므로 3인이 생기지 아니하여, 마음속에 있는 연야달다의 미친 성품이 스스로 쉬게 될 것이며, 쉬기만 하면 곧 보리라, 다른 이로부터 얻는 것이 아니라' 하시니, 이것은 인연인 것이 분명하거늘, 어찌하여 여래께서 인연법을 아주 버리시나이까. 저도 인연으로 말미암아 마음이 열리었나이다.

세존이시여, 이 이치는 어찌 나이 어린 저희들 유학성문(有學聲聞) 뿐이오리까. 이 회중에 있는 대목건련·사리불·수보리 등도 본래 늙은 범지(梵志)로서, 부처님의 인연을 듣고 마음이 열리어 무루(無漏)를 이루었거늘, 지금 말씀이 '보리는 인연으로 얻는 것 아니라' 하시니, 그렇다면 왕사성의 구사리(拘舍梨) 등이 말하는 자연이 제일의가 되겠나이다. 바라건대 대비를 펴시어 아득함을 개발하여 주옵소서."

아난의 질문은 인연을 버린다면 외도의 자연법에 떨어지지 않겠는가 하는 것이다. 이에 부처님께서 아난에게 말씀하셨다.

"저 성중에 있는 연야달다의 광성(狂性)인 인연이 없어지면, 곧 불광(不狂)의 성이 자연으로 나타날 것이니, 인연이다 자연이다 하는 이론이 여기에서 끝나게 되느니라.

아난아, 연야달다의 머리가 본래 자연이라면 본래부터 스스로 그런 것이어서 어떤 것이나 자연 아닌 것이 없을 것인데 무슨 까닭으로 머리가 없어졌다고 미쳐서 달아났겠느냐. 만일 자연인 머리가 인연인 연고로 미쳤다면 어찌하여 자연인 머리가 인연인 연고로 잃어지지 않았느냐. 본래의 머리가 잃어지지 않은 것을 미친 공포가 허망하게 생겼다면 조금도 변이함이 없거늘 어찌 인연을 말미암았다 하겠느냐. 본래 미친 것이 자연이라면 미친 공포가 본래부터 있었을 것인데 미치기 전에는 광증이 어디 숨어 있었겠느냐. 미치지 않은 것이 달아났다더냐. 만일 본래 머리를 깨달아 미쳐서 달아났던 줄을 알면 인연이라 자연이라 하는 말이 모두 희론이 될 것이다. 그러므로 내가 말하기를 '3연이 끊어지면 곧 보리심이 된다' 한 것이다.

만일 보리심이 생긴다면 생멸심은 멸했을 것이니 이것도 다만 생멸뿐이니라. 멸과 생이 모두 다하여 공용(功用)이 없는데 자연이 있다고 한다면 이것은 자연심이 생하고 생멸심이 멸한 것이 될 것이니 이것도 역시 생멸이니라. 생도 멸도 없는 것을 자연이라 한다면 마치 세간에서 모든 것이 섞이어서 일체가 된 것을 화합성이라 하고, 화합이 아닌 것을 본연성이라 한다는 것과 같나니, 본연이라 본연이 아니라 화합이라 화합이 아니라 하는 화합·본연을 함께 여의고 여의었다 여의지 않았다는 것까지 모두 아닌 것이어야 이것이 비로소 희론이 아닌 법이다.

보리와 열반이 아직도 요원하여서 네가 여러 겁을 드나들면서 애써서 닦고 증득할 수 있는 것이 아니며, 비록 다시 시방 여래의 12부경의 청정한 묘리를 기억하여 가지기를 항하사와 같이 한다 하더라도 희론만 더할 뿐이다.

네가 비록 인연과 자연을 결단코 분명하게 말하여서 사람들이 너를 일러 다문제일이라 한다마는 이렇게 여러 겁 동안 다문한 보람으로도 마등가의 난을 벗어나지 못하고 나의 불정신주(佛頂神呪)를 의지하여서야 마등가의 마음속 음화(婬火)가 한꺼번에 흩어지고 아나함(阿那含)을 얻어서 나의 법중에서 정진림(精進林)을 이루었으며, 애하(愛河)가 고갈하여 너로 하여금 해탈케 한 것이 아니냐. 그러므로 아난아, 네가 비록 여러 겁 동안 여래의 비밀하고 묘한 것을 다 기억해 가진다 하더라도 하루동안에 무루업을 닦아서 세간의 증·애(憎·愛) 2고를 멀리 여의는 것만 같지 못하니라.

마등가는 숙세에 음녀이지만 신주의 힘으로 애욕이 소멸되고 나의 법중에서 성비구니라 이름하며 라후라의 어머니인 야수다라와 함께 전생의 인을 깨달아 여러 세상의 인이 탐애가 고통인 것을 알고 한 생각에 무루의 업을 닦았으므로 혹은 얽힘에서 벗어나고 혹은 수기(授記)를 받은 것이다. 그런데 너는 어찌하여 스스로 속아서 지금까지도 보고 듣는데 머무르고 있느냐."

아무리 많이 들어도 닦고 행하지 아니하면 아무 소용이 없다. 만일 무루업을 닦으려면 수능엄진정(首稜嚴眞定)이 제1이 되므로 아난과 부처님께서 그 제1법을 제시하기 위하여 다시 질문하고 답변하신다.

두 가지를 결정하게 한 뜻

아난이 대중들이 부처님의 가르치심을 듣고 의혹이 소멸되고 실상법을 깨달아 몸과 뜻이 가볍고 편안하여 일찍이 있지 못함을 얻고 다시 눈물 흘리며 부처님의 발에 정례하고 합장하여 부처님께 사뢰었다.

"무상대비이신 청정보왕께서 저희들의 마음을 잘 열어 주시고 이러한 가지가지 인연과 방편으로 이끌어 주시고 캄캄한데 빠진 이를 인도하여 고해에서 나오게 하시나이다.

세존이시여, 제가 이런 법음을 듣고 여래장인 묘각의 밝은 마음이 시방세계에 두루하여 여래의 시방국토에 있는 청정한 보배로 장엄한 묘각왕찰(妙覺王刹)을 함유한 것인줄을 알았사오나 여래께서 다시 꾸짖으시기를 '다문이 공이 없으니 닦고 익히는 것만 못하다' 하시니 저는 마치 여관에서 숙박하던 사람이 문득 천왕이 주는 화려한 가옥을 받은 것 같나이다. 비록 큰 저택을 얻었으나 문을 찾아들어가야 하겠사오니, 원컨대 여래께서 대비(大悲)를 버리고 여래께서 무여열반(無餘涅槃)에 나아가시려고 발심하던 길을 얻게 하옵소서. 유학(有學)들이 어떻게 하여야 옛날의 반연(攀緣)을 섭복(攝伏)하고 다라니를 얻어 부처님의 지견에 들어가겠나이까?"

이곳은 곧 아난존자와 대중이 불지견(佛知見)을 얻는 방법을 물은 곳이다. 부처님은 이에 두 가지 방법을 결택하여 공부하라 가르치신다. 첫째는 인지(因地)의 법행(法行)을 보고, 둘째는 무명(無明)을 살피는 것이다.

이때 세존께서 회중에 있는 연각, 성문들로서 보리심에 자재하지 못한 이들을 애민하시며, 또 이 다음 부처님이 멸도한 뒤 말법의 중생들로서 보리심을 발하려는 이를 위하여 무상승에 나아가 묘하게 수행하는 길을 열어주려고 아난과 대중들에게 말씀하셨다.

"너희들이 결단코 보리심을 내어 여래의 묘한 삼마제에 피곤하고 권태함을 내지 않으려거든 마땅히 깨달음을 얻어야 되겠다는 처음 마음에 두 가지 결정한 뜻을 먼저 밝혀야 할 것이다.

첫째는 너희들이 성문을 버리고 보살승을 닦아 부처의 지견에 들려거든 마땅히 인지(因地)의 발심이 과지(果地)의 깨달음으로 더불어 같은가 다른가 자세히 살펴야 할 것이다. 만일 인지에서 생멸심으로써 수행할 인을 삼고 불승의 불생불멸을 구하려 함은 옳지 아니하리라. 그러한 까닭으로 네가 기세간(器世間)을 분명히 보라. 그리하여 만들어진 법은 다 변하여 멸할 것이다. 아난아, 너는 세간의 만들어진 법을 관찰하라. 어느 것이 부서지지 않는가. 그러나 허공이 부서진다는 말은 듣지 못하였다. 왜냐하면 허공은 만들어진 것이 아니므로 처음부터 끝까지 너의 몸 가운데서 굳은 것은 땅이고, 젖은 것은 물이고, 뜨거운 것은 불이고, 움직이는 것은 바람이다. 이 4대가 일어나므로 너의 맑고 깨끗한 묘하게 깨달은 밝은 마음을 분격(分隔)하여 보고 듣고 깨닫고 살피게 하여 처음부터 나중까지 5첩(疊)으로 혼탁하느니라.

어떤 것을 탁이라 하느냐. 아난아, 마치 맑은 물은 본래부터 청결하고 진흙(塵土)과 모래(灰沙)의 종류는 본질이 유애(留碍)한 것이어서 두 가지의 성품이 서로 같지 않느니라. 세상 사람이 저 진흙을 가져다가 청정한 물에 넣으면 흙은 유애하던 것을 잃어버리고 물은 청결한 것이 없어져서 모양이 흐리터분하게 된 것을 탁이라 이름하나니 너의 5탁(濁)도 그와 같느니라.

아난아, 허공이 시방세계에 두루함을 네가 볼 때 허공과 견이 구분되지 아니하여 허공은 체가 없고 견은 각이 없거든 서로 짜이어(織) 허망한 것이 되었나니 이것이 제일중으로 겁탁(劫濁)이라 하느니라.

또 네 몸은 4대로 뭉치어 체가 되었는데, 보고 듣고 깨닫고 아는 것을 막아서 걸리게 하고, 물과 불과 바람과 흙을 둘러(旋) 깨달아 알게(覺知) 함으로써 서로 짜서 허망한 것이 되었나니 이것이 제이중으로 견탁(見濁)이라 하느니라.

또 너의 심중에 기억하고 있는 지식과 상식은 외우고 익혀 성은 지견을 발하고 모양은 6진을 나타내나니 진을 여의고는 상이 없고, 각을 여의고는 성이 없거든 서로 짜여 허망한 것이 되었나니 이것이 제삼중으로 번뇌탁(煩惱濁)이라 하느니라.

또 네가 조석으로 생멸심이 정지하지 아니하여 지견은 늘 세간에 머물려 하고, 업운(業運)은 국토에 옮아가려 하거든 서로 짜여 허망한 것이 되었나니 이것이 제사중으로 중생탁(衆生濁)이라 하느니라.

너희들이 보고 듣는 것은 원래 다른 성이 없는데 여러 가지 티끌들이 막고 뛰어넘어 까닭없이 다름이 생겼느니라. 성품 가운데서는 서로 알지만 작용 가운데서는 서로 어겨 같고 다른 것이 표준을 잃어 서로 짜여 허망한 것이 되었나니 이것이 제5중으로 명탁(命濁)이라 하느니라.

아난아, 네가 이제 보고 듣고 깨닫고 앎으로 인하여 여래께 항상 즐겁고 자유롭고 깨끗한 경계에 계합하려 하거든 먼저 생사의 근본을 선택하여 버리고 생멸하지 않는 원만하고 깨끗한 성품을 이루어야 할 것이다. 그리고 그 깨끗하고 맑은 것으로 생멸하는 것은 돌이켜 굴복하므로서 원각에 돌아가(復還), 원래의 밝게 깨달은 무생멸성을 얻어 인지심(因地心)을 삼은 연후에 과지(果地)의 수증(修證)을 원만히 성취해야 하느니라. 흐린 물을 맑게 하려면 깨끗한 그릇에 담아서 오래도록 가라앉혀 동하지 않게 하면 흙과 모래는 가라앉고 맑은 물이 나타나나니 이것이 처음으로 객진번뇌를 제복하는 것이고, 앙금을 버리고 순전히 물만 남게 하면 근본무명을 영원히 끊어지게 될 것이다. 밝은 모습이 정순(精純)하면 일체가 변현하되 번뇌가 되지 않고 열반의 청정한 묘덕에 계합하게 될 것이다."

이것이 인지의 법행이다. 다음은 무명을 파한 것이다.

"둘째는 너희들이 반드시 보리심을 발하여 보살승에 대하여 큰 용맹심을 내고 결단코 유위의 모습을 버리려고 하거든 마땅히 번뇌의 근본을 자세히 살펴보라. 이것이 무시이래로 업을 지어 생을 윤택하게 한 것이니 무엇이 짓고 무엇이 받는가 생각해 보라.

아난아, 네가 보리를 닦으려 하면서 번뇌의 근본을 자세히 살펴보지 않고는 허망한 근·진(根·塵)이 어디에서부터 잘못되었는가를 알지 못할 것이다. 그곳을 알지 못하고서야 어떻게 항복받고 여래의 자리를 차지하겠느냐.

아난아, 너는 세간에서 매듭 푸는 사람을 보라. 맺힌 데를 보지 못하고서야 어떻게 풀 줄을 알겠느냐. 허공이 깨졌다는 말은 듣지 못하였다. 왜냐하면 허공은 형상이 없어서 맺히고 풀린 것이 없는 까닭이다. 너는 현재 눈·귀·코·혀·몸·뜻의 여섯이 도둑놈과 짝이 되어 집안의 보배를 겁취하였나니 이리하여 무시이래로 중생세계에 얽혀 기세간에서 벗어나지 못하게 된 것이다."

매듭은 허망근진의 전도처다. 6적의 망근(妄根)이 6경의 망진 (妄塵)을 따라 얽히고 설켜 있는 것이 마치 저 매듭과 같다. 다음은 중생세계에 대하여 설명하신다.

아난아, 무엇을 중생세계라 하느냐. 세(世)는 천유(遷流)하는 것이고, 계(界)는 방위를 말한다. 그러니 동·서·남·북·동남 ·서남·동북·서북·상·하는 계가 되고, 과거·미래·현재는 세가 되는 것이니 방위는 열이고 흘러가는 것은 셋이다. 일체중생이 망상(妄相)으로 짜서 이룬 것이므로 몸 가운데서 주고 받아(貿遷) 세계와 서로 교섭하게 된 것이다. 이 세계의 성품이 비록 시방이지만 일정한 방위로 처음과 끝이 분명한 것은 동·서·남 ·북이 상과 하는 바른 위치가 없고 중간도 방위가 없다. 4방이 분명하여 세(世)와 더불어 서로 교섭하되 3과 4, 4와 3이 완전(婉轉)하여 12가 되고 흘러 변하여 세 번 첩(疊)하여 1이 10되고 백이 천이 되나니 처음과 끝을 총괄하면 6근 가운데 공덕이 각각 1천2백이 되는 것이다.

아난아, 네가 이 가운데서 뛰어나고 저열한 것을 정하여 보라. 눈으로 보는 것은 뒤는 어둡고 앞은 밝은데 전방은 전혀 밝고 후방은 전혀 어두우며, 좌와 우로는 곁으로 보아서 3분의 2가 되나니, 통틀어 말하면 짓는 공덕이 온전치 못하여 3분으로 말하며, 1분의 덕은 없어도 눈은 다만 8백 공덕이니라.

귀로는 두루 들어서 시방에 빠짐이 없나니 동하는 것으로 보아서는 가깝고 먼 것이 있는 듯하나 고요한 것으로 보면 변제가 없나니 그래서 귀는 1천2백 공덕이 원만해지는 것이다.

또 코로 맡는 것은 출입식을 통하나니 출식이 있고 입식이 있으나 중간의 교체하는 곳은 없으므로 비근은 3분의 1을 궐하며, 다만 8백 공덕이니라.

혀로 말하는 것을 세간과 출세간의 지(智)를 다하나니 말은 방분(方分)이 있으나 이치를 보면 다함이 없으므로 설근은 1천2백 공덕이 원만하게 된다.

몸으로 감촉을 할 때에는 거슬리고 순함을 알되 합할 때에는 알고 떠나면 알지 못하나니 떠나면 하나요 합하면 쌍이라 몸은 2의 1을 궐하였으므로 설근은 다만 8백 공덕이 된다.

뜻으로 시방삼세의 일체 세간법과 출세간법을 조용히 수용(默容)하되 성현과 범부를 모두 포용하여 그 끝까지를 다하므로 의근은 1천2백 공덕이 원만하게 된다.

아난아, 네가 이제 생사의 흐름을 거슬러 흐르는 근원에 돌아가서 생멸하지 않는 곳에 이르려 한다면 이 6종의 수용하는 근이 어느 것은 합하고 어느 것은 떠나며, 어느 것은 깊고 어느 것은 얕으며, 어느 것은 원통하고 어느 것은 원만치 않은 줄을 시험하여 알아야 한다. 만일 여기서 원통한 근을 알아서 저 무시이래로 허망함을 짜서 된 업의 흐름을 거슬러서 원통함을 따르면 원통하지 않은 근과는 해(日)와 겁이 배나 되게 될 것이다."

서로 '흐르는 근원(流根)'은 묘하게 맑아 동요함이 없는 본마음을 말한다. 시일은 아직 6근이 분이 되기 이전의 경계이므로 보고 듣고 깨닫고 아는 것이 한계가 있는 것이 아니다. 그래서 그것을 원근(願根)이라 한다. 모든 근에 다 원만히 통하는 마음이므로, 원만하면 깊고 원만치 못하면 얕다. 깊고 얕은 것의 거리가 멀리 떨어지면 떨어질수록 빠르고 더딘 간격이 나타난다. '해'는 비치면 곧 밝으므로 돈오에 비유된 것이고, '겁'은 오랜 시간을 의미하므로 점오(漸悟)에 비유된 것이다. 다음은 시방여래가 어떻게 공부했는가를 보여 주신다.

"내가 지금 여섯 가지 맑고 원만하고 밝은 성의 본래 갖추어진 공덕의 수량을 나타내었으니 네 마음대로 들어갈 만한 것을 자세히 선택하라. 내가 마땅히 발명하여 너로 하여금 증득케 하리라. 시방의 여래는 18계에서 하나씩 수행하여 모두 무상보리를 원만히 하였으므로 그 중간에 우(優)와 열(劣)이 없지마는 너는 하열하여 그 가운데서 원만하고 자재한 지혜를 얻지 못하였나니 내가 이제 설명하여 너로 하여금 한 문으로 깊이 들어가게 하리라. 한 문에 들어가 거짓된 것이 없어지면 저 6근이 일시에 청정하게 될 것이다."

매듭이 풀리면 일심이 청정해질 뿐 아니라 그 맺혔던 근과 경계에서 갖가지 신통이 나타나 세상을 복되게 한다. 그래서 아난이 그 방법을 묻는다. 이에 부처님께서 6근이 원통하여 나타나는 공덕을 여러 가지로 설명하신다.

아난이 부처님께 사뢰었다.

"세존이시여, 어떻게 해야 흐름을 거슬러 한 문에 깊이 들어가서 6근이 일시에 청정해지겠습니까?"

"아난아, 네가 지금 수다원과를 얻어 3계 중생세간의 견도위(見道位)에서 끊어야 할 혹(惑)을 없앴으나 오히려 6근중에 오랫동안 쌓여 있는 무시의 습관을 알지 못하고 있으니 이 습기는 수도위(修道位)에서 비로소 끊게 되는 것이어늘 하물며 이 가운데 있는 생·주·이·멸 하는 분제(分劑)와 두수(頭數)일까 보냐. 너는 또 눈앞에 나타나 있는 6근이 하나인가 여섯인가를 자세히 살펴보라. 아난아, 만일 하나라면 귀는 왜 보지 못하며, 눈은 왜 듣지 못하며, 머리는 왜 밟지 못하며, 발은 왜 말이 없느냐. 만일 6근이 결단코 여섯이라면 내가 이 화중에서 너에게 미묘한 법문을 설하는데 너의 6근 가운데 어느 것으로 듣느냐?"

"제가 귀로 듣나이다."

"네 귀가 듣는데 몸과 입은 무슨 관계가 있어서 입으로는 뜻을 묻고 몸은 일어서서 공경하느냐. 그러므로 알라. 1이 아니라 6인 듯하며, 6이 아니라 1인 듯하거니와 너의 근은 원래 1도 아니고 6도 아니니라.

아난아, 이 근은 1도 아니고 6도 아니지만 무시이래로 잘못 바꾸어 씀으로써 원만하고 깨끗한데서 1이라 6이라 하는 것이 생겨나게 된 것이다. 수다원의 6은 이미 녹아 없어졌으나 1은 없어지지 않았느니라. 마치 태허공을 여러 그릇에 나누어 담고서 그릇의 모양이 다른 것을 보고 허공이 다르다 하다가 그릇을 없앤 뒤 허공을 보고는 허공이 하나라 하는 것과 같다. 저 허공이 어찌 너를 위하여 다른 것이 있겠느냐. 하물며 하나다 하나가 아니다 하는 말을 하겠느냐.

너의 깨닫고 알고 하는 6근도 또한 그와 같다. 밝고 어두운 두 가지가 서로 형상에 집착함으로 말미암아 묘하게 원만한 가운데서 담(湛)을 점(沾)하여 견을 발하고, 보는 정(精)이 색에나타나(映) 색을 결(結)하여 근이 되었으니, 근의 근원은 눈을 가리켜 청정한 4대라 하고 인하여 눈의 체라 하나니, 포도알과 같은 부근(浮根)의 4진(塵)이 흘러 색으로 달아나느니라.

움직이고 고요한 두 가지가 서로 치(擊)므로 말미암아 묘하게 원만한 가운데에서도 맑음을 점(粘)하여 듣게 되고 듣는 정(精)이 소리를 나타내며, 소리가 말려(卷) 근이 되었으니, 근의 근원은 청정한 4대로 인하여 귀의 체라 하며, 말려 나오는 잎과 같은 부근(浮根)의 4진이 유일(流逸)하여 소리로 달아나느니라.

터지고 막히는 등 두 가지가 서로 화합하여 묘하게 원만한 가운데서도 맑은 것을 점하여 냄새를 맡고 냄새를 맡는 정이 맛을 내고, 맛을 거두어들임으로써 근이 되었나니, 근의 근원은 청정한 4대라 인하여 코의 체라 하며, 두 손톱과 같은 부근(浮根)의 네 가지 진(塵)이 유일하여 향으로 달아나느니라.

괄·변(括·變) 등 두 가지가 서로 합함으로써 묘하고 원만한

188

가운데서 맑음을 점하여 맛을 내고, 맛의 정(精)이 맛에 드리우므로 맛에 얽혀 근이 되었으니, 근의 근원은 청정한 4대를 인하여 혀의 체가 되며, 누운 초승달 같은 부진근의 4진이 유일하여 맛으로 달아나느니라.

여의고 합하는 두 가지가 서로 부딪침으로 말미암아 묘하고 원만한 가운데서 맑음을 점하여 깨달음을 내고 깨달음의 정이 촉에 드리워 촉을 잡아 근이 되었으니, 근의 근원은 청정한 4대라 인하여 몸의 체라 하며, 장고통(腰鼓)과 같은 부근의 4진이 유일하여 촉으로 달아나느니라.

생·멸 등 두 가지가 서로 계속함으로써 묘하게 원만한 가는 데서도 맑음을 점하여 지(知)를 발하고 지의 정이 법에 비추어 법을 취하므로써 근이 되었으니, 근의 원은 청정한 4대라 인하여 의사(意思)가 나타나며, 캄캄한 방에서도 보는 것 같은 부근의 4진이 유일하여 법으로 달아나느니라."

이것이 6근이 각기 자기 작용을 나타내는 과정이다. 모두 이것은 허망한 생각을 따라 나타난 것이므로 6진(塵)을 여의면 곧 자체가 없어진다.

아난아, 이 6근은 저 본각의 진명(眞明)에 밝히려는 명각(明覺)이 있으므로 저 정료(精了)함을 잃어버리고 망(妄)에 점(粘)하여 빛을 내는 것이다. 그러므로 네가 지금 밝고 어두운 것을 여의면 보는 체성이 없을 것이고, 움직이고 고요한 것을 여의면 듣는 성질이 없을 것이고, 통하고 막힌 것이 없으면 맡는 성품이

나지 못할 것이고, 묶고 변하는 것이 아니면 맛보는 것이 생기지 못할 것이고, 여의고 합하는 것이 아니면 촉을 말할 수 없을 것이고, 멸과 생이 없으면 요지(了知)함이 있을 수 없을 것이다.

네가 다만 동·정, 합·이, 괄·변, 통·색, 생·멸, 명·암의 12가지 유위의 상을 따르지 아니하고 어느 근이나 마음대로 뽑아내어 점한 것을 벗기어 속으로 굴복시키고 원진(元眞)에 돌아가서 본래의 밝은 빛을 발하게 되고 비치는 성품이 환하게 밝아지면 다른 5근의 점한 것도 한 근을 뽑음에 따라 한꺼번에 해탈하게 될 것이다. 앞의 경험을 토대로 하여 일으킨 지견을 말미암지 아니하여 밝음이 근을 따르지 않고, 근에 맡겨 밝음이 나게 되면 이로부터 6근이 서로 작용할 것이다."

저 각명(覺明)은 진짜 밝은 것(光明)이고 밝음이 있는 명각(明覺)은 허망하게 밝은 것(妄明)이다. 진짜 밝은 것이 어두우므로 정미롭게 아는 것을 잃어버리고 망명(妄明)을 이룬 까닭에 점망발광(粘妄發光)하는 것이다. 대개 이것은 먼저 견정(見精)이 이루어진 이후에 진(塵)을 취하여 모든 근(根)을 맺게 되는 것이니 이로써 보면 염진(染塵)이 성근(成根)의 근본이 된다는 것을 알겠다. 다음은 실제 예를 들어 이를 증명한다.

"아난아, 이 대중 가운데 아나율다는 눈이 없으면서도 보고, 발난타용은 귀가 없이도 듣고, 긍가여신은 코가 아니고도 향기를 맡고, 교범바제는 혀가 다르면서도 맛을 알고, 순야다신은 몸이 없이도 촉이 있고, 여래의 빛 가운데 비추어 잠깐 나타나게 하지마는 체질이 바람이므로 형성되어 몸이 본래 없다. 또 멸진 중에 들어 적정하여진 성문으로서 마하가섭 같은 이는 의근이 벌써부터 멸하였지마는 심념을 인하지 않고도 원명하게 요지하는 것이다."

아나율다는 정진하다가 실명(失明)하였고, 뱀은 원래 귀가 없다. 긍가여신은 갠지스강의 여신이고, 교범바제는 소처럼 반추하는 습관이 있었다. 순야다는 주공신(主空神)이고, 가섭존자는 마하가섭으로 부처님의 법을 이심전심으로 전해받은 사람이다. 다음은 모든 근을 뽑아 버리고 원묘(圓妙) 이룰 것을 부탁한 곳이다.

"아난아, 네가 여러 근을 모두 뽑아버리고 속으로 환하게 광을 발하기만 하면 이러한 부진근과 기세간의 모든 변화하는 것들이 끓는 물에 얼음이 녹듯이 한 순간에 위없는 지각(知覺)을 이루리라. 아난아, 마치 세상 사람들이 보는 것을 눈에 모았다가 갑자기 눈을 감아 어두운 것이 앞에 나타나면 6근이 캄캄하여 머리와 발이 한결같으려니와, 그 사람이 손으로 몸을 따라 두루 만지면 그가 보지는 못하더라도 머리와 발을 낱낱이 분별하여 아는 것이 밝을 적과 같으리라. 연진(緣塵)을 보는 것은 밝은 것에 인하므로 어두워지면 보는 것이 없거니와 밝은 것이 아니더라도 스스로 깨달음이 생긴다면 모든 어두운 모습이 영원히 어둡게 하지 못할 것이다. 근(根)과 진(塵)이 없어지기만 하면 저절로 각명이 원묘하게 되기 때문이다."

이것이 눈·귀·코·혀·몸·뜻이 없이도 온갖 것을 마음대로 보고 듣고 깨닫게 알 수 있는 방법이다. 그러나 여기서 다시 또 의심을 일으킨다. 환(幻)을 여의고 진(眞)을 회복하여 상주불괴(常住不壞)하는 보리, 열반, 진여, 불성과 암마라식, 공여래장, 대원경지는 상주과(常住果)인데 보고 듣는 6근이 6경을 여의면 곧 체(體)가 없어져 버리는데 어떻게 이러한 단멸법으로서 상주과를 구할 수 있을까 하는 의심이다. 이것은 연진(緣塵)을 잘못 인식하여 영원한 성품을 잃어버린 까닭이다. 영원한 성품을 잃어버리면 영원한 과에 계합하기 어렵다. 이것이야말로 실제 공부하는 사람 가운데서도 닦고 증하는데 큰 병통이 되므로 밝히기 어렵다고 한 것이다. 그래서 아난이 다시 부처님께 사뢰었다.

"세존이시여, 부처님께서 말씀하시기를 '인지(因地)의 각심(覺心)으로 상주(常住)함을 구하려면 과위의 명목과 상응해야 한다'고 하셨나이다. 과위중의 보리, 열반, 진여, 불성, 암마라식, 공여래장, 대원경지의 7종이 명칭은 다르나 청정 원만하여 체성이 굳게 엉켜 금강왕과 같이 상주불괴하는 것은 똑같은 것으로 아는데, 만일 보고 듣는 것이 밝고 어두운 것, 움직이고 고요하고, 통하고 막힌 것을 여의고는 필경에 체가 없다 하오면 마치 생각하는 마음이 전진을 여의고는 아무것도 없다고 하시던 바와 같겠나이다. 어찌하여 필경에 단멸하는 이 마음으로 수행하는 인을 삼아서 여래의 일곱 가지 상주하는 과를 얻사오리까.

세존이시여, 만일 밝고 어두운 것을 여의고는 보는 것이 필경에 공하다면 마치 전진이 없으면서 생각의 자성이 없음과 같겠나이다. 이리저리 순환하면서 미세하게 추구하여도 저의 심과 심소가 없습니다. 무엇으로 인을 삼아 무상각을 구하오리까. 여래께서 먼저 말씀하시기를 맑고 정미러운 것이 원만하고 영원하다 하신 것이 성실한 말이 아니어서 희론이 될 것이오니 여래를 어떻게 진실한 말씀을 하는 이라 하오리까.“

“아난아, 네가 많이 듣기만 하고 모든 누(漏)를 다하지 못하였으므로 마음에 전도한 원인을 알면서도 진실로 전도가 앞에 있는 것은 알지 못하는구나. 네가 아직도 진심으로 믿지 않는 듯하니 내가 이제 진속의 사실을 들어서 너의 의혹을 없애 주리라.”

이때 여래께서 라후라를 시키어 종을 한 번 치게 하시고 아난에게 물었다.
“네가 저 종소리를 지금 듣느냐?”
아난과 대중이 함께 말하였다.
“저희들이 듣나이다.”
종소리가 사라진 뒤에 부처님이 또 물었다.
“네가 지금 듣느냐?”
“듣지 못하겠나이다.”
이때 라후라가 또 종을 한 번 쳤다. 부처님이 물었다.
“네가 지금 듣느냐?”
“듣나이다.”
“너는 어떤 것을 듣는다 하고 어떤 것을 듣지 못한다 하느냐?”
“종을 쳐서 소리가 나면 저희들이 듣는다 하고, 친 지가 오래

되어 소리가 사라지고 메아리까지 없어지면 듣지 못한다 하겠나이다."

부처님이 또 라후라를 시켜 종을 치게 하고 아난에게 물었다.
"너는 지금 소리가 난다 하겠느냐?"
"예, 소리가 나나이다."
잠깐 있다가 소리가 사라진 뒤에 부처님이 또 물었다.
"너희들은 지금도 소리나는 것을 듣느냐?"
"아닙니다. 소리가 없나이다."
잠깐 뒤에 라후라가 다시 종을 쳤다. 부처님이 또 물었다.
"너희들 지금 소리 나느냐?"
"예, 소리가 나나이다."
"너는 어떤 것을 소리난다 하고 어떤 것을 소리 없다 하느냐."
아난과 대중이 함께 사뢰었다.
"종을 쳐서 소리가 나면 소리가 난다 하고, 친 지가 오래되어
소리가 사라지고 메아리까지 없어지면 소리가 없다 하겠나이다."
"너희들이 어찌하여 말이 교란하느냐."
"저희들을 어찌하여 교란하다 하시나이까?"
"내가 듣느냐 물으면 네가 듣노라 말하고, 내가 소리 나느냐
물으면 소리난다 말하여 듣는다 소리난다 하는 대답이 일정하지
않나니, 이것이 교란하는 것 아니냐. 아난아, 소리가 사라지고
메아리까지 없어진 것을 네가 들음이 없다 하니 참말로 들음이
없다면 듣는 성이 아주 없어져서 고목과 같을 것인데 종을 다시
치는 줄을 네가 어떻게 아느냐. 있는 줄을 알고 없는 줄 아는

것은 소리가 스스로 있었다 없었다 할지언정 듣는 성품이야 어찌하여 너에게서 있었다 없었다 하겠느냐. 들음이 참으로 없다면 무엇이 없는 줄을 알겠느냐. 그러니까 아난아, 듣는 성품 중에서 소리가 났다 없어졌다 하더라도 소리가 나고 소리가 없어지는 것을 네가 듣는다고 해서 너의 듣는 성품이 있었다 없어졌다 하는 것이 아니니라.

네가 전도하여 소리를 의혹하여 들음이라 하나니 영원(常)한 것을 단멸이라 한다면 혼미한 것인들 무엇이 그렇게 이상하다 하겠느냐. 그러니까 움직이고 고요하고, 막히고 터진 것을 여의고는 듣는 성이 없다고 말할 것이 아니니라. 마치 깊이 잠든 사람이 침대에서 한창 잘 때 집안사람들이 다듬이질을 하거나 방아를 찧으면, 그 사람이 꿈결에 방망이 소리와 절구소리를 듣고는 북을 치고 종을 친 소리로 알고 꿈 가운데서 '종소리가 어째서 나무 두들기는 소리 같으냐' 하다가 문득 깨고 나서는 절구소린 줄 알고는 '내가 꿈을 꾸었는데 이 절구소리를 북소리로 잘못 들었도다' 하는 것이다.

아난아, 이 사람이 꿈 가운데서 어떻게 움직이고 고요하고 터지고 막힌 것을 기억하랴마는, 몸은 비록 잠을 자나 듣는 성은 혼미하지 않는 것이니 설사 네 형체가 소진하여 목숨이 죽은들 이 성품이야 어찌 소멸하겠느냐. 모든 중생이 무시 이래로 빛과 소리를 따르면서 허망하게 유전하고, 성품이 깨끗(淨)하고 묘(妙)하고 영원(常)한 줄을 깨닫지 못하나니, 그리하여 영원한 것은 따르지 않고 생멸하는 것만 쫓아다니므로 세세생생에 잡되게 물이 들어 유전하게 된 것이다. 만일 생멸함을 버리고 참되고 영원한 마음을 파악하면, 항상 빛이 앞에 나타나 근·진·식(根·塵·識)의 마음이 즉시에 소락(銷落)할 것이다. 상상(想相)은 망진이고 식정(識情)은 구염(垢染)이니, 이 두 가지를 멀리 여의면 너의 법안이 그대로 청명하여질 것이다. 어찌 무상정각을 이루지 못할까 걱정하겠느냐."

이로써 능엄경 제4권이 모두 끝났다. 깊이 만법을 추궁하여 막힌 것을 뚫어준 이 법문이야말로 견성공부(見性工夫)하는 사람에게 진실로 좋은 나침반이 된다. 도를 닦는데는 견성이 근본이 되고, 법을 아는 것은 둘째 문제이기 때문이다. 그러나 설사 견성하였다 하더라도 만법을 알지 못하면 가는 곳마다 걸리게 된다. 그래서 다음에는 맺힌 것을 풀어주는 법문을 한다.

맺힌 것을 푸는 일 - 능엄경 제5권

아난이 부처님께 사뢰었다.

"세존이시여, 여래께서 비록 제2의 문(第二義門)을 말씀하시오나, 세간에서 맺힌 것 푸는 사람을 보건대, 맺힌 근원을 알지 못하면 이 사람은 마침내 풀지 못하리라 믿나이다. 저와 이 회중의 유학인 성문들도 역시 그러하여 무시이래로 모든 무명과 더불어 함께 나고 멸하였으므로, 비록 이렇게 많이 들은 선근으로 인해 출가하였다 하나, 하루 거리 학질과 같사오니, 어여삐 여기시어 오늘 이 몸과 마음에 맺힌 것을 풀게 하옵소서."

이렇게 말하고 대중들과 함께 오체투지(五體投地)하고 눈물을 흘리며 정성을 다하여 여래의 위없는 가르침을 기다리었다.

제2의 문은 마땅히 살펴야 될 본업(本業)이니 태어나면서부터 무명과 함께 하기 때문에 이것이 생사의 뿌리가 되어 연(緣)의 마디가 맺힌 것을 가르쳐 풀게 한다. 왜냐하면 근진의 근원이 같고 얽히고 벗어나는 것이 둘이 아니기 때문이다.

그때 세존께서 아난과 회중의 유학들을 어여삐여기사 미래의

일체 중생을 인하여 출세의 인을 삼고, 장래의 눈을 지어, 염부
단자금광수(閻浮檀紫金光手)로써 아난의 정수리를 어루만지니,
즉시에 시방의 보불세계(普佛世界)가 6종으로 진동하며, 그 세계
에 계시는 미진같은 여래께서 각각 정수리에서 보배 광명이 나
오며, 그 광명이 저 세계로부터 기타림(祇陀林)으로 모여 와서
여래의 정상에 대시니, 여러 대중들이 미증유를 얻었다.

이때 아난과 대중들은 시방의 미진여래께서 이구동성으로 아
난에게 말씀하심을 들었다.
"선재라. 아난아, 네가 오랜 세월 무명이 너로 하여금 유전케
하는 생사의 뿌리를 알고자 하면, 오직 너의 6근이라 다른 물건
이 아니며, 또 무상보리가 너로 하여금 안락, 해탈,적정, 묘상을
얻게 함을 알고자 하면 역시 너의 6근이라 다른 물건이 아닌 줄
알라."

아난이 비록 이러한 법음을 들었으나, 마음이 분명하지 못하
여 머리를 조아리고 부처님께 사뢰었다.

"어찌하여 저로 하여금 생사에 윤회케 하는 것과, 안락묘상(安
樂妙相)케 하는 것이 다 같은 6근이고, 다른 물건이 아니라 하
나이까."
"근과 진은 본원이 같고, 속박과 해탈이 둘이 아니며, 식성(識
性)이 허망하여 공화와 같기 때문이다. 아난아, 진(塵)으로 말미
암아 지(知)를 발하고, 근(根)으로 인하여 상(相)이 있나니, 상과

견이 성품이 없어서 갈대가 서로 기대선 것과 같느니라. 그러므로 네가 지견에 지(知)를 세우면 곧 무명의 근본이 되고 지견에 견이 없으면 곧 열반의 무루한 진정(眞淨)이 되는 것이, 어찌 이 가운데 다시 다른 물건을 용납하겠느냐.”

6근 6진이 본래 참된 것이므로 근원이 같고, 맺고 푸는 것이 환(幻)과 같으므로 둘이 아니라 하나인 것이다. 꿈과 식(識)이 시작이 없으므로 몽환과 같고, 물과 경계가 유(有)를 형성하므로 진(塵)을 인해 지(知)를 내고 근(根)을 인하여 상(相)이 나타난다.

이때 세존께서 이 이치를 펴시려고 계송으로 거듭 말씀하셨다.

참된 성품에는 유위가 공하건만 연으로 생하므로 환과 같으며,
무위는 기멸함이 없어서 진실치 못함이 공화와 같느니라.
망을 말하여서 진을 나타낸다면 망과 진이 둘이 다 망이니,
진도 아니고 비진도 아니거니 어찌하여 견과 소견이 있으리오.

중간이란 실성이 없다. 갈대가 서로 기대선 것과 같다.
맺고 푸는 것이 씨가 같아서 성인과 범부가 두 길이 없다.
네가 교제 중의 성을 보라 공도 아니고 유도 아니다.
어리석으면 곧 무명이고 깨달으면 곧 해탈한다.

매듭을 푸는데 차례로 6입이 풀리면 1도 없나니
근에서 가려 원통을 택하면 생사(流) 속에서 정각을 이룰 것이다.

아타나(阿陀那)의 미세한 식은 습기가 폭류를 이루나니
진짜 가짜에 미할까 염려해서 내 항상 개연(開演)치 않았노라.
자기마음에서 자기마음을 취하면 환 아닌 것이 환법이 된다.
취하지 않으면 비환도 없으리니 비환도 생기지 않거든
환법(幻法)이 어떻게 성립되겠느냐.

이것이 묘연화(妙蓮華)이고 금강왕보각이며 여환삼마제라.
손가락 한 번 퉁기는 사이에 무학을 초월하리라.
이 아비달마는 시방제불이 함께 열반에 이른 문이다.”

이에 아난과 대중들이 불여래의 무상자회(無上慈誨)이신 기야
(祇夜)[1]와 가타(伽陀)[2]가 한데 어울려 정령(精靈) 묘한 이치가
사무친 것을 듣고, 마음의 눈이 열려 일찍이 듣지 못한 것이라
칭찬하였다.

또 아난이 합장 정례하고 부처님께 사뢰었다.
“제가 지금 부처님의 가림없는 사랑으로 말씀하신 바 성품이
깨끗하고 묘하고 영원한 진실법구(眞實法句)를 들었사오나, 아직
도 6이 풀리면 1까지 없어진다는 것을 알 수 없사오니 미래의
중생들을 위하여 다시 한 번 법음을 베풀어 미세한 진구(塵垢)를
씻어주십시오.”

---

1) 인연 따라 나타낸 장행시(應頌)
2) ‘풍송(諷誦)’으로 홀로 읊은 짧은 노래

그때 여래께서 사자좌에서 열반승(涅槃僧 : 속옷)을 바로 하시며 승가리(僧伽梨, 가사 : 겉옷)를 여미시고 칠보궤를 끌어당기어 손으로 궤상에 있는 겁파라천(劫波羅天 : 염마천)이 받드신 첩화건(疊華巾 : 첩화로 만든 수건)을 드시고, 대중앞에서 한 매듭을 맺으시어 아난에게 보이면서 물으셨다.

"이것이 무엇이냐?"

"매듭이옵니다."

여래께서 첩화건(疊華巾)을 맺어 또 한 매듭 만드시고 다시 아난에게 물었다.

"이것이 무엇이냐?"

"그것도 매듭이옵니다."

이렇게 차례차례 첩화건을 맺어 여섯 매듭을 만드시면서 한 매듭을 맺으실 때마다 손으로 맺은 매듭을 들고 아난에게 물었다.

"이것이 무엇이냐?"

아난과 대중도 그와 같이 번번이 대답하였다.

"그것도 매듭이옵니다."

"내가 처음 수건 맺은 것을 네가 매듭이라고 하였다. 이 첩화건은 본래 하나인데 너희들이 어찌하여 둘째 셋째를 매듭이라고 하느냐?"

"세존이시여, 이 첩화건을 틀어서 만든 수건이 본래 일체이오나 제가 생각건대 여래께서 한 번 맺으시어 한 매듭이라고 하옵고, 백 번 맺으면 백 매듭이라 할 것인온데, 이 수건이 다만 여섯 매듭 뿐이어서 일곱까지는 이르지 못하였고, 다섯은 지냈거늘 여래께서 어찌하여 첫매듭만 허락하옵고 둘째 셋째는 매듭이라고 하지 않으시려 하십니까?"

"이 보배 첩화건이 원래는 하나이나 내가 여섯 번 맺었으므로 여섯 매듭이란 이름이 있게 되었다. 네가 자세히 관찰하라. 첩화건의 체는 같으나 맺음으로 인해 다르게 된 것이다. 어떻게 생각하느냐. 첫 번 맺은 것을 첫 매듭이라 하고 이렇게 하여 여섯째 매듭이 생겼으니 네가 이제 이 여섯째 매듭을 가리켜 첫 매듭이라 할 수 있겠느냐."

"할 수 없나이다. 세존이시여, 여섯 매듭을 그냥 두고는 여섯째 매듭이 첫 매듭이 될 수 없나이다. 제가 여러 생을 두고 두고 아무리 변명한들 어떻게 이 여섯 매듭의 이름을 바꿀 수 있겠나이까."

"그렇다. 여섯 매듭이 같지 아니하나 근본 원인을 따져보면 한 수건으로 되었지만 그 매듭을 섞이게 할 수 없느니라. 너의 6근도 그와 같아서 필경 같은 데서 다른 것이 되었느니라. 아난아, 네가 이것을 혐오하여 여섯 매듭이 성립되지 아니하고 하나 되기를 원한다면 어떻게 해야 되겠느냐?"

"이 매듭들이 그냥 있사오면 시비가 봉기하여 그 중에서 자연히 이 매듭은 저 매듭이 아니고 저 매듭은 이 매듭이 아니라 하겠사오니 여래께서 만일 모두 풀어서 매듭이 생기지 않게 하오면 이것 저것이 없어져서 하나라 할 것도 없거늘 여섯이 어떻게 성립되오리까."

202

"여섯이 풀리면 하나까지 없어진다는 것도 그와 같으니라. 네가 무시이래로 심성이 광란함으로 인해 지견이 허망하게 생기고, 허망한 것 발함이 쉬지 아니하면 보는 것(見)을 피로케 하여 번뇌(塵)를 내었으니, 마치 목청을 피로케 하면 담하고 청명한데서 광화(狂華)가 까닭없이 어지럽게 일어나는 것과 같나니, 일체 세간의 산하대지와 생사 열반이 모두 광노(狂勞)하여 생기는 전도한 화상(華相)이니라."

"이 광노함이 매듭과 같사오면 어떻게 해제하오리까?"

여래께서 매듭 맺은 수건을 손에 드시고 왼쪽으로 당기면서 아난에게 물었다.

"이렇게 하면 풀 수 있겠느냐?"

"못하겠나이다. 세존이시여."

다시 오른쪽으로 당기면서 또 아난에게 물었다.

"이렇게 하면 풀 수 있겠느냐?"

"못하겠나이다. 세존이시여."

"네가 지금 왼쪽으로 당기고 오른쪽으로 당기어서 풀지 못하였으니 네가 편리한 방법을 써보라. 어찌하면 풀리겠느냐?"

"세존이시여, 매듭 복판에서 풀어야 풀리겠나이다."

"그러하니라. 맺힌 것을 풀려면 매듭 복판에서 풀어야 하느니라. 아난아, 내가 말하기를 불법이 인연으로부터 난다고 한 것은 세간의 화합의 거친 모습을 가리킨 것이 아니니라. 여래는 세간법과 출세간법을 발명하여 그 본인이 연(緣)한 바를 따라서 생기는 줄을 알며, 내지 항하사 세계 외의 한 방울 비까지도 그 수효를 알고 눈앞에 선 소나무는 곧고 가시덤불은 굽고 오리는 희고 까마귀는 검은 그 인유를 모두 알게 한다. 그러므로 아난아, 네 마음대로 6근에서 선택하여라. 6근의 매듭이 만일 풀리면 번뇌 망상은 스스로 소멸할 것이다. 모든 망상이 소멸하면 어찌하여 참되지 않겠느냐. 아난아, 내 지금 네게 묻노라. 겁파라건의 여섯 개 매듭이 앞에 있으니 동시에 맺힌 것을 풀 수 있겠느냐."

"못하겠나이다. 세존이시여, 이 매듭이 본래 차례로 맺은 것이므로 지금도 차례로 풀어야 하겠나이다. 여섯 개의 체는 같지만 맺힌 때가 같지 않거늘 풀 적에는 어떻게 한꺼번에 풀겠나이까."

"6근이 해제되는 것도 역시 그러하니라. 이 근을 일찍 해체하려면 먼저 사람이 공한 것(人空)을 얻고 공한 성품이 원만히 밝아지면 법해탈(法解脫)을 얻으며 법에 해탈을 얻어 구공(俱空)까지 생기면 이것을 일러서 보살이 삼마지(三昧)로부터 무생법인(無生法忍)을 얻었다 하는 것이다."

이것이 입진원통(入眞圓通)의 방법이다. 다음은 25명의 도인들이 원통을 얻은 경험담을 들려주는 장면이다.

원통(圓通)을 얻다

(1) 육진원통(六塵圓通)

아난과 대중이 부처님께서 열어 보이시는 것을 듣고 지혜의 깨달음(慧覺)이 원만히 통하여 의혹이 없어지고는 일시에 합장하여 정례하고 부처님께 사뢰었다.

"저희들이 오늘 몸과 마음이 훤히 밝아 걸림없음을 얻었습니다. 비록 1과 6이 없어지는 이치를 알았사오나 아직도 원만히 통한 근본을 알지 못하겠습니다. 세존이시여, 저희들이 여러 곳으로 헤매면서 오랜 세월을 외롭게 유랑하다가 무슨 마음 무슨 생각으로 부처님의 천륜(天倫)에 참여하였으니, 마치 젖을 잃었던 아이가 어진 어머니를 만난 것 같습니다. 다시 이 기회가 인연되어 도를 이루면 얻어들은 비밀스런 말씀이 본래 깨달음(大覺)과 같아지겠지만 아직은 듣지 못해 전과 차별이 없습니다. 바라옵건대 크신 자비로 우리에게 비밀한 법음을 일러주시어 여래의 최후개시를 성취하게 하옵소서."

이렇게 말하고 오체를 투지하고 물러 앉아 은근히 정신을 가

다듬어 부처님의 그윽한 가르치심을 기다리었다. 이때 세존께서 대보살들과 대아라한들에게 말씀하셨다.

"너희들 보살과 아라한들이 나의 법에 태어나서 더이상 배울 것 없는 무학을 이루었으니 이제 내 묻겠노라.

'최초에 발심하여 18계를 깨달았을 때 어느 것이 원통하였으며, 무슨 방법으로 삼마지(三昧)에 들어갔느냐.'"

교진여등 5비구가 자리에서 일어나 부처님의 발에 정례하고 부처님께 사뢰었다.

"저는 녹원과 계원(鷄園)에서 여래의 최초에 성도하심을 뵈옵고 부처님의 음성에서 4제를 깨달았사오며 부처님이 비구들에게 물으실 때 제가 먼저 알았습니다. 그래서 여래께서 저를 인가하사 '아야다'라 하시어서 묘한 음성이 속까지 꽉 찼으며, 저는 그 음성으로 인하여 아라한을 얻었습니다. 그러니 제가 깨달은 것은 음성이 으뜸이 되겠습니다."

이것이 음성원통(音聲圓通)이다. 4제 3전법문을 듣고 깨달았으니 말이다. 다음은 우파니사타의 색진원통(色塵圓通)이다. 녹원은 베나레스에 있고 계원은 파타리푸르사성에 있다. 이 두 절은 모두 무우왕(아쇼카)이 지어 바친 것이다.

우파니사타가 자리에서 일어나 부처님의 발에 정례하고 부처님께 사뢰었다.

"저도 부처님께서 최초에 성도하심을 뵈옵고 부정상(不淨相)을 관하다가 크게 싫어하는 마음을 일으켜 모든 색의 성품을 깨달 았사오니, 부정한 모습으로부터 백골과 미진이 허공에 돌아가고, 공과 색이 둘이 없어 무학도를 이루었더니, 여래께서 저를 인가 하사 니사타(尼沙陀)라 이름하시어서 진색(塵色)이 이미 다하고 묘색이 꽉 차 원만하게 되었습니다. 그러므로 미밀한 색진이 우 주에 꽉 차 있는 것을 보았으며, 그 색상으로부터 아라한을 얻 었습니다.

부처님께서 원통을 물으시니 제가 깨달은 것은 색진이 으뜸이 되겠습니다.”

우파니사타는 가장 작은 것(近少)이니 미진이 색의 극소단위를 말한다. 아무리 적은 색진(色塵)이라도 모양(相)이 다하면 묘한 색이 이 우주에 꽉 차 그 성품이 드러나 더 이상 파괴할 수 없 게 되기 때문이다. 다음은 향엄동자의 향진원통(香塵圓通)이다.

향엄동자가 자리에서 일어나 부처님의 발에 정례하고 부처님 께 사뢰었다.

“저는 여래께서 모든 유위상을 자세히 관찰하라 하심을 듣고 제가 그때 부처님께 하직하고 고요한 장소에서 편안히 앉아 명 상하다가 비구들이 침수향 사루는 것을 보았나이다. 향기가 적 연히 코에 들어와 관찰해 보니 이 향기가 나무도 아니고 공도 아니고 연기도 아니고 불도 아니어서, 가도 집착한 데가 없고 와도 좇은 데가 없음을 깨닫고 이로부터 뜻이 사라져서 무루를 발명하였습니다. 그래서 여래께서 저를 인가하시어서 진기가 소멸되고 묘한 향이 꽉 차 원만하다 하시므로, 저는 향엄으로부터 아라한을 얻었습니다.

부처님이 원통을 물으시니 제가 깨달은 것은 향엄(香嚴)이 으뜸이 되겠습니다."

향이란 나무로서 연기를 풍겨 냄새를 내나 근거를 찾아보면 그 바탕이 공하다. 그러므로 향엄은 환(幻)이 곧 공한 이치를 깨달아 아라한이 된 것이다. 다음은 약왕 약상보살의 미진원통(味塵圓通)이다.

약왕 약상 두 법왕자와 회중에 있던 5백 범천이 자리에서 일어나 부처님의 발에 정례하고 사뢰었다.
"저는 무시겁래로 세상의 어진 의사가 되어 입으로는 이 사바세계의 초·목·금·석을 맛본 것이 그 수가 10만 8천이온데, 그 맛이 쓰고(苦)·시고(酢)·짜고(鹹)·싱겁고(淡)·달고(甘)·매운(辛) 것을 모두 알고 화합과 구생(俱生)과 변이(變異)와 차고 덥고 부드럽고, 독이 있고 독이 없는 것을 두루 알았더니, 여래를 받들면서 맛의 성이 공도 아니고 유도 아니고, 몸과 마음에 즉한 것도 아니고 몸과 마음을 여읜 것도 아님을 알고 맛의 원인을 분별하여 깨달았습니다.

그래서 여래께서 저의 비계(鼻界)를 인가하사 약왕보살, 약상

보살이라 이름하심을 받고 이 회중에서 법왕자가 되었으며, 맛으로 인해 깨닫고 보살의 위에 올랐나이다.

부처님께서 원통을 물으시니 저희들이 깨달은 것은 맛(味因)이 으뜸이 되겠습니다."

여러 가지를 한데 섞어 조제하는 것을 '화합'이라 하고, 태어난 것을 있는 그대로 쓰는 것을 '구생(俱生)', 지지고 볶고 하여 쓰는 것을 '변이(變異)'라 한다. 다음은 발타바라의 촉진원통(觸塵圓通)이다.

발타바라와 그 동반 16보살이 자리에서 일어나 부처님의 발에 정례하고 사뢰었다.

"저희들은 처음 위음왕부처님께 법을 듣고 출가하였으며, 스님들이 목욕할 때 차례에 따라 욕실에 들어갔다가 문득 수인(水因)을 깨달으니, 때를 씻는 것도 아니고 물을 씻는 것도 아니며, 중간에서 안연(安然)하여 무소유를 얻게 되었사오니 숙습(宿習)이 없어지지 아니함이 없었으며, 내지 금시에 부처님을 따라 출가하여 무학을 얻게 되었으며, 또 부처님께서 저를 발타바리라 이름하시어서 묘한 촉이 선명하여 불자가 머물러야 할 자리(佛子住)를 알게 되었습니다.

부처님이 원통을 물으시니 제가 깨달은 것은 촉감(觸因)이 으뜸이 되겠습니다.

발타바라는 현수(賢守)이다. 상불경의 권속으로 증상만인이 되었었는데 부처님을 만나 즉시 깨닫고 어진 덕으로 중생들을 수호하였기 때문이다. '수인'이란 물의 성품이니 차고 덥고 껄끄럽고 부드러운 것이다. 다음은 마하가섭의 법진원통(法塵圓通)이다.

마하가섭과 자금광비구니가 자리에서 일어나 부처님의 발에 정례하고 부처님께 사뢰었다.

"저는 지나간 겁에 이 세계에 부처님이 출세하셨으니 그 이름이 일월등이었습니다. 제가 친근히 모시어 법을 듣고 수학하였으며, 부처님이 멸도하신 뒤에는 사리를 공양하여 등을 켜서 밝게 하였으며, 자금광으로 하여금 부처님의 형상에 도금하게 하였더니 그 후로부터 세세생생 몸에 자금빛이 원만하였사오며, 이 자금광비구니는 저의 권속으로서 동시에 발심한 것입니다.

저는 세간의 6진이 변괴함을 관하고 오직 공적함으로 멸진정을 닦아서 신심이 백천 겁을 지내어도 손가락 한 번 퉁기는 시간과 같사와 저는 공법으로서 아라한을 이루었사오며, 세존이 저를 일러 두타행이 제일이라 하시니 묘한 법이 밝게 열려 모든 누를 소멸하였습니다.

부처님께서 원통을 물으시니 제가 깨달은 것은 법인이 으뜸이라 하겠습니다."

마하가섭은 대음광(大飮光)이다. 세세에 부처님께 도금하고 등

210

불을 켜 자금광 빛의 몸을 얻었다.

　이것으로서 6진원통을 마쳤다. 다음은 6근원통 가운데 아나율타의 안근원통(眼根圓通)이다.

(2) 6근원통

아나율타가 자리에서 일어나 부처님의 발에 정례하고 부처님께 사뢰었다.

"저는 처음 출가하여 수면을 좋아하였더니, 여래께서 꾸짖으사 축생류가 된다 하시어, 울면서 자책하며 7일을 자지 않다가 마침내 두 눈이 멀어 졌습니다. 그때 세존께서 요견조명금강삼매(樂見照明金剛三昧)를 가르켜 주시어, 저는 눈이 없이도 시방을 보되, 전진(前塵)이 훤히 밝아 손바닥 위의 구슬을 보듯하니, 여래께서 저를 인가하사 아라한을 이루었다 하였나이다.

부처님께서 원통을 물으시니, 제가 깨달은 것은 견을 돌이켜 근원에 돌아가는 것이 제일이 되겠습니다."

아나율다는 백반왕의 아들로 무탐(無貪)이라 번역한다. 급고독원에서 문법하다가 졸아 꾸짖음을 당했다.

'요견'은 진(塵)을 잊고도 본다는 말이고, '조명'은 근본이 훤히 밝아진 것을 뜻하며, '금강'은 영원히 부서지지 않는 것이니 '요견조명금강삼매'는 육안은 없어졌어도 우주인생의 근본을 밝혀 세세생생에 잃어버리지 않는 삼매를 얻었다는 말이다.

다음은 주리반특가의 비근원통(鼻根圓通)이다.

주리반특가(周利槃特伽 : 거리에서 낳은 작은 아들)가 자리에서 일어나 부처님께 정례하고 사뢰었다.

"저는 외울만한 총기가 없어서 많이 듣는 성품이 없어졌는데, 처음 부처님을 만나 법을 듣고 출가하여, 여래의 가타일구(伽陀一句)를 백일 동안 읽어도 앞에 말을 외우면 뒤에 말을 잊고, 뒤에 말을 외우면 앞에 말을 잊었나이다.

부처님이 저의 미련함을 애민히 여기시고 저로 하여금 안거하면서 출입식(出入息)을 세어보라 하시어 제가 그때 숨쉬는 것을 관찰하여 생·주·이·멸하는 모든 행법이 찰나임을 미세하게 다 알았더니, 마음이 환히 열리어 대무애를 얻었고, 내지 누(漏)가 다하여 아라한을 이루고 부처님의 자리 아래에 머물렀더니, 무학을 이루었다 인가하였나이다.

부처님께서 원통을 물으시니, 제가 깨달은 것은 숨쉬는 것을 돌려 공을 따름이 제일이 되겠나이다."

반특은 계도(繼道)다. 길가에서 낳아 주워 기른 아이인데 소추(掃帚) 두자를 가지고 1백일 동안 공부하여도 외우지 못하였다 한다. 그런데 수식관으로서 크게 깨달았다. 다음은 교범바제의 설근원통(舌根圓通)이다.

교범바제(憍梵鉢提)가 자리에서 일어나 부처님의 발에 정례하고 부처님께 사뢰었다.

"저는 구업이 있어 과거 겁에 스님들을 가볍게 업신여기고 세세생생에 우가병(牛呞病)이 있더니, 여래께서 일미청정심지법문(一味淸淨心地法門)을 가르쳐 주셨으므로 저는 잡념이 없어지고 삼마지에 들어갔으며, 맛보아 아는 것이 몸도 아니고 물도 아님을 관하였더니, 한 생각 동안에 세간의 모든 누(漏)를 벗어나 안으로는 신심을 해탈하고 밖으로는 세계를 뛰어넘었으며, 3유를 여읜 것이 새가 우리에서 나온 듯하여 때와 티끌이 소멸하고 법안이 청정하여 아라한을 이루니, 여래께서 친히 인가하여 무학도에 올랐다 하였습니다.

부처님께서 원통을 물으시니 제가 깨달은 것은 맛을 돌이키어 지(知)로 돌아감이 제일이 되겠나이다."

교범바제는 우가(牛呵)인데 소가 되새김하는 것처럼 항상 입놀림을 하고 있었기 때문이다. 옛날옛적 노스님이 이가 없이 음식 먹는 것을 보고 '우가와 같다'고 희롱한 것이 인연이 되어 우가병을 얻었다 한다. 다음은 필능가바차의 신근원통(身根圓通)이다.

필능가바차(畢陵伽婆蹉)가 자리에서 일어나 부처님께 정례하고 사뢰었다.
"저는 처음 발심하고 부처님을 따라 도에 들어가 여래께서 세간에는 가히 즐거워할 만한 것이 없다(不可樂事)는 말씀을 듣고, 성중에서 걸식하면서 그 법문을 생각하다가, 길에서 독한 가시에 발을 찔리고 전신이 매우 아팠나이다.

제가 생각하니 알음알이가 있으므로 해서 이 아픈 줄을 아는 것이니, 비록 촉각이 있어 아픔을 깨닫거니와 촉각의 청정한 마

214

음에는 아픔과 아픔을 깨달음이 없으리라 하였고, 또 생각하건
대 한 몸에 어찌 두 가지 깨달음이 있으랴 하였나이다.

　이렇게 생각을 거두어 들이기를 오래하지 아니하여 몸과 마음
이 문득 공해지고, 3·7일 동안에 모든 누가 다하여서 아라한을
이루고, 친히 인가하심을 입사와 무학을 발명하였나이다.

　부처님께서 원통을 물으시니, 제가 깨달은 것은 깨달음을 순
일하게 하고 몸을 버림이 제일이 되었습니다."

　필릉가바차는 연습(緣習)이니 전생에 아라한으로 교만한 마음
이 있었기 때문이다. 불가락사는 고제(苦諦)법문이다. 다음은 수
보리의 의근원통(意根圓通)이다.

　수보리가 자리에서 일어나 부처님의 발에 정례하고 부처님께
사뢰었다.

　"저는 오랜 겁전부터 마음에 걸림이 없어져서 이 세상에 태어
난 것이 항하사와 같음을 기억하오며, 어머니 태중에 있을 때부
터 공적함을 알았고, 이와 같이 내지 시방세계까지도 공하여졌
으며, 중생들도 공한 성품을 증득케 하였더니, 여래께서 성각(性
覺)인 진공(眞空)을 발명하심을 입어 상 아닌 것이 원명하여 아
라한을 이루고, 여래의 보명공해(寶明空海)에 들어가 부처님의
지견과 같아져 무학을 이루었다 인가하시어 성품이 공한 것을
깨달은데는 수보리가 으뜸이라 하였습니다.

부처님께서 원통을 물으시니 제가 깨달은 것은 모든 상이 상 아닌 것(非)에 들어가 비(非)와 소비(所非)가 다하여 법을 돌리어 무에 돌아감이 제일이 되겠습니다."

수보리는 공 도리를 제일 잘 알기 때문에 해공제일(解空第一)이라 불렸다. 오랜 세월을 두고 몸이 공적하고 마음이 걸림이 없는 이치를 깨달아 숙명통을 통달하였다.

이것으로서 6근원통이 다 끝났다. 다음은 6식원통인데 먼저 사리불의 안식원통(眼識圓通)이 나온다.

(3) 육식원통(六識圓通)

사리불이 자리에서 일어나 부처님의 발에 정례하고 부처님께 사뢰었다.

"저는 오랜 겁전부터 심견(心見)이 청정하여 이렇게 태어난 것이 항하사와 같사오며, 세간과 출세간의 갖가지로 변화하는 것을 한 번 보면 통달하여 장애가 없게 되었나이다. 저는 길가에서 가섭의 형제들이 함께 다니면서 인연을 말함을 만나, 마음이 갓이 없음을 깨닫고 부처님을 따라 출가하여 견각(見覺)이 밝고 뚜렷하여 대무애를 얻어 아라한이 되었고, 부처님의 장자가 되었으니 부처님의 입을 좇아 났으며, 법에 따라 화생하였습니다.

부처님께서 원통을 물으시니 제가 깨달은 것은 심견이 빛을 발하고, 빛이 자극하면 보고 아는 것이 제일이 된다 하겠습니다."

'심견(心見)'은 안식(眼識)이다. 안식이 청정하면 갖가지를 깨달아 이로움을 얻고 마음이 끝없이 퍼져 나갔으므로 보고 깨닫는 것이 훤히 밝다 한 것이다. 다음은 보현보살의 이식원통(耳識圓通)이다.

보현보살(普賢菩薩)이 사뢰었다.

"저는 이미 항하사 여래의 법왕자가 되었으며 시방의 여래가 그 제자로서 보살근성을 가진 이를 가르칠 때 보현행을 닦으라 하심은 저의 이름을 따른 것입니다.

세존이시여, 저는 심문(心聞)으로 중생의 지견을 분별하옵는데 만일 항하사 같은 세계 밖에서 한 중생이라도 마음으로 보현행을 발명하는 이가 있으면 저는 그때 여섯 개의 이를 가진 6아백상을 타고 백천으로 분산을 이루어 그곳에 갔습니다. 설사 그 사람이 업장이 두터워 저를 보지 못한다 하더라도 저는 가만히 그 사람의 이마를 만지며 옹호하고 안위하여 그로 하여금 성취케 하였습니다.

부처님께서 원통을 물으시니 저의 본인을 말하거니와 심문이 발명하여 자재하게 분별함이 제일이 되겠나이다."

행위가 법계에 꽉 찬 것을 '보(普)'라 하고, 중생을 어여삐 여기고 성현을 지극한 마음으로 섬기는 것을 '현(賢)'이라 한다. 부처님의 가업을 계승한 사람이므로 법왕자라 부른다. 보살근은 원돈의 상근기를 말하고, 보현행은 보현보살의 10대원행을 말한다. 다음은 손타라난타의 비식원통(鼻識圓通)이다.

손타라난타가 사뢰었다.
"저는 처음 출가하여 부처님을 따라 도에 들어가서 비록 계율을 갖추었으나 삼마지에는 마음이 항상 흩어져 움직이므로(散動) 무루(無漏)를 얻지 못하였더니, 세존께서 저와 구치라를 가르치사 '코끗의 흰 것을 관하라' 하셨나이다. 저는 처음부터 자세히 관하여 3·7일 지내니 코끝으로 출입하는 기운이 연기와 같아짐을 보았고, 몸과 마음이 안으로부터 밝아져서 세계에 온통 터져

218

두루 빈 것이 유리와 같아지고(虛淨), 연기가 점점 사라지고 비식이 희어지면서 마음이 열리고 누(漏)가 다하여 출입식이 광명으로 화하여 시방세계에 비추며, 아라한을 이루니 세존께서 저에게 수기하여 보리를 얻었다 하였습니다.

부처님께서 원통을 물으시니 제 생각에는 숨이 사라지고 오래되면 광명을 발하고 광명이 원만하여 번뇌를 멸함이 제일이 되겠나이다."

손타라난타는 부처님의 친동생으로 염희(艶喜)라 번역한다. 수식관으로 번뇌를 녹여 비식을 발명하였다. 다음은 부루나미다라니자의 설식원통(舌識圓通)이다.

부루나미다라니자가 자리에서 일어나 부처님의 발에 정례하고 부처님께 사뢰었다.

"저는 오랜 겁전부터 변재가 걸림이 없어 고와 공을 말하고 실상을 깊이 통달하였으며, 이와 같이 내지 항하사 여래의 비밀한 법문을 대중 가운데서 미묘하게 열어보이기를 두려움없이 하였나이다. 세존께서 저에게 큰 변재가 있음을 아시고 음성륜(音聲輪)으로써 저를 가르쳐 발양(發揚)케 하였사오며, 제가 불전에서 부처님을 도와 법륜을 굴리며 사자후(獅子吼)로 인해 아라한을 이루니, 세존께서 저를 인가하사 '설법하는데 으뜸이라' 하셨나이다.

부처님께서 원통을 물으시니, 저의 생각에는 법음으로 마군이와 원수들을 항복받고 모든 누를 소멸함이 제일이 된다 하셨나이다."

세속의 실상은 고·공·무상·무아이고 출세속의 실상은 중도 실상 가운데 나타난 열반 4덕이다. 다음은 우팔리의 신식원통(身識圓通)이다.

우팔리가 부처님께 사뢰었다.
"저는 친히 부처님을 모시고 성을 넘어 출가하여 여래께서 6년 동안 근고하심을 보았으며, 여래께서 마군을 항복받고 외도를 제어하시며 세간 탐욕의 모든 누를 해탈하심을 보고 부처님의 교계를 받아 3천 위의와 8만 가지 미세한 성업(性業)과 차업(遮業)이 모두 청정하였으며, 신심이 적멸하여 아라한을 이루었으므로 여래의 회중에 강기(綱紀)가 되었으며, 친히 저의 마음을 인가하사 '지계하고 수신함에는 대중들이 으뜸이라' 하였습니다.

부처님께서 원통을 물으시니 저의 생각에는 몸을 단속하여 몸이 자재하여지고, 차례로 마음을 단속하여 마음이 통달한 뒤에 몸과 마음이 모두 통달함이 제일이 되겠나이다."

우팔리는 근집(近執)이라 부처님을 가까이 모시고 시봉한 까닭이다. 세간의 탐욕은 욕루(欲漏)이고 '모든 누'는 온갖 누와 무명루다. 다음은 목건련의 의식원통(意識圓通)이다.

대목건련(大目犍連)이 부처님께 사뢰었다.

"저는 처음에 노상에서 걸식하다가 우루빈나(優樓頻螺)와 가야(伽耶) 나제(那提)의 3가섭을 만나 여래의 인연법의 깊은 이치를 말함을 듣고 돈연히 발심하여 크게 통달함을 얻었으며, 여래께서 저로 하여금 가사를 몸에 입게 하였으며, 수발(鬚髮)은 저절로 떨어지게 하였습니다. 저는 시방세계에 다녀도 걸림이 없사오며, 신통을 발하는데 으뜸이 되어 아라한을 이루었으니 어찌 세존뿐이겠습니까. 시방의 여래도 저의 신력이 원명하고 청정함을 찬탄하여 자재하고 두려움이 없나이다.

부처님께서 원통을 물으시니 저의 생각에는 담연한데로 돌아가서 마음의 빛이 나타나되, 흐린 물을 맑게 하듯이 오래되어 맑고 깨끗하게 하는 것이 제일이 되겠나이다."

우루빈나는 목조융(木爪瘀)이다. 가슴에 나무손톱과 같은 흉터가 있었기 때문이다. 가야의 상두산에 있으면서 두 형제와 함께 뱀을 섬기고 살다가 부처님의 신력에 의해 제도되었다. 이상으로서 6식원통을 마쳤다. 다음은 7대원통인데 먼저 노추슬마의 화대원통(火大圓通)이 나온다.

(4) 7대원통

옛적 금강인 노추슬마가 여래 앞에서 합장하여 부처님의 발에 정례하고 사뢰었다.

"저는 항상 생각하니 오랜 겁전에 탐욕의 성품이 많았습니다. 부처님이 출세하시니 이름이 공왕이시라 말씀하기를, '음욕이 많은 사람은 맹렬한 불더미가 된다' 하시면서 저로 하여금 '백해(百骸)와 사지의 차고 더운 기운을 두루 관하라' 하시었나이다. 신기한 광명이 속으로 엉기면서 음란한 마음이 변화하여 지혜의 불이 되었으며, 그때부터 여러 부처님이 저를 불러 화두(火頭)라 하였습니다. 저는 화광삼매(火光三昧)의 힘으로 아라한을 이루고, 큰 서원을 발하여 부처님들께 성도하실 때마다 저는 역사가 되어 마구니와 원수를 항복받겠다 하였습니다.

부처님께서 원통을 물으시니, 저의 생각에는 몸과 마음의 난촉(煖觸)을 관하여 걸림없이 유통하며, 모든 누가 소멸하고 큰 보염(寶焰)을 내어 무상각에 오름이 제일이 되나이다."

노추슬마는 화두금강(火頭金剛)으로 호법신장이다. 음심이 많아 조금만 부딪쳐도 음색이 발동하여 견디지 못했는데 두루 난기(煖氣)를 관하고 무애를 이루어 지혜의 불로서 호법하게 되었다. 다음은 지지보살의 지대원통(地大圓通)이다.

지지보살(持地菩薩)이 부처님께 사뢰었다.

"제가 생각하니 지난 옛적에 보광여래가 세상에 출현하였는데, 저는 비구가 되어 모든 요로(要路)와 진구에 땅이 험하고 법답지 못하여 거마를 방해하므로 제가 평탄하게 메우면서 다리를 놓기도 하고 흙을 지기도 하여 한량없는 부처님이 출현하시도록 부지런히 노력하였습니다. 어떤 중생이 복잡한 시가지에서 삯꾼을 얻어 짐을 지우려 하면, 제가 먼저 짐을 지고 그가 가는 곳까지 가서는 짐을 내려놓고 곧 돌아오고 삯을 받지 않았으며, 비사부불(毘舍浮佛 : 과거 불조 제4불)이 세상에 계실 때에는 흉년이 들었는데, 제가 짐꾼이 되어 원근을 불문하고 1전만 받았으며, 수레 멘 소가 흙구렁에 빠졌을 때는 저의 신력으로 바퀴를 밀어 고뇌에서 건져주었습니다.

그때 국왕이 부처님을 맞아 재를 차릴 때 저는 길을 평탄하게 닦고 부처님을 기다렸는데 비사부여래(毘舍浮如來)께서 정수리를 만지면서 말씀하시기를, '심지를 평탄히 하면 온 세계의 땅이 평탄하여진다' 하시었기에, 저의 마음이 열리어 몸에 있는 미진이 세계를 조성한 미진과 평등하여 차별이 없음을 보았으며, 미진의 자성이 서로 저촉되지 아니하며, 내지 도병(刀兵)도 저촉함이 없었으며, 저는 법의 성품에서 무생법인을 깨달아 아라한이 되었고, 지금은 기쁜 마음으로 보살지위에 참여하였으며, 여래께서 묘연화의 불지견을 말씀하심을 듣고, 제가 먼저 증명하여 상수가 되었나이다.

부처님께서 원통을 물으시니, 저의 생각에는 몸과 세계의 두 미진(塵)이 평등하여 차별이 없으며, 본래 여래장으로서 허망하게 진(塵)이 생긴 것을 자세히 관하여 진(塵)이 사라지고 지혜가 원만한 것이 제일이 되었습니다."

험한 길을 고치고 무거운 짐을 져서 사람과 짐승들의 수고를 덜어주어 마음에 평탄을 얻었으므로 지지보살이다. 비사부는 일체에 두루 자재를 얻은 분이다. 다음은 월광동자의 수대원통(水大圓通)이다.

월광동자(月光童子)가 자리에서 일어나 부처님의 발에 정례하고 사뢰었다.

"제가 생각하니 지난 옛적 항하사 겁전에 부처님이 세상에 출현하시니 이름이 수천(水天)이었습니다. 보살들로 하여금 물을 관하는 행(水觀)을 닦고 익혀 삼마지에 들라 하셨습니다. 몸안에 있는 수성(水性)이 서로 침탈함이 없음을 관하니 처음에 모든 물로부터 진액과 정혈과 대소변리까지를 다하매, 몸 속에 흐르는 수성이 동일하며, 몸 속의 물이 세계 밖의 부당왕찰(浮幢王剎)에 있는 향수해와 더불어 평등하여 차별이 없는 것을 알게 되었습니다.

제가 그때 처음 이 관을 성취하니 다만 물이 보일 뿐이고, 몸이 없어지지 아니하였는데, 어느 때 제가 비구가 되어 방안에서 좌선할 때는 저의 제자가 창을 뚫고 방안을 보니 맑은 물만이 방에 가득하고 다른 것은 보이지 아니하므로 어린 것이 소견이 없어 기왓장을 물에 던져 소리를 내고는 힐끔힐끔 돌아보며 갔습니다. 제가 정에서 나오자 가슴이 아픈 것이 마치 사리불이 위해귀(違害鬼)를 만난 것 같았으므로 스스로 생각하되 나는 이미 아라한도를 얻어 오래 전부터 병연을 여의었는데 오늘 어째서 가슴이 아픈가. 장차 죽으려는 것이 아닌가 생각하였습니다. 그때 동자가 앞에 와서 지낸 일을 말하기로, '네가 다시 물을 보거든 문을 열고 물에 들어가서 기왓장을 제거하라' 하였더니 동자가 알아듣고 뒤에 정에 들었을 때 또 물이 보이는데 기왓장이 완연하거늘 문을 열고 제거하였고, 그 뒤에 정에서 나오니 몸이 그 전과 같아졌습니다. 그로부터 한량없는 부처님을 만났으며, 산해해자재통왕여래 때에 이르러 비로소 몸이 없어지고 시방세계의 향수해와 더불어 성이 진공에 합하여 둘도 없고 차별도 없었으며, 지금 여래에게서 동진이란 이름을 얻어 보살회에 참여하였나이다.

부처님이 원통을 물으시니 저의 생각에는 수성이 한결같이 유통함으로써 무생법인을 얻어 보리를 원만함이 제일이 되겠나이다."

월광동자는 마니동자라고도 부른다. 그 모습이 달빛과 같았기 때문이다. 사리불이 물가에서 입정중 전생의 원한을 생각하다가 위해귀에게 뺨을 맞아 출정 후 두통을 크게 앓은 일이 있다. 오추마의 화광이나 월광의 물색은 정중(定中)의 색이지만 너무 강하므로 남도 볼 수 있게 된다 하였다. 다음은 유리광법왕자의 풍대원통(風大圓通)이다.

유리광법왕자가 자리에서 일어나 부처님의 발에 정례하고 부처님께 사뢰었다.

"저는 생각하니 지나간 항하사 겁전에 부처님이 세상에 나시니 이름이 무량성이었습니다. 보살에게 본각이 묘하게 밝은 것을 보이시되 이 세계와 중생의 몸이 모두 망연(妄緣)인 풍력으로 동전함을 관하라 하시었나이다. 제가 그때 세계(界)의 안립과 세상의 움직이는 것을 관하고 물이 움직이고 그치는 것(動止)을 관하니, 모든 동지가 둘이 없고 평등하여 차별이 없었습니다. 제가 그때 이 여러 동하는 성품이 와도 불어온데가 없고, 가도 이를 데가 없어 시방의 미진 같은 전도한 중생이 동일하게 허망한 줄을 알았고, 내지 삼천대천세계 안에 있는 중생들이 마치 한 그릇속에 백마리 모기 파리를 넣은 것이 추추하게 떠들면서 분촌 중에서 야단하고 지껄임과 같았습니다.

부처님을 만난지 오래지 않아 무생법인을 얻으니 그때 마음이 열리어 동방의 부동불국을 뵈옵고 법왕자가 되어 시방불을 섬기었으며, 신심이 빛을 발하여 걸림없이 움직였습니다.

부처님께서 원통을 물으시니, 저의 생각에는 풍력이 의지한 데가 없음을 관찰하여 보리심을 깨닫고 삼마지에 들어가 시방부처님과 합하고 묘한 마음을 전함이 제일이 되겠습니다."

풍대를 통하여 마음을 깨닫고 그 몸과 마음에서 나타나는 광명이 통철무애하므로 호가 유리광이 된 것이다. 다음은 허공장보살의 공대원통(空大圓通)이다.

허공장보살이 부처님께 사뢰었다.

"저는 여래와 함께 정광부처님 계신 곳에서 무변신(無邊身)을 얻고 그때 손에 4대보주를 들고 시방의 미진불찰세계를 비추어 허공을 화성(化成)하였으며, 또 제 마음에 큰 둥근 거울을 나타내고 앞으로 10종의 미묘한 보광(寶光)을 놓아 시방의 온 허공계에 비추니, 모든 당왕찰(幢王刹)이 거울속에 들어와서 내 몸으로 스며들었습니다. 몸이 허공과 같아서 서로 방애(防碍)되지 아니하며, 몸도 능히 미진국토에 들어가서 불사를 널리 행하는데 크게 따르는 것을 얻었사오니, 이 대신력은 4대가 의지한 데가 없어 망상으로 생멸하며 허공도 둘이 없고 불국이 본래 동일한 것임을 자세히 관찰한 까닭이오며, 동일한 데서 발명하여 무생법인을 얻었습니다.

부처님께서 원통을 물으시니 제 생각에는 허공이 무변함을 관찰하여 삼마지에 들고 묘한 힘이 원명(圓明)함이 제일이 되겠습니다."

마음의 성품이 허공과 같아 걸림없는 것을 깨달은 까닭에 허공장이다. 정광불은 곧 연등불이다. 무변신을 얻은 것은 법신이 허공과 같은 것을 깨달은 까닭이다. 다음은 미륵보살의 식대원통(識大圓通)이다.

미륵보살이 부처님께 사뢰었다.
"저는 생각하니 지나간 옛적 미진 겁전에 부처님이 세상에 나시니 이름이 일월등명이었습니다. 저는 그 부처님을 따라 출가하고 마음에 세상의 명성을 소중히 여기어 족성가에 다니기를 좋아하였더니, 그때 세존께서 저로 하여금 유심식정(唯心識情)을 닦아 삼마지에 들게 하였사오니, 그 후 여러 겁 동안에 이 삼매로써 항하사 부처님들을 섬겼더니 세상의 명성을 구하는 마음이 소멸하여졌습니다.

연등불이 세상에 출현하심에 이르러 비로소 위없는 묘원(妙圓)의 식심삼매를 이루니, 내지 허공에 가득찬 여래국토의 깨끗하고 더럽고 있고 없는 것이 모두 내 마음으로 변화하여 나타난 것이었습니다.

세존이시여, 저는 이러한 유심식정(唯心識情)을 요달한 까닭으로 식성(識性)에서 무량여래를 유출하였으며, 이제 수기를 받아 널리 부처님 계신 곳(普佛處)에 있게 되었습니다.

부처님이 원통을 물으시니 저의 생각에는 시방이 유식임을 자세히 관하고 식심이 원명하여 원성실성(圓成實性)에 들어가서, 의타기성(依他起性)과 변계소집성(徧計所執性)을 멀리 여의고 무생법인(無生法忍)을 얻는 것이 제일이 됩니다."

미륵은 자씨(玆氏)다. 사랑하는 마음이 세상에서 으뜸가고 어여삐여기는 마음이 후겁(後劫)에까지 이르러가기 때문이다. 유식정(唯識定)은 전광석화 같음을 깨닫는 삼매다. 다음은 대세지법왕자의 견대원통(見大圓通)이다.

대세지법왕자가 그 친구 52보살과 함께 자리에서 일어나 부처님의 발에 정례하고 부처님께 사뢰었다.

"저는 생각하니 지나간 옛적 항하사 겁전에 부처님께서 세상에 나시니 이름이 무량광이었습니다. 12여래가 1겁 동안에 계속하여 나셨는데 그 최후 부처님의 이름이 초일월광이었습니다. 그 부처님이 저에게 염불삼매(念佛三昧)를 가르치시되, '마치 한 사람은 계속 생각하나 한 사람은 전혀 생각지 않는다면, 이 두 사람은 만나도 만나지 못하고, 보아도 보지 못하려니와, 두 사람이 서로 생각하여 두 생각하는 마음이 간절해지면 내지 이생에서 저생에 이르도록 형상에 그림자가 따르듯이 서로 어긋나지 아니하리라' 하셨습니다.

시방의 여래가 중생을 생각하는 것이 어미가 자식을 생각하듯 하지만 만일 자식이 도망하면 생각한들 무슨 소용이 있겠느냐. 자식이 어미 생각하기를 어미가 자식 생각하듯이 한다면 어미와 자식이 여러 생을 지내도록 서로 어긋나지 아니하리라 했습니다.

중생이 마음으로 부처님을 생각하고 부처님을 생각하면 현전(現前)에나 당래에 결단코 부처님을 볼 것이며, 부처님을 떠나 멀지 아니하여 방편을 빌리지 않고도 스스로 마음이 열림이 마치 염향(拈香)하는 사람이 몸에 향기가 배듯 하리니, 이것을 향광장엄이라 이름한다 하셨습니다.

저는 인지에 염불하는 마음으로 무생법인에 들었고 지금도 이 세계에서 염불하는 사람을 섭수하여 정토에 가게 합니다.

부처님께서 원통을 물으시니 저의 생각에는 어느 것을 선택하지 말고 6근을 모두 섭지하여 깨끗한 생각이 서로 계속하여 삼마지를 얻는 것이 제일이 되겠습니다."

대세지는 지혜광(智慧光)이다. 일체를 멀리 비쳐 구도의 고통을 여의고 위없는 힘을 얻게 하기 때문이다. 어느 곳을 가도 항상 천지가 진동하고 그 소리를 듣고 모두 해탈을 얻기 때문에 대세지라고도 한다. 현재는 극락세계 아미타불의 제2자가 되어 있다. 이것으로서 능엄경 제5권이 끝나고 다음은 제6권인데 관세음보살의 이근원통(耳根圓通)이 나온다.

(5) 관음보살의 이근원통 – 능엄경 제6권

이때 관세음보살이 자리에서 일어나 부처님의 발에 정례하고 부처님께 사뢰었다.

"세존이시여, 제가 생각하니 옛적 수없는 항하사 겁전에 부처님이 세상에 나시니 이름이 관세음이시라 저는 그 부처님께 보리심을 발하였더니 그 부처님이 저를 가르치사 듣고(聞), 생각하고(思), 닦는(修) 것을 따라 삼마지에 들라 하시었습니다.

처음에 듣는 것 가운데서 유(流)에 들어가 소(所)를 벗어나고, 소에 들어감이 이미 고요하여 시끄럽고 고요한 두 모습이 분명히 생하지 아니하며, 이와 같이 점점 증진하여 듣고 듣는 것이 다 하여지고, 듣는 것이 다하여 머물러 있지 아니하여 깨닫고 깨달은 것이 공하여지고, 공하여졌다는 깨달음이 지극히 원만하여 공하고 공하여진 것이 없어지고, 생과 멸이 이미 멸하여 적멸이 앞에 나타났습니다.

홀연히 세간과 출세간을 초월하여 시방이 원명해지면서 두 가지 수승한 것을 얻었으니, 1은 위로 시방제불의 본래 묘한 각심(覺心)과 합하여 불·여래로 더불어 사랑하는 마음(慈)이 같고, 2는 아래로 시방의 일체 육도중생과 합하여 모든 중생들로 더불어 어여삐 여기는 마음(悲)이 동일하게 되었습니다.

세존이시여, 저는 관세음여래께 공양하옵고 그 여래께서 여환문훈문수금강삼매(如幻聞熏聞修金剛三昧)를 일러주심을 듣고 불

·여래와 더불어 자력(慈力)이 동일하게 되었으므로 제 몸에 32 응신을 갖추어 여러 국토에 들어가게 되었습니다.”

앞의 ‘문’자는 소리를 듣는 본각의 체를 말하나 ‘문훈’은 곧 본각내훈(本覺內熏)의 문이다. 뒤에 ‘문’은 뒤집어서 근기의 소리를 듣는 것이니 시각의 지(始覺智)다. 그러므로 ‘문수(聞修)’는 들은 것을 도리어 듣고 원통(圓通)으로 나아가 닦는 것이다.

그리고 ‘여환(如幻)’은 방편인줄 알기 때문에 집착하지 않는 것을 말하고, ‘금강(金剛)“은 어떠한 경우에 있어서도 본마음에는 흔들림이 없는 것이다. 32응신은 다음에 이어서 나온다.

“세존이시여, 만일 보살들이 삼마지에 들어 무루(無漏)를 닦아 훌륭한 해(解)가 원만하게 되면 제가 불신(佛身)을 나타내 법을 말하여 해탈케 하겠나이다.

만일 유학들이 적정하고 묘하게 밝아 승묘한 경계가 앞에 나타나면 제가 그 앞에서 독각신(獨覺身)으로 나타나 법을 말하여 해탈케 하겠나이다.

만일 유학들이 12인연을 끊고 인연이 끊어진 거룩한 성품에 승묘(勝妙)한 경계가 나타나면 제가 그 앞에서 연각신으로 나타나 법을 말하여 해탈케 하겠나이다.

만일 유학들이 4제(諦)가 공하여지고 도를 닦아 멸에 들어가려 할 때 거룩한 성품이 앞에 나타나면 제가 그 앞에서 성문신으로 나타나 법을 말하여 해탈케 하겠나이다.

만일 모든 중생들이 음욕의 마음을 밝히 깨닫고 욕진(欲塵)을 범치 아니하여 몸이 청정하려 하면 제가 그 앞에서 범왕신(梵王身)으로 나타나 법을 말하여 해탈케 하겠나이다.

만일 모든 중생들이 천주(天主)가 되어 모든 하늘을 통령하려 하면, 제가 그 앞에서 제석신(帝釋身)을 나타내어 법을 말하여 성취케 하겠나이다.

만일 모든 중생이 몸이 자재하여 시방에 다니려 하면, 제가 그 앞에서 자재천신으로 나타나 법을 말하여 성취케 하겠나이다.

만일 모든 중생이 몸이 자재하여 허공에 날아다니려 하면, 제가 그 앞에서 대자재천신으로 나타나 법을 말하여 성취케 하겠나이다.

만일 모든 중생이 귀신을 통솔하며 국토를 구호하려 하면 제가 그 앞에서 천대장군신으로 나타나 법을 말하여 성취케 하겠나이다.

만일 모든 중생이 세계를 통솔하여 보호하려 하면, 제가 그 앞에서 사천왕신으로 나타나 법을 말하여 성취케 하겠나이다.

만일 모든 중생이 천궁에 나서 귀신을 부리려 하면, 제가 그 앞에서 사천왕국의 태자신으로 나타나 법을 말하여 성취케 하겠나이다.

만일 모든 중생이 인왕이 되기를 좋아하면, 제가 그 앞에서 인왕신으로 나타나 법을 말하여 성취케 하겠나이다.

만일 모든 중생이 족성의 주가 되어 추앙함을 좋아하면, 제가 그 앞에서 장자신으로 나타나 법을 말하여 성취케 하겠나이다.

만일 모든 중생이 명언(名言)을 이야기하며 청정하게 살기를 좋아하면, 제가 그 앞에서 거사신으로 나타나 법을 말하여 성취케 하겠나이다.

만일 모든 중생이 국토를 통치하여 성읍을 나누어 다스리려 하면, 제가 그 앞에서 재관신으로 나타나 법을 말하여 성취케 하겠나이다.

만일 모든 중생이 술수를 좋아하여 위생으로 조섭하려 하면, 제가 그 앞에서 바라문신으로 나타나 법을 말하여 성취케 하겠나이다.

만일 어떤 남자가 배움을 좋아하고 출가하여 계율을 가지려 하면, 제가 그 앞에서 비구신으로 나타나 법을 말하여 성취케 하겠나이다.

만일 어떤 여자가 배움을 좋아하고 출가하여 금계를 호지하려 하면, 제가 그 앞에서 비구니신으로 나타나 법을 말하여 성취케 하겠나이다.

만일 남자가 5계를 수지하기를 좋아하면, 제가 그 앞에서 우바새신으로 나타나 법을 말하여 성취케 하겠나이다.

만일 어떤 여자가 5계를 지키고 살려 하면, 제가 그 앞에서 우바이신으로 나타나 법을 말하여 성취케 하겠나이다.

만일 어떤 여인이 내정(內政)으로 입신하여 국가를 수치(修治)하려 하면, 제가 그 앞에서 여주신(女主身)과 국부인신(國夫人身), 명부신(命婦身), 대가신(大家身)으로 나타나 법을 말하여 성취케 하겠나이다.

만일 어떤 중생이 남근을 파괴하지 않으려 하면, 제가 그 앞에서 동자신으로 나타나 법을 말하여 성취케 하겠나이다.

만일 처녀가 처녀의 몸을 좋아하여 침폭(侵暴)을 구하지 않으려 하면, 제가 그 앞에서 동녀신으로 나타나 법을 말하여 성취케 하겠나이다.

만일 천인들이 천륜에서 탈출하려 하면, 제가 그 앞에서 천신으로 나타나 법을 말하여 성취케 하겠나이다.

만일 용들이 용의 무리에서 탈출하려 하면, 제가 그 앞에서 용신으로 나타나 법을 말하여 성취케 하겠나이다.

만일 야차들이 그들의 무리에서 도탈하려 하면, 제가 그 앞에서 야차신으로 나타나 법을 말하여 성취케 하겠나이다.

만일 건달바들이 그 무리에서 탈출하려 하면, 제가 그 앞에서 건달바신으로 나타나 법을 말하여 성취케 하겠나이다.

만일 아수라들이 그 무리에서 탈출하려 하면, 제가 그 앞에서 아수라신으로 나타나 법을 말하여 성취케 하겠나이다.

만일 긴나라들이 그 무리에서 탈출하려 하면, 제가 그 앞에서 긴나라신으로 나타나 법을 말하여 성취케 하겠나이다.

만일 마호라가들이 그 무리에서 탈출하려 하면, 제가 그 앞에서 마호라가신으로 나타나 법을 말하여 성취케 하겠나이다.

만일 중생들이 사람을 좋아하여 사람의 행을 닦으면, 제가 그 앞에서 사람의 몸으로 나타나 법을 말하여 성취케 하겠나이다.

만일 사람 아닌 것으로서 유형, 무형, 유상, 무상들이 그 무리에서 벗어나려 하면, 제가 그 앞에서 모두 그 몸으로 나타나 법을 말하여 성취케 하겠나이다.

이것을 묘하게 깨끗한 32응으로 국토에 들어가는 몸이라 하나니, 다문훈문수삼매의 지음이 없는 묘한 힘으로써 자재를 성취한 것입니다."

이것이 32음응신이다. 부처님은 자기도 깨닫고 남도 깨닫게 하는 일을 원만히 성취하신 이고, 독각신은 홀로 깨달으신 분, 연각은 인연의 도리를 깨달으신 분, 성문은 인과를 깨달으신 분이다. 범왕은 색계초선천인이고, 제석은 도리천주며, 자재천은 욕계 제5천이고, 대자재천신은 욕계 제6천주다. 천대장군은 제석의 상장군이고, 4천왕은 제석의 신하며, 인왕은 사람을 다스리는 임금님이고, 장자는 10덕(姓貴·位高·大富·威猛·智深·年耆·行淨·禮備·上嘆·下歸)을 갖춘 분이고, 거사는 세상에 은거하면서도 행위가 의롭고 도를 통한 분이며, 비구는 남자출가자이고 비구니는 여자출가자이다.

"세존이시여, 저는 또 이 문훈문수금강삼매의 지음이 없는 묘한 힘으로써 시방 삼세의 6도중생들과 어여삐 여기는 마음이 동일하므로, 중생들로 하여금 저의 몸과 마음에서 14종의 무외공덕을 얻게 하였나이다.

1은 제가 스스로 소리를 관하지 아니하고 관하는 자를 관함으로써, 시방의 고뇌하는 중생들로 하여금 그 음성을 관하여 해탈을 얻게 하고,

2는 지견을 돌이켜 회복하였으므로, 중생들로 하여금 큰 불에 들어가도 불이 능히 태우지 못하게 하고,

3은 관청(觀聽)을 돌이켜 회복함으로써, 중생들로 하여금 큰

236

물에 표류하여도 물이 능히 빠뜨리지 못하게 하고,

4는 망상을 단멸하여 살해할 마음이 없으므로, 중생들로 하여금 귀신의 나라에 들어가도 귀신들이 능히 해치지 못하게 하고 있습니다.

5는 문(聞)을 훈하여 문(聞)을 이루고 6근이 소복(消復)하여 소리를 듣는 것과 같으므로, 능히 중생들로 하여금 피해를 당하게 될지라도 칼이 조각조각 부서지며 병장기가 물을 베는 듯 빛을 따르듯(吹) 하여, 성품이 동요하지 않게 하고,

6은 문훈(聞熏)이 맑고 깨끗하여 법계에 두루 비추어 모든 어두운 성품이 온전하지 못하므로, 중생들로 하여금 야차, 나찰, 구반다, 비사사, 부단나 등이 그 곁에 가더라도 눈으로 보지 못하게 하고,

7은 소리의 성품이 원만히 소멸하고 듣고 보는 것을 돌이켜 들어가 진(塵)의 허망함을 여의었으므로, 중생들로 하여금 금계(禁繫)와 가쇄(枷鎖)가 능히 붙지 못하게 하고,

8은 음이 소멸하고 문(聞)이 원융하여 사랑스러운 힘(慈力)을 두루 내었으므로, 중생들로 하여금 험로를 지나가도 도적이 겁탈하지 못하게 하고,

9는 듣는 것을 훈습하고 진을 여의어 색이 겁탈하지 못하므로, 모든 음욕이 많은 중생들로 하여금 탐욕을 멀리 여의게 하고,

10은 음(陰)이 순일하고 진(塵)이 없어지고 근(根)과 경(境)이 원융하여 대(對)와 소대(所對)가 없으므로, 모든 분함이 많은 중생으로 하여금 진애를 여의게 하고,

11은 진(塵)이 사라지고 명(明)에 돌아가 법계와 신심이 유리

처럼 맑고 장애가 없으므로, 혼돈하여 성품이 막힌 모든 아전가
(阿顚迦 : 성불할 수 없는 사람)들로 하여금 치암(癡暗)을 영원히
여의게 하고,

12는 형상이 소용하고 들은 성품을 회복하여 도량에서 동하지
아니하고 세간을 끌어들이되 세계를 손괴하지 아니하며, 시방에
두루하여 미진 같은 제불여래를 공양하여 여러 부처님의 법왕자
가 되었으므로, 법계의 자식없는 중생들의 아들 낳기를 구하는 이
로 하여금 복덕이 있고 지혜가 많은 남자를 탄생케 하겠나이다.

13은 6근이 원통하고 밝게 비춤이 둘이 없어 시방세계를 포
함하였으며, 대원경지(大圓鏡智)와 공여래장(空如來藏)을 세워 시
방의 미진 같은 여래의 비밀한 법문을 순종하여 이어받아 잃지
않았으므로, 법계의 자식없는 중생들이 딸 낳기를 구하는 이로
하여금 단정하고 복덕있고 유순하여 사람들이 애경하는 잘 생긴
딸을 탄생케 하겠나이다.

14는 이 삼천대천세계의 백억일월 세계에서 세간에 현재하는
법왕자가 62항하사가 되는데, 법을 수행하고 모범을 드리워 중
생을 교화하되 중생을 수순하는 방편과 지혜가 각각 같지 않나
이다. 제가 얻은 원통의 근본이 묘한 귀를 발한 연후에 몸과 마
음이 미묘하게 함용하여 법계에 두루하므로 말미암아 능히 중생
들로 하여금 저의 명호만 외워 가질지라도 62억 항하사수의 모
든 법왕자들의 이름을 함께 가진 것과 그 복덕이 다름이 없습니
다. 그러니 저의 이름이 제 맘의 분노의 이름과 다름이 없는 것
은 제가 닦고 익혀 참된 원통을 얻었기 때문입니다.

238

제가 얻은 원통본근(圓通本根)이 묘한 이문(耳門)을 발한 연후에 신심이 미묘하게 함용하여 법계에 두루하였으므로, 중생들이 제 이름만을 가지고 외우더라도 저는 62항하사 법왕자의 이름을 지송하는 것과 더불어 두 사람의 복덕이 똑같아 다르지 않게 하고 있습니다.

세존이시여, 저 한 사람의 이름이 여러 보살의 이름과 다르지 아니함은 제가 참된 원통을 닦고 익힌 까닭입니다.

이것을 열네 가지로 무외력을 베풀고 중생에게 복을 주는 것이라 이름하겠나이다."

이것이 관세음보살의 14무외력이다. 다음은 4부사의 덕을 말한다.

"세존이시여, 저는 또 이 원통(圓通)을 얻어 무상도를 닦아 깨달았으므로, 네 가지 부사의한 지음 없는 묘덕을 얻었나이다.

1은 제가 처음으로 미묘한 문심을 얻고 마음이 정미로워지며, 문을 버리어서 보고 듣고 깨닫고 아는 것이 능히 나누어 주지 않고 한결같이 원용하고 청정한 보각을 이루었으므로, 저는 여러 가지 묘한 용모를 나투어 그지없는 비밀한 신주를 말하고 있나이다.

그 중에서 1수 3수 5수 7수 9수 11수로부터 내지 108수 천수 만수 팔만사천 삭가라수를 나투기도 하고, 2비 4비 6비 8비 12비 14비 16비 18비 20비 24비로부터 내지 108비 천비 만비 팔만사천 모다라비를 나투기도 하고, 2목 3목 4목 9목으로부터 내지 108목 천목 만목 8만4천 청정보목을 나투기도 하는데, 혹은 자비하게 혹은 위엄있게 혹은 정(定)으로 혹은 혜(慧)로 중생을 구호하여 대자재를 얻게 하겠나이다.

2는 제가 듣고 생각하는 것이 6진을 탈출하여 마치 소리가 담을 넘어가되 장애되지 않는 것과 같으므로, 제가 능히 가지가지 모습으로 나타나 가지가지 주문을 외우며, 그 형상과 그 주문이 능히 무외(無畏)로 중생에게 베푸는 것이므로, 시방의 미진 국토에서 저를 이름하여 무외를 베푸는 이라 하겠나이다.

3은 제가 본래 묘하고 원통한 청정본근을 수습하였으므로, 다니는 세계마다 중생들로 하여금 몸과 진보를 버리어서 저에게 애민하기를 구하게 하겠나이다.

4는 제가 불심을 얻어 끝까지 증하옵고 능히 진보로써 가지가지로 시방여래께 공양하오며, 곁으로 법계의 6도중생에게까지 미치었으므로, 아내를 구하는 이는 아내를 얻고, 자식을 구하는 이는 자식을 얻고, 삼매를 구하는 이는 삼매를 얻고, 장수를 구하는 이는 장수를 얻고, 내지 대열반을 구하는 이는 대열반을 얻게 하겠나이다."

이것에 네 가지 생각으로 헤아릴 수 없는 덕이다.

"부처님이 원통을 물으시니 저는 귀(耳門)로 두루 비쳐보는(圓照) 삼매로부터 연심(緣心)이 자재하여지고, 그로 인해 흘러가는 곳마다 삼마지를 얻어 보리를 성취하는 것이 제일이라 하겠나이다.

세존이시여, 저 불·여래께서 제가 원통법문을 잘 얻었다 찬
탄하시고 대회중에서 저를 수기하여 관세음이라 하였사오니, 저
의 보고 듣는 것이 시방에 원명하였으므로 관세음이란 이름이
시방세계에 두루하게 되었습니다."

이것으로서 관음보살의 이근원통이 끝나면서 능엄경 25원통이
모두 끝난다.

이때 세존이 사자좌에서 5체로부터 큰 광명을 놓아 시방의 미
진여래와 모든 법왕자보살의 정상(頂上)에 대시었고, 저 여러 여
래들도 역시 5체에서 한꺼번에 보배 광명을 놓으시니 미진세계
로부터 와서 부처님의 정상에 대시며, 아울러 회중에 있는 모든
대보살과 아라한들에게 대시었다.

숲과 나무, 못과 소(沼)에서 모두 법음을 연설하며 교차하는
광명이 서로 나직(羅織)하여 실로 짠 그물과 같았으며, 모든 대
중들이 미증유를 얻어서 모두가 금강삼매를 얻었는데, 즉시에
하늘에서 천보연화를 비내리니 푸르고 누르고 붉고 흰 것이 사
이사이 섞여 찬란하며, 시방허공이 7보빛을 이루었다.

이 사바세계의 대지 산하는 한꺼번에 보이지 아니하고 시방의
미진국토가 합하여 한 세계가 되었으며 범패와 가영이 자연히
연주되었다.

(6) 문수의 선택

이에 여래께서 문수사리법왕자에게 말씀하셨다.

"그대가 이제 이 25인의 무학인 대보살들과 아라한들을 보라. 제각기 처음에 성도하던 방편들을 말하면서 모두 진실한 원통을 닦았노라 하나니, 저들의 수행에는 실로 우열과 전후의 차별이 없겠지마는 내가 지금 아난으로 하여금 깨닫게 하려면 25행에서 어느 것이 그의 근성에 적당하겠는가. 또 내가 멸도한 뒤에 이 세계 중생들이 보살승에 들어가 무상도를 구하려면 무슨 방편으로 쉽게 성취하겠는가 생각해보라."

문수사리법왕자가 부처님의 뜻을 받잡고 자리에서 일어나 부처님의 발에 정례하고 부처님의 위신을 받들어 게송으로 부처님께 대답하였다.

깨달음의 바다 그 성품 맑고 둥글어
둥글고 맑은 각(覺)이 원래 묘하네.
원명(元明)이 비치는 곳에 곳(所)이 생기나
비치는 성품은 없어지네.

미망에서 허공이 생기니 허공을 의지하여 세계가 성립되었네.
망상이 어려 깨끗한 국토가 되고
망식을 깨달아 아는 놈이 중생이 되었다네.
허공이 대각중에서 생긴 것이 바다의 한 거품과 같다네.

미진 같은 국토가 모두 허공을 의지하여 있는데
물거품 스러지면 허공도 없거늘 하물며 다시 3유가 있겠는가.
근원에 돌아가면 수 성(性)이 없으나
방편에는 여러 가지 문이 있다네.

성현의 성품으론 모두가 원통 순과 역이 모두 다 방편이지만
초심으로 삼매에 들어가려면 더디고 빠른 것이 같지 않다네.
색은 망상이 맺히어 된 경계라
심정(心情)으로 알려면 뚫지 못한다네.
분명하게 뚫을 수 없는 것으로 원통을 얻을 것인가.

음성이란 언어에 섞여 말과 구절에 의미를 붙인 것
귀가 일체를 머금은 것 아니니 어떻게 원통을 얻으리오.
향은 코에 합해서 아는 것 떠나면 애초부터 있지 않은 것
그 깨닫는 것이 한결같지 못한데 어떻게 원통을 얻을 것인가.

맛의 성품 본연한 것이 아니고 맛보는 그때에만 있는 것
항상 있지 아니한 지각(知覺)으로 어떻게 원통함을 얻을 것인가.
촉은 부딪치는 것으로 밝혀지나니 부딪칠 곳 없으면 촉도 없나니
붙고 떨어진 성품이 일정하지 않거니 어떻게 원통을 얻겠는가.

법의 내진(內塵)이라 말하나
진에 의하면 능소가 두루 교섭하지 않거니
어떻게 원통을 얻겠는가.

보는 성품 비록 밝으나 앞만 보고 뒤는 보지 못하여
4유(維)에서 하나 반 모자라는데 어떻게 원통을 얻겠는가.

나고 드는 것이 분명하지만 앞에 교차하는 기운없으니
지이(支離)하여 콧속에 교섭 없으면 어떻게 원통을 얻을 것인가.
혀는 무단하게 있지 않고 맛으로서 각료(覺了)하나니
맛없으면 각료도 있지 않거늘 어떻게 원통을 얻겠는가.

몸은 소촉(所觸)과 같아 각자 뚜렷한 각관 아니라
끝을 알 수 없거늘 어떻게 원통을 얻겠는가.
근을 아는 놈이 어지러운 생각과 섞여 담료(湛了)함을 볼 수 없어
생각을 초탈할 수 없거늘 어떻게 원통을 얻겠는가.

식견(識見)은 근·진·식이 합해서 된 것
근본을 따져보면 상(相)이 아니다.
자체가 처음부터 정함 없거늘 어떻게 원통을 얻겠는가.
마음은 온 세계 툭 터져 큰 인연의 힘으로 생긴 것이라
초심은 들어가지 못하거늘 어떻게 원통을 얻겠는가.

코는 본래부터 권교의 근기 마음을 붙들어서 머무르게 한 것
머문다면 마음도 머물게 될 것인데 어떻게 원통을 얻겠는가.
설법은 음성, 문자 희롱한 것 먼저부터 개오한 자가 하는 일
명구(名句)는 무루(無漏)가 아니거늘 어떻게 원통을 얻겠는가.

신통은 본래부터 숙세의 인연, 법진을 분별함과 관계가 없다네.
염연(念緣)은 물질을 여읜 것 아니거늘 어떻게 원통을 얻겠는가.
땅의 성품으로 관찰하면 굳고 막혀 통달하지 못하고
유위법은 성품 아닌데 어떻게 원통을 얻겠는가.

물의 성품 관찰한다면 상염은 진실하지 않고
여여(如如)는 각관(覺觀)하는 것 아닌데 어떻게 원통을 얻겠는가.
불의 성품 관찰하면 싫어함은 참 여읜 것 아니거니
초염으로 행한 바 방편이 아니거늘 어떻게 원통을 얻겠는가.

바람의 성품으로 보면 동·적의 상대가 없지 않지만
상대라면 무상각 될 수 없거늘 어떻게 원통을 얻겠는가.
공대의 성품으로 보면 혼돈은 애초부터 각이 아니네
각 없으면 보리와는 다른 것인데 어떻게 원통을 얻겠는가.

식성(識性)으로 보면 관하는 유식부터 상주(常住) 아니고
마음을 둔다는 것, 허망한 것이어늘 어떻게 원통을 얻겠는가.
모든 행은 본래가 무상한 것이 생각하는 성품부터 원래 생멸
인과 과는 느낌부터 다르거늘 어떻게 원통을 얻겠는가.

제가 지금 세존께 사뢰옵니다. 부처님이 사바세계 출현하시니
여기서 가르치는 참된 교체는 청정함이 소리에 있사옵니다.
3마지를 닦아서 얻으려 하면 진실로 듣는 곳으로 들어가야 하리라
모든 고통 여의고 해탈 얻는 것, 아마도 착하신 관세음보살.

행하여 겁 가운데 미진 같은 본국토에 들어가서
대자재의 힘으로써 중생을 보살피며
묘음관세음과 범음해조음으로 세상을 구하여 편안케 하고
세간을 벗어나서 영원히 살게 하심이라.

제가 지금 여래께 사뢰옵나니 관세음보살께서 말씀한 대로
사람들이 고요히 쉬고 있을 때 시방에서 한꺼번에 북을 치거든
열 곳에서 일시에 듣는 것같이 이것이 원진실(圓眞實)입니다.

눈의 장외색(障外色)을 보지 못하고 입도 코 또한 그러하듯이
몸은 합해야 알며 생각은 분분하여 두서(頭緖)가 없거늘
담벽이 막아서도 소리를 듣고 멀고 가까운 소리 모두 들어서
5근이 같지 않으니 이것이 곧 통진실(通眞實)입니다.

음성의 성이 동하기도 정하기도 한지라
듣는 중에 있기도 없기도 하며
소리 없음을 듣는 것이 없긴 하나 듣는 성품 없는 것 아닙니다.
소리가 없으면 멸함도 없고 소리가 있어도 남이 아닙니다.
생과 멸 둘 다 여의었으니 이것이 곧 상진실(常眞實)입니다.

아무리 꿈을 꾸고 있을 때에도 생각하지 않는다고 할 순 없으니
각관이 사유에 뛰어났으나 몸과 마음으론 미칠 수 없어
우리가 살고 있는 사바세계는 음성으로 내 뜻을 선명하거늘
중생들이 듣는 놈(本聞) 미(迷)해 버리고

246

소리만 따르므로 유전한다네.

아난이 제 아무리 기억하여도 삿된 생각에 떨어짐을 못 면하나니
곳을 따라 빠져듦이 아니겠는가.
흐름만 돌이키면 무망(無妄)이라네.

아난아, 자세히 들으라. 내가 이제 부처님 위신 받자와
금강왕 환술 같은 부사의한 불모 진짜 삼매 말하리라.
네가 비록 미진수불의 일체 비밀법문 들었다 하나
욕루를 미리부터 끊지 못하고 다문만 쌓아놓아 허물 되었다.

들음으로 부처님의 불법만 갖고 어찌하여 듣는 성품 듣지 못했나.
들음이란 자연으로 생기지 않고 소리로 인해서 이름 있나니
문을 돌려 소리에서 해탈한다면 능탈을 무엇이라 이름하리오
한 근이 본원으로 돌아간다면 여섯 근이 해탈을 이루게 되리.

보고 들음 허환한 눈병과 같고 삼계는 허공의 꽃과 같나니
들음을 회복하고 눈병 제하면 티끌은 녹아나고 각이 깨끗해
끝까지 깨끗하여 빛이 환하고 고요하게 비추어 허공 삼킬 때
돌아와서 세간을 살펴보아라. 꿈 속에 보던 일과 다름 없으리.

마등가도 오히려 꿈속일러니 뉘라서 그대 몸을 붙들겠느냐.
세간에서 기괴한 요술쟁이가 환술로 지어 놓은 남자와 여자
아무리 모든 근을 놀리더라도 고동(機曲)은 한 곳에서 트는 것이니

틀던 고동 쉬어서 고요해지면 요술쟁이 남녀는 간 데 없으리.

6근 또한 그러하여 정명서 나뉘어서 6합 이룬 것
한 곳만 쉬어져서 회복한다면 여섯 작용 이루지 못하게 되고,
한 생각에 번뇌망상 소멸해져서 원명하게 깨끗하게 묘하게 되며
티끌이 남은 이는 아직도 배움 밝음이 지극하면 여래 되리라.

대중이여, 아난이여, 그대들 전도문(顚倒聞)을 돌이켜 보라.
들음을 돌이키어 자성 들으면 그 성품이 무상도 이룰 것이다.
둥근 깨달음이란 진실로 이러한 것이다.

이것이 미진같이 많은 부처님 한 길로 열반 언덕 들어가는 문
지난 세상 수많은 여래께서도 이 문으로 무상각 이루시었고
이 세상에 현재까지 모든 보살도 제각기 원명한데 들어갔으니
오는 세상 수행하는 여러 학인도 마땅히 이 법문을 의지하리라.

나도 역시 이 문으로 증득했으니 관세음보살만이 아니러니라.
황송하게 부처님 세존께옵서 나에게 쉬운 방편 물으시오니
말세의 중생들을 구원하시고 출세간 하려는 이 애호하시어
위없는 열반심을 성취하려면 관음의 이근원통 으뜸이옵고

그밖에 여러 가지 방편문들은 모두 다 부처님의 위신력으로
일에 즉해 진로를 버릴지라도 얕고 깊은 근기들께 같이 일러줄
항상 닦을 법문이 아니옵니다.

248

말로도 할 수 없고 생각도 못할 무루(無漏)인
여래장에 정례합니다.

미래세의 중생들 가피하여서 이 법문에 의혹이 없게 하소서.
성취하기 용이한 방편이오며 아난을 가르치기 적당하오니
말겁 중에 헤매는 여러 중생들 이 근으로 배워서 닦게 하소서.
다른 법문보다는 뛰어난 원통문 진실한 제 마음이 이러합니다.

이때 아난과 대중이 몸과 마음이 분명하게 밝아 크게 열림을
얻고, 부처님의 보리와 대열반을 보니 마치 일이 있어 멀리 갔
던 사람이 아직 집에 돌아가지 않았으나, 돌아갈 길을 분명히
아는 것 같았으며, 온 회상의 대중들과 천·용 등 8부와 유학인
이승과 모든 새로 발심한 보살들이 그 수가 10항하사나 되는 이
들이 모두 본심을 얻고 진구를 멀리 여의어 법안이 깨끗하여졌
고, 성비구는 이 게송을 듣고 아라한을 얻었으며, 무량중생들은
다 무등등 아뇩다라삼먁삼보리심을 발하였다.
　다음은 네 가지의 율의(律儀)에 대하여 설한다.

도량 차리고 수행하는 일

(1) 네 가지 율의

아난이 마음과 자취가 훤히 밝아지고, 슬프고 기쁜 마음이 교
차하였으며, 미래세의 중생들을 이익케 하려고 머리를 조아려
예배하고 부처님께 사뢰었다.

"대비하신 세존이시여, 저는 이미 성불하는 법문을 깨달아 수
행하는 일에 의혹이 없나이다. 일찍 듣사온즉 여래께서 말씀하
시기를, '자기는 제도되지 못하였으나 먼저 남을 제도하려는 것
은 보살의 발심이오, 자기의 깨달음이 이미 원만하고 다른 이를
깨닫게 하는 것은 여래가 세상에 응현함이라' 하셨사오니, 저는
비록 제도되지 못하였으나 말겁의 일체중생을 제도하려 하겠나
이다. 세존이시여, 이 중생들이 부처님을 떠난지 점점 멀어지고
삿된 스승들의 설법이 항하사와 같을 때 마음을 섭수하여 삼마
지에 들려하면 도량을 어떻게 안립해야 마사(魔事)가 멀어지고
보리심에서 퇴굴하지 않겠나이까?"

이때 세존이 대중 가운데서 아난을 찬탄하셨다.

"착하고 착하다. 너의 물음과 같이 도량을 안립하여 말겁에 태어나는 중생들을 구호하려 하니 너는 자세히 들어라. 너에게 말하여 주리라. 너는 항상 들었으리라. 나의 비나야(계율) 중에 수행하는데 필요한 세 가지 결정한 뜻을 말하였으니, 이른바 마음을 받아들이는 것을 계라 하고, 계로 인해 정이 생기고, 정으로 인해 혜를 발하나니, 이것을 세 가지 무루학(無漏學)이라 하느니라.

아난아, 어찌하여 마음을 섭수함을 계라 하느냐. 만일 모든 세계의 6도중생들이 마음에 음란하지 않으면 생사가 계속됨을 따르지 아니하기 때문이라. 네가 삼매를 닦는 것은 진노(塵勞)에서 벗어나려 함이나, 음심을 제하지 않고는 진노에서 벗어나지 못하리라. 비록 지혜가 많아 선정이 앞에 나타난다 하더라도 음심을 끊지 못하면 반드시 마군의 도에 떨어져서 상품은 마왕이 되고, 중품은 마민이 되고, 하품은 마녀가 되리라.

또 저 마들도 역시 무리들이 있어서 각각 말하기를, '무상도를 얻었노라' 하리니, 내가 멸도한 후에 말법 가운데 이러한 마민들이 세간에 치성하여 음탐을 널리 행하면서 '선지식이다' 하여, 중생들로 하여금 사랑의 구렁에 떨어뜨려 보리의 길을 잃게 하리라. 네가 세 가지 인연으로 하여금 삼마지를 닦게 하려면 먼저 마음의 음욕을 끊어야 한다. 이것이 여래선불세존(如來先佛世尊)의 제일로 결정적인 청정한 가르침이니라.

그러므로 아난아, 음행을 끊지 않고 선정을 닦는 이는 모래나 돌을 삶아서 밥을 만들려는 것 같아서 백천 겁을 지나도 뜨거운 돌 모래일 뿐 다른 것이 될 수 없다. 왜냐하면 이것은 밥이 될 근본이 아니고, 모래와 돌 뿐이기 때문이다. 네가 음행하는 몸으로 부처님의 묘과를 구하면 비록 묘한 깨달음을 얻더라도 이것은 모두 음(婬)의 근본이라. 근본이 음이 되었으므로 삼도에 윤전(輪轉)하고 벗어나지 못하리니, 여래의 열반을 어떻게 닦아 증하겠느냐. 반드시 음탕한 뿌리까지 몸과 마음에 아주 끊어버리고 끊었다는 성품까지 없어져야 부처님의 보리를 희망할 수 있느니라.

나와 같이 이렇게 하는 말은 부처님의 말이라 하고, 이렇지 아니한 말은 파순(波旬 : 마왕)의 말이다.

여기까지가 제1사음계다. 다음은 살생계가 된다.

아난아, 또 모든 세계의 6도중생들이 마음에 살생하지 않으면 생사의 상속함을 따르지 아니하리라. 네가 삼매를 닦음은 진노에서 벗어나려 함이나, 살심(殺心)을 제하지 않고는 진노에서 벗어나지 못하리라. 비록 지혜가 많아 선정이 앞에 나타나더라도 살생을 끊지 못하면 반드시 신도(神道)에 떨어져서 상품은 대력귀(大力鬼)가 되고, 중품은 비행하는 야차나 귀수(鬼帥)가 되고, 하품은 지행나찰(地行羅刹)이 되리라.

저 귀신들도 역시 무리들이 있어서 각각 말하기를, '무상도를 이루었노라' 하리니, 내가 멸도한 후에 말법 가운데 이러한 귀신들이 세간에 치성하여 고기를 먹고도 보리의 길을 얻는다 하리라."

"아난아, 네가 비구들로 하여금 오정육(五淨肉)을 먹게 하였으나, 이 고기는 나의 신력으로 화생한 것이어서 본래 명근이 없었느니라. 저 바라문들의 토지가 증습(蒸濕)하고 사석(沙石)이 많아서 초채(草菜)가 생장하지 못하므로 나의 대비와 신력으로 가피한 것이다. 대자비로 인해 이름을 빌려서 고기라 하는 것을 너희가 먹었거니와, 여래가 멸도한 후에 중생의 고기를 먹는 사람은 비록 마음이 열려서 삼마지를 얻은 듯하더라도 모두 대나찰이라, 과보가 끝나면 반드시 생사고해에 빠질 것이며 불제자가 아니며, 이런 사람들은 서로 죽이고 서로 삼키어 서로 잡아먹기를 마치지 아니하리니, 이런 사람이 어떻게 삼계에서 벗어나겠느냐.

네가 세인으로 하여금 삼마지를 닦게 하려면, 다음으로 살생을 끊게 할 것이니, 이것이 여래 선불세존의 제일로 결정적인 청정한 가르침이니라. 그러므로 아난아, 살생을 끊지 않고 선정을 닦는 이는 마치 사람이 제 귀를 막고 큰 소리를 치면서 남이 듣지 못하기를 구하는 것 같나니, 이런 것을 말하여 숨길수록 더욱 드러남이라 하느니라. 청정한 비구와 보살들이 길에 다닐 때 산 풀도 밟지 않거늘 하물며 손으로 뽑을가보냐. 어찌 대비를 표방하면서 중생의 혈육을 취하여 식사에 충당하겠느냐.

만일 비구들이 동방에서는 사(絲)·면(綿)·견(絹)·백(帛)을 입지 않고, 차토(此土)에서는 화(靴)·이(履)·구(裘)·취(毳)와 유(乳)·낙(酪)·제호(醍醐)를 입거나 먹지 않으면 이런 비구는 세간에서 해탈하여 묵은 빚을 상환하였으므로 3계에 다시 나지 아니하리라. 왜냐하면 그 몸으로 입거나 먹으면 그들이 인연이 되는 것이니, 마치 사람이 땅속의 백곡을 먹고 발이 땅에서 떨어지지 않음과 같느니라.

반드시 몸이나 마음으로 중생의 신육과 신분을 입지도 않고 먹지도 않으면 이런 사람은 참으로 해탈한 자라고 내가 말하노라. 나와 같이 이렇게 하는 말은 부처님의 말이라 하고, 이렇지 아니한 말은 파순의 말이다."

여기까지가 불상생계(不殺生戒)다. 다음은 도계(盜戒)다.

"아난아, 또 모든 세계의 6도중생들이 마음속으로 훔치지 않으면 생사의 상속함을 따르지 아니하리라. 내가 삼매를 닦음은 진노에서 초출하려 함이니 훔치는 마음을 제하지 않고는 진노에서 초출하지 못하리라. 비록 지혜가 많아 선정이 앞에 나타난다 하더라도 훔치는 일을 끊지 못하면 반드시 사도에 떨어져서, 상품은 정령(精靈)이 되고, 중품은 요매(妖魅)가 되고, 하품은 삿된 사람이 되리라.
저 요사(妖邪)한 것들도 역시 무리들이 있어서 각각 말하기를, '무상도를 이루었노라' 하리니, 내가 멸도한 후에 말법 가운데 이런 요사들이 세간에 치성하여 가만히 숨기고 간사하고 속이는

254

것으로 선지식이라 하며, 제각기 말하기를, '상인법을 얻었노라' 하면서 무식한 사람들을 현혹하고 공포하며 본마음을 잃게 하여 가는 곳마다 집안의 재물을 소모케 하리라.

내가 비구들로 하여금 간 데마다 걸식케 한 것은 탐욕을 버리고 보리도를 이루게 함이며, 비구들이 제 손으로 밥을 지어 먹지도 아니하고 살아있는 동안 3계의 나그네가 되어 한 번 다녀가고 다시 오지 않을 것을 보인 것인데, 어찌하여 도적들이 나의 옷을 빌어 입고 여래를 팔아가지고 업을 지으면서 모두 불법이라 말하고, 출가하여 구족계를 지니는 비구들을 소승의 도라고 비방하며 무량한 중생들을 그르치고 의혹케 하여 무간지옥에 떨어지게 하겠느냐.

내가 멸도한 후에 어떤 비구가 발심하여 삼마제 닦기를 결정하고 여래의 형상 앞에서 몸에 한 등을 켜거나 손가락 한 마디를 태우거나 몸위에 향 한 개를 사루면, 이 사람은 무시이래의 묵은 빚을 일시에 갚아버리고 이 세상을 영원히 하직하고 무든 누(漏)를 해탈하여 다하리니, 비록 무상각에 이르는 길을 밝히지 못하였더라도 이 사람은 벌써 법에 대하여 마음이 결정하였으리라. 만일 이렇게 몸을 버리는 작은 인이라도 짓지 아니하면 비록 무위를 이루더라도 반드시 인간에 태어나서 묵은 빚을 갚되, 내가 말 먹이를 먹은 일과 같게 되리라. 그러니 네가 세인들로 하여금 삼마지를 닦게 하려면 뒤에 훔치는 일을 끊게 할 것이다.

이것이 여래 불세존의 제3으로 결정적인 청정한 가르침이니라. 그러므로 아난아, 훔침을 끊지 않고 선정을 닦는 이는, 마치 사람이 새는 그릇에 물을 부으면서 가득 차기를 구함과 같아서 미진겁을 지내어도 가득 차지 못하리라.

모든 비구들이 의발 외에는 분촌만한 것도 남겨두지 않고 걸식한 것을 남기어 주린 중생에게 주며, 대중이 모인 곳에 합장하고 예배하며 다른 이가 꾸짖는 것을 칭찬하는 것같이 하여 반드시 몸과 마음에서 모두 버리고, 몸과 살·뼈와 피를 중생들과 함께 하며, 여래의 불요의설(不了義說)을 가져다가 제 뜻대로 해석하여 초학을 그르치지 아니하면, 이 사람은 진삼매를 얻으리라고 부처님이 인가하느니라."

여기까지가 도계다. 다음은 불망어계(不妄語戒)다.

"아난아, 이와 같이 세계의 6도중생이 비록 몸과 마음에 살생, 훔치는 일, 음심이 없어 3행이 원만하더라도 만일 대망어를 하면 삼마지가 청정치 못하고, 애견의 마를 이루어 여래의 종자를 잃어버릴 것이니, 이른바 얻지 못한 것을 얻었다 하고 증하지 못한 것을 증하였다 할 것이다. 혹 세간에서 제일존승함을 구하려 하여 사람에게 말하기를, '내가 이미 수다원과 사다함과 아나함과 아라한도 벽지불승 십지 이전의 제위보살을 얻었노라' 하여 그들의 예참을 구하며 그들의 공양을 탐하리라. 이런 일천제(一闡提 : 인과를 믿지 않는 자)는 불종을 소멸함이 마치 사람이 톱으로 패다라 나무를 끊는 것과 같을 것이니, '이 사람은 선

256

근이 영원히 없어지고 다시 지견이 없어 삼계고해에 빠지고 삼매를 이루지 못한다'고 부처님이 기별하느니라.

내가 멸도한 후에 보살이나 아라한들을 시켜 응화신으로 말법 중에 태어나서 가지가지 형상으로 윤전하는 이를 제도케 할 때 혹 사문, 백의거사, 인왕, 재관, 동남, 동녀와 내지 음녀, 과부, 간사한 도적, 도살자, 육류판매자가 되어 그들과 일을 같이 하면서 불승을 칭찬하여 그들의 몸과 마음으로 하여금 삼마지에 들어가게 하되 끝끝내 내가 참말 보살이며 참 아라한이로다 말하여 부처님의 밀인을 누세(漏世)하여 말학에게 경솔히 말하지 말게 하거니와, 다만 죽을 때 가만히 유언할 수 있다 하였거늘 이 사람이 어찌 중생을 혹란하여 대망어를 할까보냐.

네가 세인으로 하여금 삼마지를 닦게 하려면 먼저 대망어를 끊게 할 것이니, 이것이 여래께서 편 제4의 결정적인 청정한 가르침이니라. 대망어를 끊지 않는 이는 마치 인분을 깎아 전단 모양을 만드는 것과 같아서 향기나기를 구하여도 될 수 없느니라.

내가 비구들을 가르치되 직심이 도량이라 하여 4위의의 일체 행동 중에 조금도 거짓이 없게 하였는데 어떻게 상인법을 얻었노라 자칭하겠느냐. 마치 궁인이 제왕이라 칭한다면 당장 죽임을 당할 것인데 하물며 법왕을 어떻게 망칭(妄稱)하겠느냐. 인지가 참되지 못하면 과보가 간곡할 것이라 불보리를 구하려 하여도 배꼽 씹는 사람과 같으리니 어떻게 성취할 수 있겠느냐. 비구의 마음이 활줄 같으면 모든 것이 진실하여 삼마지에 드는데 마사가 영원히 없으리니, 이 사람은 보살의 무상정각을 성취하리라고 내가 인가하노라. 나의 말과 같이 하는 것은 불설이고 이 말과 같지 않은 것은 파순의 말이다."

여기까지가 제4대망어계가 된다. 이것으로서 능엄경 제6권이 끝난다. 다음은 제7권 다라니품이다.

(2) 다라니 외우는 일 - 능엄경 제7권

"아난아, 네가 마음 섭취함을 묻기에 내가 먼저 삼마지에 들어갈 수 있는 묘한 문에 대하여 말하였으니, 보살도를 구하려면 먼저 이 네 가지 율의를 가지되 깨끗하기 눈서리와 같이 하라. 그리하면 일체지엽이 나지 못할 것이며, 심3(殺·盜·婬)과 구4(妄語·綺語·兩舌·惡口)가 생길 인이 없으리라.

아난아, 이 네 가지를 유실하지 아니하면 마음으로 색·향·미·촉 따위를 반연하지 않으리니, 일체 마사가 어떻게 발생하겠느냐. 만일 숙세의 습기가 있어 없어지지 못하거든 그 사람은 나의 '불정광명마하실달다반다라' 무상신주를 일심으로 외우게 하라. 이것은 여래의 무견정상의 무위심불이 정상으로 광명을 놓고 보련화에 앉아서 말씀하신 심주니라.

또 너는 숙세에 마등가와 더불어 역겁(歷劫)의 인연으로 은애와 습기가 일생이나 일겁만이 아니지마는 내가 한 번 주를 설하여 사랑의 마음에서 아주 해탈하고 아라한을 이루었으니 저는 음녀로서 수행할 마음이 없었지마는 신력의 명자로 무학을 빨리 증하였거늘, 너희는 이 회상에 있는 성문들로서 최상승을 구하는 이니 결단코 성불할 것이다. 마치 순풍에 먼지를 날리는 것 같으니 무슨 어려움이 있겠느냐.

만일 말세에서 도량에 앉으려 하거든 먼저 비구의 청정한 금계를 가져야 하나니 마땅히 계행이 청정한 제일가는 사문을 택하여 계사를 삼아야 하거니와 만일 진정한 청정승을 만나지 못하면 너의 계율이 성취하지 못하리라. 계가 성취한 후에는 새 옷을 입고 분향하고 고요히 앉아서 이 심불(心佛)이 말씀하신 신주를 108편을 외운 연후에 결계(結界)하여 도량을 건립하고, 시방국토에 현재 주하시는 무상여래께서 대비광명을 놓아 정상에 닿기를 구하라.

아난아, 이렇게 말세의 청정한 비구·비구니나 백의단월(白衣檀越)이 마음에 탐음을 소멸하여 부처님의 깨끗한 계를 지니고 도량에서 보살의 원을 발하라. 출입할 때마다 반드시 목욕하고 6시로 도를 행하되 3·7일을 지내도록 자지 아니하면, 내가 몸을 나타내고 그 사람의 앞에 가서 정수를 만지면서 안위하여 개오(開悟)케 하리라."

아난이 부처님께 사뢰었다.
"세존이시여, 저는 여래의 위없는 자비하신 가르침을 받잡고 무학도(無學道)를 닦아 이룰 줄을 아옵거니와, 말법시대에 수행하는 이로서 도량을 건립하려면 어떻게 결계하여야 불세존의 청정한 궤측에 합하겠습니까?"
"만일 말세 사람으로서 도량을 건립하려거든 먼저 설산에서 비니향초를 먹은 힘 좋은 흰 소를 구해야 하나니, 그 흰 소는 설산에서 맑은 물만 먹었으므로 똥이 매우 미세하니라. 그 똥을 취하여 전단과 화합하여 땅에 바른다.

만일 설산의 비니 소가 아니면 똥이 더러워서 땅에 바를 수 없나니, 특별히 평원에서 5척 이상까지의 땅의 표면을 파버리고 그 이하의 황토를 파 상전단, 침수향, 소합, 훈육, 울금, 흰 아교, 청목, 영능, 감송, 계설향 등 향과 섞되 이 10종향을 곱게 갈고 보드랍게 쳐서 황토와 합하여 진흙을 만들어 양지에 발라야 한다.

둥그렇게 장육(丈六)의 8각단을 만들고 단심에는 금·은·동·목으로 만든 한 연화를 놓고, 연화 속에 발우(鉢)를 놓고 발우 속에는 먼저 8월 노수(露水)를 담고 물속에는 물 따라 있는 바 꽃잎을 두라. 그리고 상징한 둥근 거울을 여덟 개를 취하여 각 방향 따라 놓아 꽃과 발우를 에워싸라. 거울 밖에는 16송이의 연꽃과 16개의 향로를 놓되, 연꽃을 사이사이에 꾸며놓고 향로를 장엄하라. 그리고 순수한 침수향을 사르되 불이 보이지 않게 하라.

흰 소의 젖을 가져다가 16그릇을 놓고 우유로 전병을 만들고, 사탕, 유병, 유미, 소합, 밀강, 순소(純酥), 순밀(純蜜)과 연꽃 등을 각각 16씩 놓아 꽃을 돌면서 제불과 대보살께 받들되, 매일 식때와 밤중에 꿀 반되(半升)와 소(酥) 3합을 써서 단 앞에 따로 작은 화로를 하나 놓고 도루바향으로 다린 향수로 숯을 목욕시켜 태워서 치성하게 하고, 소와 밀을 맹렬하게 태우는 화로 가운데 던져 연기가 계속해서 나도록 하여 불·보살께 공양하라.

그리고 그 방밖의 방에는 번과 꽃을 두루 달고 불단이 있는 집 네 벽에는 시방의 여래와 보살 등 여러 가지 형상을 부설하되, 정면에는 노사나불, 석가불, 미륵불, 아촉불, 아미타불을 모시고 여러 가지로 대변화한 관음형상과 금강장보살형상을 좌우에 모시며, 제석, 범왕, 오추슬마, 남지가(청색금강), 군다리(금강의 異號), 비구지(元目胝), 사천왕 등과 빈나(돼지머리)와 야가(코끼리 코)를 문의 좌우에 안치하고, 또 거울 8면을 허공에 엎어 달아 단장에 안치한 거울과 방면이 상대케 하여 형상이 거듭거듭 섭입케 하라.

초7일 동안은 지성으로 시방여래의 대보살과 아라한의 명호에 정례하고 항상 6시로 주문을 외우면서 단을 돌아 지심으로 행동하되, 한 시간에 108번씩 행하고 제2·7일 중에는 한결같이 전심으로 보살의 원을 발하되, 마음에 끊어짐이 없게 할 것이니 나의 비나야에 원교(願敎)가 있느니라.

제3·7일 중에는 12시에 한결같이 부처님의 반달라주를 지송하라. 제7일이 되면 시방의 여래가 일시에 거울 빛이 어울린 곳에 출현하여 친히 정상을 만지심을 받자올 것이니 즉시 도량에서 삼마지를 닦으라. 이렇게 말세에서 수학하는 이는 몸과 마음이 밝고 깨끗하기 유리와 같게 될 것이다.

아난아, 만일 이 비구의 본래 수계한 스님이나 같은 모임 가운데 10비구 중에서 1인이라도 청정치 못한 이가 있으면, 그런

도량은 흔히 성취하지 못할 것이다.

3·7일 후부터는 단정히 앉아 안거하기 100일을 지나면 근성이 영리한 사람은 자리에서 일어나지 않고 수다원과(須陀源果)를 얻을 것이며, 비록 몸과 마음에 성과를 이루지 못하더라도 결단코 틀림없이 성불할 줄을 알라."

아난이 부처님께 사뢰었다.

"제가 출가한 후로 부처님의 사랑을 믿고 다문만 구하였으므로, 무위를 증하지 못하였으므로 저 범천의 사술(邪術)에 걸렸을 때 마음은 비록 명료하였으나 자유함이 없더니 문수보살을 만나서 벗어났습니다.

비록 여래의 불정신주를 받아 그 신력의 가피를 입었으나 아직 친히 듣지 못하였으니, 바라건대 대자비로 다시 선설하사 이 회중에서 수행하는 이들을 구호하시며 당래세에 윤회하는 이로 하여금 부처님의 비밀한 말씀을 받잡고 몸과 뜻이 해탈케 하옵소서.

이때 회중의 일체 대중이 모두 예배하고 예배의 비밀한 글귀를 듣고자 하자 그때 세존께서 육계중으로서 백보광명을 놓으시니 광명중에 천엽보련이 솟아오르고 보련화 가운데에 화신여래가 앉아 계시어 정상으로 십도의 백보광명을 놓으시고, 낱낱 광명에서 10항하사 금강밀적을 시현하였는데 산을 받들며 금강저를 쥐고 허공계에 가득하였다. 대중이 우러러 보고 두려운 생각과 사랑스런 마음을 가지고 부처님의 애민하여 도와주심을 기다리면서 부처님의 무견정상(無見頂上 : 보이지 않는 이마)에서 방광하시는 여래께서 선설하시는 신주를 일심으로 듣고 있었다.

나무사다타소가다야아라하데삼먁삼볻다샴　사다타볻다구지스니삼　나무살바볻다부디사다베뱌　나무사다남삼먁삼볻다구지남　사스라바가싱가남　나무로계아라한다남　나무소로다파나남　나무사가라다가미남　나무로계삼먁가다남　삼먁가파라디파다나남　나무뎨바리시난　나무싣다야비디야다라리시난　샤바노게라하사하사라마티남　나무바라하마니　나무인다라야　나무바가바뎨　로다라야　오바바뎨　사혜야야　나무바가바뎨　나라야나야　반자마하삼모다라　나무싣가리다야　나무바가바뎨　마하가라야　디리바라나가라　비다라바나가라야　아디목뎨　시마샤나니바시니　마다리가나　나무싣가리다야　나무바가바뎨　다타가다구라야　나무바두마구라야　나무발사라구라야　나무마니구라야　나무가사구라야　나무바가바뎨　뎨리다슈라세나　파라하라나라사야　다타가다야　나무바가바뎨　나무아미다바야　다타가다야　아라하데　삼먁삼볻다야　나무바가바뎨　아추볘야　다타가다야　아라하데　삼먁삼볻다야　나부바가바뎨　샤계야모나예　다타가다야　아라하데　삼먁삼볻다야　나무바가바뎨라다나계도라사야　다타가다야　아라하데　삼먁삼볻다야　뎨뵤나무사가리다　이담바가바다　사다타가도스니삼　사다바다람　나무아바라시담　바라뎨양기라　사바비부다게라하　니가라하게가라하니　바라비디아치다니　아가라미리쥬　바리다라야닝게리　사라바반다나목차니　사라바도시다　도시빕바나니버라니　쟈도라시뎨남　가라하사하사라야사　비다붕사나가리　아시다빙사뎨남　낙사차다라야사　파라사다나가리　아시다

264

남 마하게라하야사 비다붕사나가리 살바샤도로니바라야사 호람
도시빕난자나샤니 비사샤시다라 아기니오다가라야사 아파라시다
구람 마하바라전지 마하딥다 마하몌사 마하세다사바라 마하바라
반다라바시니 아리야다라 비리구지 서바비사야 비사라마례디 비
샤로다 부드마가 바사라제하나아자 마라제바파라진다 바사라단
지 바샤라자 선다샤베뎨 바부시다 소마로파 마하세다 아리야다
라 마하바라아파라 바사라샹가라제바 바사라구마리 구람다리 바
사라하사다자 비디야건자나마리가 구소모바가라다나 비로자나구
리야 야라토스니삼 비지람바마니자 바사라가 니가파리바 로사나
바사라돈치자 세다자가마라 차샤시파라바 이뎨이데 모다라가나
사베라참 굴반도 인토나마마샤 (외우는 이 여기서 제자 아무 지
닙니다) 옴 리시게나 파라샤싄다 사다타가도스니삼 훔 도로옹
바나 훔 도로옹 담바나 훔 도로옹 라비디아삼박차나가라 훔 도
로옹 살바야차하라차사 게라하야사 비등붕사나가라 훔 도로옹
쟈도라시다남 게라하사하사라남 비등붕사나라 훔 도로옹 라차
바가범 사다타가도스니삼 파라뎜사기리 마하사하사라 부수사하
사라시리사 구지사하살니뎨례 아베뎨시바리다 다타낭가 마하바
사로다라 뎨리부바나 만다라 옴 사시예바바도 마마 인토나마마
사 (여기서도 전처럼 이름을 부르라. 속인이면 제자 아무) 라사
바야 주라바야 아기니바야 오다가바야 비사바야 샤사다라바야
바라자가라바야 돌비차바야 아샤니바야 아가라미리쥬바야 비묘
다바야 소바라나바야 야차게라하 라차사게라하 피리다게라흥 비
샤자게라하 부다게리하 구반다게라하 부단나게라하 가타부단나
게라하 시간도게라하 아파시마라게라하 오단마다게라하 챠야게

라하 헤리바뎨게라라하 사다하리남 게비하리남 로디라하리남 망사
하리남 메다하리남 마사하리남 사다하리녀 시비다하리남 비다하
리남 바다하리남 아슈쟈하리녀 진다하리녀 뎨삼살베삼 살바게라
하남 비다야사친다야미 기라야미 파리바라쟈가그리담 비다야사
친다야미 기라야미 다연니그리담 비다야사친다야미 기라야미 마
하파슈파다야 로다라그리담 비다야사친다야미 기라야미 나라야
나그리담 비다야사친다야미 기라야미 다타가로다세그리담 비다
야사친다야미 기라야미 마하가라마다리가나그리담 비다야사친다
야미 기라야미 가파리가그리담 비다야사친다야미 기라야미 사야
가 라마도가라 살바라다사다나그리담 비다야사친디야미 기리야
미 자도라 바기니그리담 비다야사친다야미 기라야미 비리양그리
지 난다계사라가나파뎨 사혜야그리담 비다야사친디야미 기라야
미 나게나사라바나그리담 비다야사친다야미 기라야미 아라한그
리담비다야사친다야미 기라야미 미다라가그리담 비다야사친다야
미 기라야미바사라파니 구혜야구혜야 가디파뎨그리담 비다야사
친다야미 기라야미 라차망 바가밤 인토나마마샤 (여기서도 전처
럼 제자 아무라 하라) 바가밤 사다다파다라 나무수도뎨 아시다
나라라가 파라바시보타 비가사다다바뎨리 스부라스부라 다라다
라 빈다라빈다라친다친다 훔 훔 반닥 반닥반닥반닥반닥 사바하
혜혜반 아모가야반 아피라뎨하다반 바라파라다반 아소라비다라
파가반 살바뎨볘뱌반 살바나가뱌반 살바야차뱌반 살바간달바뱌
반 살바부다니바반 가탁부다나뱌반 살바도랑기뎨뱌반 살바도스
비리그시뎨뱌반 살바시바리뱌반 살바아파시마리뱌반 살바사라바
나뱌반 살바디뎨게뱌반 살바다마나계뱌반 살바비다야라서자리뱌

반 사야가랴마도가라 살바라타사다계뱌반 비디야자리뱌반 쟈도
리바기니뱌반 바사라구마리 비다야라서뱌반 마하파라딩양차기리
뱌반 바사라샹가라야 파라다기라사야반 마하가라야 마하마다리
가나 나무사가리다야반 비시나비예반 부라하모니예반 아기니예
반 마하가리예반 가다단니예반 메다리예반 로다리예반 자문다예
반 가라라다라예반 가파리예반 아디목지다가시마샤나 바시니예
반 연기진 살타바샤 마마인토나마마샤 (여기서도 전처럼 제자
아무라 하라) 도시다진다 아마다리진다 오사하라 가비하라 로디
라하라 바사하라 마사하라 사다하라 시비다하라 바랴야하라 간
다하라 포사파하라 파라하라 사샤하라 파바진다 도시타진다 로
다라진다 야차그라라 라차사그라하 폐례다그라하 비사자그라하
부다그라하 구반다그라하 시간다그라하 오다마다그라하 차야그
라하 아파사마라그라하 타카혁다기니그라하 리붇뎨그라하 사미
가그라하 샤구니그라하 모다라난디가그라하 아람바그라하 간도
파니그라하 시버라예가혜가 듀뎨야가 다례뎨야가 쟈돌타가 니뎨
시버라비사마시버라 박디가 비디가 시례시미가 사니파뎨가 살바
시버라 시로기뎨 말다베다로제검 아기로검 목카로검 가리도로검
게라하그람 갈나슈람 단나슈람 흐르야슈람 말마슈람 바리시바슈
람 비리시디슈람 오다라슈람 가디슈람 바시예슈람 오로슈람 샹
가슈람 하시다슈람 바다슈람 사방앙가파라댱가슈람 부다비다다
다기니시바라 다도로가건도로기디바로다비 살파로하링가 슈사다
라사나가라 비시슈가 아기니오다가 마라볘라건다라 아가라미리
두다렴부가 디뤄라탁 비리시진가 살바나구라 사잉가뱌그라리야
차다라츄 마라시볘뎨삼사볘삼 시다다파다라 마하바사로스니삼

마하파라댱기람 야바도다샤유사나 변다례나비다야반담가로미 뎨
슈반담가로미 파라비다반담가로미 다냐타 옴 아나례 비샤뎨 볘
라바사라다리 반다반다니 바사라방니반 훔도로옹반 사바하

(3) 다라니의 공덕

"아난아, 이 불정광취 실달다반다라비밀가타의 미묘한 글귀는 시방의 일체제불을 출생하나니 시방여래가 이 주문의 마음(呪心)으로 인해 무상정변지의 깨달음을 이루었느니라.

시방여래가 이 주문의 마음(呪心)을 가지고 모든 마를 항복받고 외도들을 제어하고 이루심을 펴고 보련화에 앉아 미진국토에 응하며, 이루심을 머금고 미진국토에서 대법륜을 굴리셨느니라. 또 시방여래가 이 주문의 마음을 가지고 마정수기하며 자기의 과를 이루지 못하였으면 시방에서 부처님께 수기를 받고 이루심에 의하여 여러 가지 고통을 뽑아 없앴나니 이른바 지옥, 아귀, 축생의 고통과 장님, 벙어리, 귀머거리의 고통과 원수가 한데 모여 사는 고통, 사랑하는 사람과 떨어져 살아야 하는 고통, 구해도 얻지 못하는 고통, 이 몸이 치성하여 각각 자기 좋을 대로만 해달라는 고통과 크고 작은 횡액을 동시에 해탈케 하며 적난, 병난, 왕난, 옥난(獄難)과 풍·화·수난과 기갈, 빈궁이 한 생각에 소멸케 하느니라.

시방여래가 이 주문의 마음(呪心)을 따라서 시방에서 선지식을 섬기되 4위의(威儀) 가운데서 뜻대로 공양하며 항하사 여래의 회중에서 대법왕자가 되고, 이 주심(呪心)을 행하여 시방에서 친한 이 인연있는 이를 섭수하며, 소승들로 하여금 비밀장을 듣고도 놀라지 않게 하며, 이 주문의 마음을 외워 무상각을 이루고 보리수 아래 앉으사 대열반에 들고, 이 주심을 전하여 멸도한 후에 불법을 부촉하여 구경까지 주지케 하며, 계율을 엄정히 하여 다 청정케 하였느니라.

내가 만일 이 불정광취 반다라주를 말하려면 아침부터 저녁까지 음성을 연속하며, 글귀의 중간에 조금도 중첩되지 아니하면서 항하사겁을 지내더라도 다 할 수 없느니라.

또 이 주문을 여래정(如來頂)이라고도 하나니 너희 유학(有學)들이 윤회를 끊지 못한 이로서 지성으로 발심하여 아뇩다라삼먁삼보리를 향하려 하면서도, 이 주문을 지송하지 않고 도량에 앉아서 몸과 마음에 마사(魔事)를 멀리하고자 하는 것은 옳지 아니한 것이다.

아난아, 모든 세계의 여러 국토에 있는 중생들이 그 나라에서 나는 화피와 패엽, 종이나 백모에 이 주문을 써서 향낭(香囊)에 넣어두라. 이 사람이 마음이 혼돈하여 외울 수 없거든 몸에 지니거나 집 가운데 쌓아두면 이런 사람은 일평생에 모든 독이 해하지 못하느니라. 내 이제 이 주(呪)가 세간 사람을 구호하여 대무외를 얻게 하며, 중생의 출세간하는 지혜를 성취하게 할 것이다.

내가 멸도한 후에 말세 중생들이 스스로 외우거나 다른 이를 시켜 외우면 이렇게 지송하는 중생은 불이 태우지 못하고 물이 빠뜨리지 못하며, 큰 독(毒)과 작은 독이 능히 해하지 못하며, 내지 용·천·귀신·정기·마군과 귀신들의 악한 주문이 능히 건드리지 못하고, 마음에 바른 생각(正受)을 얻어서 일체 주저(呪咀)와 염고(厭苦)와 독약과 금·은의 독과 초목, 충사(虫蛇) 등 만물의 독기가 이 사람의 입에 들어가면 감로미를 이룰 것이며, 일체 악성과 모든 귀신과 나쁜 마음으로 사람을 독해하려는 것들이 이 사람에게는 악해를 일으키지 못할 것이니, 빈나(頻那), 야가(夜迦)와 악귀왕과 그 권속들이 깊은 은혜를 받았으므로 항상 수호하게 될 것이다.

아난아, 이 주문은 항상 팔만사천 나유타 항하사 구지(억)의 금강장왕보살 종족이 낱낱이 많은 금강대중들을 거느리고 밤낮으로 따라다니며 시위하리라.

어떤 중생이 설사 삼마지가 아닌 산란심으로라도 기억하거나 외우면 이 금강장왕이 그 선남자들과 항상 따라다니거든 하물며 보리심이 결정한 이는 이 금강보살장왕들의 정심(精心)이 신속하여 가만히 저의 신식(神識)을 발명케 할 것이다. 이 사람이 그때 능히 팔만사천 항하사 겁을 기억하여 두루 분명히 알고 의혹이 없게 될 것이다.

제일겁으로부터 후신에 이르기까지 날 때마다 야차, 나찰, 부단나, 가타부단나, 구반다, 비사차 등과 모든 아귀와 유형 무형과 유상 무상등의 악처에 태어나지 아니하며, 이 선남자가 이 주문을 읽거나 외우거나 쓰거나 그리거나 차거나 간직하여 여러 가지로 공양하면 겁(劫 : 세월)이 지날 때마다 빈궁하고 하천한 좋지 못한 곳에 태어나지 아니하리라.

이 중생들이 비록 자신이 복을 짓지 못했더라도 시방여래가 그에게 있는 공덕을 이 사람에게 줄 것이며, 그리하여 항하사 아승지 불가설불가설 겁동안에 항상 모든 부처님들이 계신 한 곳에 태어날 것이며, 한량없는 공덕이 악차취와 같아서 한 곳에서 훈수(薰修)하고 분산(分散)함이 없으리라.

그러므로 파계한 사람은 계근을 청정케 하고, 계를 얻지 못한 이는 계를 얻게 하고, 정진하지 못하는 이는 정진하게 하고, 지혜가 없는 이는 지혜를 얻게 하고, 청정치 못한 이는 청정케 하고, 재계를 갖지 못한 이는 스스로 재계를 이루게 할 것이다.

아난아, 이 선남자가 이 주문을 가지는 때에는 비록 주문을 받아가지기 전에 금계를 범했더라도 주문을 지닌 후에는 모든 파계한 죄가 경중을 물론하고 일시에 소멸하며, 비록 술을 마시고 오신채를 먹어서 여러 가지로 부정하더라도 일체제불과 보살들과 금강장왕과 천·선·귀신들이 허물삼지 아니할 것이다.

설사 부정하고 해진 옷을 입었더라도 한 번 행하고 한 번 주문을 외우는 가운데서 모두 청정하게 될 것이며, 비록 단을 만들지 않고 도량에 들어가지 않고 도를 행하지 않더라도 이 주문을 지송하면, 단에 들어가 도를 행한 공덕과 같아서 조금도 다르지 않을 것이다. 만일 5역과 무간중죄와 비구의 4기계(棄戒 : 重戒)와 비구니의 8기계를 범했을지라도, 이 주문을 지송하면 이러한 죄업이 태풍에 모래가 날리듯이 모두 멸하여 털끝만큼도 남지 아니하리라.

아난아, 만일 중생이 무량무수 겁으로부터 지은 일체 경중죄
장을 전세 이래로 참회하지 못했더라도, 이 주문을 읽거나 외우
거나 쓰거나 그리거나 몸에 차거나 거처하는 집, 정원에 두면
이런 업장이 끓는 물에 눈 녹듯하며 미구에 무생업인을 얻게 될
것이다.

또 아난아, 어떤 여인으로서 아기를 낳지 못하여 아기 낳기를
구하는 이가 지극한 마음으로 이 주문을 생각 속에 기억하거나
몸에 이 실달다반달라주를 차면, 복덕있고 지혜있는 남녀를 낳
을 것이며, 과보가 빨리 원만하기를 구하면 빨리 원만하게 되고,
몸과 명과 색력(色力)도 그와 같으며, 죽은 뒤에도 소원대로 시
방국토에 왕생하며, 결단코 변지(邊地)나 하천(下賤)한 데에 태
어나지 않게 될 것인데 하물며 잡된 모습일까보냐.

아난아, 만일 국토·주·현·취락에 흉년과 질병과 도병과 적
난과 투쟁과 일체액난이 있을 때 이 주문을 써서 네 문이나 탑
(支提)이나 탈사(脫闍 : 幢) 위에 봉안하거나, 그 국토에 사는 중
생들로 하여금 이 주문을 받들어 모시도록 하여 예배 공경하며,
일심으로 공양케 하거나, 그 인민들이 각각 몸에 차거나 거처하
는 택지에 봉안하면 일체재액이 모두 소멸할 것이다.

아난아, 가는 곳마다 어느 국토, 어느 중생에게나 이 주문이

있으면 천・용이 환희하고 풍우가 순조하여 오곡이 풍등하고 백성이 안락할 것이며, 또 능히 일체 악성(惡性)이 각지에서 일으키는 변괴를 진압하여 재장(災障)이 일어나지 아니하고, 사람이 횡액과 요사하는 일이 없고, 추계(扭械)가 가쇄(枷鎖)가 몸에 붙지 못하여 주야로 편안히 자며 악몽이 없을 것이다.

아난아, 이 사바세계에 팔만사천을 일으키는 악한 별이 있는데 28대 악성(惡星)이 우두머리가 되고 8대악성이 주재가 되어, 갖가지 형상으로 세상에 출현할 때 중생에게 가지가지 이상한 재앙을 내거니와, 이 주문이 있는 곳에는 모두 소멸되고 12유순 안에서는 결계지가 되어 여러 가지 나쁜 재앙이 영원히 들어가지 못할 것이다.

그러므로 여래가 이 주문을 선설하여 미래세에 초학으로 수행하는 이를 보호하여 삼마지에 들게 하되 신심이 태연하여 대안을 얻게 하며, 다시 일체 마군이와 원수 귀신이 없고 무시이래의 원횡(冤横)과 숙영(宿暎)과 옛 업과 전생의 빚쟁이들이 와서 괴롭게 하는 일이 없으리라.

너와 이 희중의 유학인들과 미래세에서 수행하는 이들이 나의 단장을 의지하여 법대로 계를 가지며, 수계사도 청정한 스님을 만나서 이 주문을 지송하되 의심하고 후회하지 아니할 것이다. 이러한 선남자가 부모가 낳아준 몸으로 마음이 통함을 얻지 못한다면 시방의 여래가 모두 거짓말한 것이 될 것이다.”

이것이 다라니의 공덕이다. 다음은 신장들이 보호할 것을 다짐한 곳이다.

(4) 신장들이 보호함

부처님께서 이렇게 말씀하시니 회중의 무량백천 금강이 일시에 합장하여 불전에 정례하고 부처님께 사뢰었다.

"부처님의 말씀하신 대로 저희들이 이렇게 보리(菩提)를 닦는 이를 성심으로 보호하겠나이다."

이때 범왕과 천재석(天帝釋)과 4대천왕들이 부처님 앞에서 동시에 정례하고 부처님께 사뢰었다.

"참으로 이렇게 수학하는 착한 사람들이 있사오면 저희들이 지성으로 보호하여 그의 일생에 하는 일이 소원과 같게 하겠나이다."

또 한량없는 야차대장, 나찰왕, 부단나왕, 구반다왕, 비사차왕, 빈나, 야차, 대력귀왕과 귀수(鬼帥)들이 역시 부처님 앞에서 합장 정례하고 "저희들도 이 사람을 보호하여 보리심이 빨리 원만케 하겠습니다" 하고 서원하였다.

또 한량없는 일천자, 월천자, 풍사, 운사, 뇌사, 전백(電伯)들과 매년 순방하는 관리들과 모든 별의 권속들이 회중에서 부처님의 발에 정례하고 부처님께 아뢰었다.

"저희들도 이 수행인을 보호하여 도량을 안립하고 무소외를 얻게 하겠나이다."

또 한량없는 산신, 해신, 일체 토지신과 물과 육지 허공을 나는 만물의 정기와 바람과 무색계천들이 여래 앞에서 동시에 머리를 조아리고 부처님께 아뢰었다.

"저희들도 이 수행인을 보호하여 보리를 이루는데 영원히 장애가 없게 하겠나이다."

이때 팔만사천 나유타 항하사 억의 금강장왕보살이 대회중에 있다가 자리에서 일어나 부처님의 발에 정례하고 부처님께 사뢰었다.

"세존이시여, 저희들이 닦은 공업(功業)으로 벌써 보리를 이루었지만 열반을 취하지 않고 항상 이 주문을 따라 다니면서 말세에서 삼마지를 닦는 바르게 수행하는 자들을 보호하겠습니다.

세존이시여, 이렇게 마음을 닦아 바른 정(正定)을 구하는 사람들이 도량에 있거나 다른데서 경행하거나 내지 흐트러진 마음으로 마을에서 유희하더라도, 저희 무리들이 항상 따라다니면서 이 사람을 시위하겠나이다.

비록 마왕, 대자재천들이 그 틈을 구하더라도 얻지 못하게 하며, 모든 작은 귀신들은 이 선인에게서 10유순 밖으로 떠나게 하되 다만 발심하여 선정을 닦으려는 이는 제외하겠나이다.

세존이시여, 이와 같은 악마나 마의 권속들이 이 선인에게 와서 침해하려는 자는 저희들이 금강저로써 그 머리를 부수어 티끌같이 하겠사오며, 이 사람의 하는 일이 소원대로 되게 하겠나이다."

　이로써 신장들의 서원은 끝나고 다음은 12종류의 중생들이 생기게 된 과정을 밝힌다.

선나를 말하여 수행의 계위를 보이다

(1) 12유생이 생김

아난이 자리에서 일어나 부처님의 발에 정례하고 부처님께 사뢰었다.

"저희가 우둔하여 다문만 좋아하고 모든 누(漏)에서 벗어나기를 구하지 아니하였더니 부처님의 사랑스런 가르침을 받아 옳게 훈수(熏修)함을 얻고 신심이 쾌연(快然)하여 큰 요익을 얻었습니다.

세존이시여, 이렇게 삼마지를 닦고 증할 때 열반에 이르기 전에 어떤 것을 건혜지(乾慧地), 44심이라 하오며, 어느 점차에 이르러서야 수행하는 명목(名目)을 얻으며, 어느 방소에 나아가야 지중(地中)에 들어간다 하오며, 어떤 것을 등각보살이라 하나이까."

"선재 선재라. 너희들이 이 대중들과 말세의 중생들로서 삼마지를 닦아 대승을 구하려는 이들을 위하여 범부로부터 대열반에 이르는 무상의 수행로를 물으니 자세히 들으라. 아난아, 묘한 성품이 원만히 밝아 모든 이름과 모양을 여의어서 본래부터 세계와 중생이 없지마는 허망한 생각으로 인해 생이 있고, 생을 인해 멸이 있거든 생멸함을 망(妄)이라 하고, 망이 멸하면 진(眞)이라 하나니, 이것을 일컬어 여래의 무상한 보리와 대열반의 두 전의호(轉依號 : 열반은 생사를 轉依하므로)라 하느니라.

아난아, 네가 진짜 삼마지를 닦아 여래의 대열반에 바로 나아가려 하거든 먼저 이 중생들과 세계의 두 가지 전도한 인(因)을 알아야 하나니, 전도가 생기지 않으면 이것이 곧 여래의 진짜 삼마지이니라. 어떤 것을 중생전도라 하느냐. 성명심(性明心)의 성이 밝고 원만(明圓)한 까닭에 그 밝음을 인하여 성을 발하고, 성에서 망견(妄見)이 생기었나니, 필경 무(無)에서 결국 유(有)를 이루었느니라.

이 유(有)와 소유(所有)가 인(因)도 소인(所因)도 아니어서 주(住)와 소주(所住)의 상이 분명히 근본이 없는 것인데 이 무주를 근본삼아 세계와 중생을 건립하였느니라. 본래의 원명(圓明)에 어두워 허망한 생각이 생기었나니 허망한 성품은 체가 없어서 의지할 곳이 없느니라.

장차 진(眞)에 나아가려면 진(眞)하고자 함이 이미 진정한 진여성(眞如性)이 아닌데 진이 아닌데서 나아가기를 구한다면 완연히 상이 아닌 것(非相)을 이루게 되어, 잘못된 생과 잘못된 삶과 잘못된 마음과 잘못된 법이 전전히 발생하고, 생하는 힘이 발명하므로 훈습하여 업을 이루게 되고 같은 업으로 서로 멸하고 서로 생하나니, 이러하므로 중생이 전도가 있다 하느니라.

아난아, 어떤 것을 세계전도라 하느냐. 이 유(有)와 소유(所有)로 분단이 허망하게 생겨났으니, 이로 인해 경계가 성립되고 인도 소인도 아닌 것이 주(住)와 소주(所住)가 없어서 천유하여 머물지 아니하는 것인데, 그로 인하여 세(世)가 성립된 것이다. 3세와 4방이 화합하여 서로 교섭하므로 변화하는 중생이 12종류를 이루었느니라.

그러므로 세계가 움직임으로 인해 소리로 있고 소리가 인하여 색이 있고 색으로 인하여 냄새가 있고 냄새로 인하여 촉감이 있고 촉감으로 인하여 맛이 있고 맛으로 인하여 법을 아나니, 여섯 가지 어지러운 허망한 생각들이 업의 성품을 이루는 탓으로 12구분이 이로 인해 윤회 전생하며, 이러하므로 세간의 소리와 냄새 맛 감촉이 12변을 다하여 한 번 돌게 되느니라. 이와 같이 윤전하는 전도상을 타(乘)므로 세계에서 난생과 태생·습생·화생·유색·무색·유상·무상·비유색·비무색·비유상·비무상이 있게 된 것이니라.

아난아, 세계에서 허망하게 윤회하는 움직이는 전도(動顚倒)를 인하므로 기(氣)와 화합하여 팔만사천 가지 날고 가라앉는(飛·沈) 어지러운 모습들이 생기게 되었나니, 그러므로 난생 갈라람이 국토에 유전하여 고기와 새, 거북이, 뱀의 종류들이 가득차게 된 것이다.

세계에서 잡염(雜染)으로 윤회하는 욕(欲)전도를 인하므로 자

(滋)와 화합하여 팔만사천 가지 횡·수(橫·竪)의 어지러운 모습들을 이루어 태생 갈포담이 국토에 유전하여 사람·축생·용·신선의 종류들이 가득차게 된 것이다.

세계에서 집착으로 윤회하는 취(趣)전도를 인하므로 난(煖)과 화합하여 팔만사천 가지 번복하는 어지러운 생각을 이루어 습·상·폐·시(濕·相·蔽·尸)가 국토에 유전하여 함준·윤동(含蠢·蠕動)의 종류들이 가득차게 된 것이다.

세계에서 변이하여 윤회하는 가(假)전도를 인하므로 촉과 화합하여 팔만사천 가지 신·고(身·故)의 어지러운 생각을 이루었나니, 그러므로 화생(化生) 갈남이 국토에 유전하여 매미같이 날아다니는 종류들이 가득차게 된 것이다.

세계에서 유·애(留·礙)로 윤회하는 장(障)전도를 인하므로 촉(觸)과 화합하여 팔만사천 가지 정요(精耀)의 어지러운 모습을 이루어 유색 갈남이 국토에 유전하여 휴·구·정명(休·咎·精明)의 종류들이 가득차게 된 것이다.

세계에서 소·산(消·散)하여 윤회하는 혹(惑)전도를 인하므로 어두움(暗)과 화합하여 팔만사천 가지 음은(陰隱)의 어지러운 모양을 이루나니, 그러므로 무색 갈남이 국토에 유전하여 허공 가운데 흩어져 소침(消沈)하는 종류들이 가득차게 된 것이다.

세계에서 망상으로 윤회하는 영(影)전도를 인하므로 억(憶)과 화합하여 팔만사천 가지 잠·결(潛·結)하는 어지러운 생각을 이루어 유상(有想)과 갈남이 국토에 유전하여 신·귀 정령의 종류들이 가득차게 된 것이다.

세계에서 우둔하게 윤회하는 치(癡)전도를 인하므로 완(頑)과 화합하여 팔만사천 가지 고고(枯稿)한 어지러운 생각을 이루어 무상(無想) 갈남이 국토에 유전하여 흙과 나무·금·돌 등의 종류들이 가득차게 된 것이다.

세계에서 상대하여 윤회하는 위(僞)전도를 인하므로 염과 화합하여 팔만사천 가지 인의(因依)하는 어지러운 생각을 이루나니, 그러므로 비유색상인 유색(有色) 갈남이 국토에 유전하여 수모(水母)들이 새우로 눈을 삼는 종류들이 가득차게 된 것이다.

세계에서 서로 끌어 잡아당기는(相引) 성(性)전도를 인하므로 주(呪)와 화합하여 팔만사천 가지 호소(呼召)하는 어지러운 모습을 이루나니, 그러므로 비무색 무색 갈남이 국토에 유전하여 주저 염생(呪咀 厭生)의 종류들이 가득차게 된 것이다.

세계에서 허망한 생각과 합(合妄)하여 윤회하는 망전도를 인하므로 이(異)와 화합하여 팔만사천 가지 회호(廻互)하는 어지러운 모습을 이루나니, 그러므로 비유상의 모습이 유상 갈남의 국토에 유전하여 포노(蒲盧) 등의 이질(異質)이 서로 이루어져 그 종류들이 가득차게 된 것이다.

　세계에서 원해(冤害)로 윤회하는 살(殺)전도를 인하므로 괴(怪)와 화합하여 팔만사천 가지 부모를 잡아먹는 어지러운 모습을 이루나니, 그러므로 비무상의 무상 갈남이 국토에 유전하며, 토효(土梟) 같은 것들은 흙덩어리에 붙어(附) 새끼를 삼고 파경조(破鏡鳥)는 독한 나무의 과일을 앉아 새끼를 삼는데, 새끼가 성장하면 부모를 잡아먹는 종류들이 가득차게 된 것이다. 이것을 중생의 12종류라 하느니라.”

　이것이 12종류가 생기게 된 원인이다. 이것으로서 능엄경 제7권이 끝나고 제8권에 들어가는데 8권에서는 수행의 계위과 경 이름을 밝힌다.

(2) 수행하는 계위와 경명 - 능엄경 제8권

"아난아, 이러한 중생의 낱낱 종류에 각각 12전도를 갖추었으니 마치 눈을 비비면 어지럽게 꽃이 발생하듯이 묘원하고 진정한 밝은 마음을 전도하여 이와 같은 허망한 난상을 구족하였느니라.

네가 이제 부처님의 삼마지를 닦아 증득하려면 이 근본원인이 되는 원래의 난상에 3종점차를 세워야 제멸할 수 있나니, 마치 깨끗한 그릇에 있는 독밀을 제거하려면 탕수와 재와 향으로 그릇을 세척한 후에 감로를 담을 수 있는 것과 같으니라.

무엇을 3종점차라 하느냐.
1은 닦고 익히는 것(修習)이니 조인(助因)을 제거하는 것이고,
2는 진짜 닦는 것(眞修)이니 바른 성품을 가려내는 것이며,
3은 더욱 증진(增進)하는 것이니 현업을 어기는 것이다.

어떤 것을 조인이라 하는가. 아난아, 이 세계의 12유생이 스스로 완전하지 못하고 4식(食)을 의지하여 주하나니 이른바 단식(段食), 촉식(觸食), 사식(思食), 식식(識食)이니라. 그러므로 내가 늘 말하기를 일체중생이 음식(飮食)을 의지하여 주한다 하느니라.

아난아, 일체중생이 단 것을 먹으면 살고 독을 먹으면 죽느니라. 중생들이 삼마지를 구하려면 세간의 5종 신채를 끊어야 하

나니, 이 5종신채를 익혀 먹으면 음심을 발하고 생으로 먹으면 진애를 더하느니라.

이 세계에서 5신채를 먹는 사람은 설사 12부경을 선설하더라도 시방의 천·선들이 그 냄새나는 더러움을 혐오하여 모두 멀리 떠나고, 아귀들은 그가 밥을 먹을 때 입술을 핥으므로 항상 귀신과 함께 있어서 복덕이 날로 소멸하여 이익이 없으며, 또 오신채를 먹는 사람은 삼마지를 닦아도 보살·천·신과 시방의 선신이 와서 수호하지 않고, 대력귀왕이 그 방편을 타서 불신을 가장하고 와서 법을 말하면서 금계를 그르다 비방하고 음·노·치를 찬탄할 것이며, 죽어서는 마왕의 권속이 되어 마의 복을 다 받고는 무간지옥에 떨어지게 되느니라. 아난아, 보리를 닦는 이는 영원히 5종신채를 끊어야 하나니, 이것을 증진수행하는 제1점차라 하느니라.

어떤 것을 바른 성품이라 하는가. 아난아, 이 중생이 삼마지에 들려면 먼저 청정한 계율을 엄하게 가져야 하나니, 음심을 영원히 끊고 주육을 먹지 않으며 불로써 식물을 깨끗이 하여 생것을 먹지 말아야 하느니라. 수행하는 사람이 음심과 살생을 끊지 않고는 3계에서 초출할 수 없나니 항상 음욕을 보기를 독사와 같이 하고 원적과 같이 할 것이며, 먼저 성문의 4기(棄 : 비구의 근본4계)와 8기(비구니의 근본8계)를 가져 몸을 단속하여 동치 말고 뒤에 보살의 청정한 율의를 행하여 마음을 단속하여 일어나지 말게 해야 할 것이니라.

금계가 성취하면 이 세간에서 영원히 서로 죽이고 살리고 하는 업이 없을 것이고, 투도와 겁탈을 행하지 아니하면 빚(累)을 질 것이 없고, 또 세간에서 빚을 갚지 아니하리니, 이렇게 청정한 사람이 삼마지를 닦으면 부모가 낳아준 육신에 천안을 갖추지 않고도 저절로 시방세계에 관찰하여 부처님을 뵈옵고 법을 들어 친히 성지(聖旨)를 받을 것이며, 대신통을 얻고 시방세계에 다니며 숙명통이 청정하여 간험(艱險)함이 없으리니, 이것을 증진수행이라 하는 제2점차라 하느니라.

어떤 것을 현업(現業)이라 하는가. 아난아, 이렇게 청정하게 금계를 가지는 사람은 마음에 음탐이 없어져서 밖으로 6진에 유일하지 아니하며, 유일하지 않으므로 원래의 성품으로 돌아가게 될 것이다. 진을 반연하지 아니하면 근이 짝할 것이 없어지고, 유(流)에 돌이켜 1에 온전히 합하게 되면 여섯 가지 작용이 행하지 아니할 것이니, 시방의 국토가 교연히 청정함이 마치 유리 속에 밝은 달을 담은 듯하여 신심이 쾌연하게 묘원하고 평등하여 대안온을 얻어 일체 여래의 밀원(密圓)하고 정묘함이 그 가운데 나타니리라. 이 사람이 즉시에 무생법인을 얻고 이로부터 점점 닦아가는 곳마다 행을 발하여 성위(聖位)를 안립하나니, 이것을 증진 수행하는 제3점차라 하느니라.

아난아, 이 선남자가 욕애가 말라버리어 근과 경이 짝하지 아니하므로 현전에 남은 몸이 다시 계속하여 나지 아니하며, 집착하던 마음이 비고 밝아 순전히 지혜뿐이며, 지혜의 성품이 밝고 멀어 시방세계가 환하여져서 마른 지혜만 있는 것을 건혜지(乾慧地)라 하나니 욕심의 습기가 처음 말라서 여래의 법유수(法乳水)와 접하지 못한 것이다. 이 마음이 속으로 속으로 흘러 들어가 원묘(圓妙)가 피어나고 참되게 묘원함으로부터 거듭 진짜 묘함을 발생하여 묘한 믿음이 항상 주하고, 일체망상이 아주 멸진하여 중도(中道)가 순진하게 나타나는 것을 신심주(信心住)라 하느니라.

참된 믿음이 분명하고 일체가 원통하면 5음·12처·18계의 셋이 장애가 되지 않으며, 내지 과거와 미래의 무수겁 중에서 몸을 버리고 모두 억념하고 잊어버림이 없는 것을 염심주(念心住)라 하느니라.

묘원(妙圓)함이 순진하고 참된 정진이 나타나 무시의 습기가 하나로 터져 정명(精明)하게 되면 오직 정명함으로써 진짜 깨끗한데 나아가게 되는데 이것을 정진심(精進心)이라 한다.

또 심정이 현전하여 순전히 지혜인 것을 혜심주(慧心住)라 하며,
밝은 지혜를 잡아 두루두루 고요하고 맑아 묘하게 고요한 것이 고요하고 맑아 항상 어리면 이것을 안심주(安心住)라 하느니라.

선정의 빛이 밝게 비추고 맑은 성품이 깊이 들어가고 오직 전진만 있을 뿐 물러서지 아니하는 것을 불퇴심(不退心)이라 하고,
마음으로 정진을 편안하게 하여 깊이 들어가 퇴실치 아니하여 시방여래와 교분하게 되면 이것을 호법심이라 한다.

288

또 깨달음의 광명을 잘 보호해 가짐으로써 능히 묘한 힘을 얻어 부처님의 자비광명을 향하여 편안하게 사는 것이 마치 두 거울의 광명이 서로 비추어 그 중의 한 그림자가 거듭거듭 나타나면 이것을 회향심(回向心)이라 하느니라.

마음의 광명이 은근히 돌아 부처님께서 항상 어려있는 무상묘정(無上妙淨)을 얻어 무위에 안주하여 유실함이 없게 되면 이것을 계심주(戒心住)라 하고,

계에 주함이 자재하여 시방에 다니되 가는 곳마다 원대로 되는 것을 원심주(願心住)라 한다.

아난아, 이 선남자가 참된 방편으로 이 10심을 발하였거든 심정(心精)이 빛을 발하고 10용(用)이 섭입하여 1심을 원만히 이루므로서 발심주(發心住)라 하고,

마음 가운데서 빛을 발함이 마치 깨끗한 유리 속에 정금을 넣은 듯하거든 앞의 묘한 마음을 밟아 지단(地段)을 이루는 것을 치지주(治地住)라 한다.

행이 부처님과 같아서 부처님의 기분을 받는 것이 마치 중음신이 스스로 부모를 구하매 음신(陰信)이 가만히 명통하듯 하여 여래의 종성에 들어가면 이것을 생귀주(生貴住)라 하고,

이미 도의 태(胎)에 들어가 친히 각윤(覺胤)을 받자옴이 마치 태가 사람의 모습이 결함이 없이 된 듯한 것을 방편구족주(方便具足住)라 하며,

용모가 부처님과 같고 마음 씀씀이도 같은 것을 정심주(定心住)라 한다.

몸과 마음이 합성하여 날마다 증장함을 불퇴주(不退住)라 하고,

10신의 영상이 일시에 구족함을 동진주(童眞住)라 하며,

형상을 이루고 태에서 나와서 친히 불자가 되는 것을 법왕자주(法王子住)라 하고,

표하여 성인이 되는 것이 마치 나라의 왕이 국사를 태자에게 위임하고 찰제리왕이 세자가 장성하여 관정식을 진열함과 같은 것을 관정주(灌頂住)라 한다.

아난아, 이 선남자가 불자를 이루었거든 한량없는 여래의 공덕을 구족하여 시방에 수순함을 환희행(歡喜行)이라 하고,

능히 일체 중생을 잘 이익케 함을 요익행(饒益行)이라 하며,

스스로 깨닫고 남도 깨닫게 하는데 어긋남이 없는 것을 무진한행(無瞋恨行)이라 한다.

종류를 출생케 하여 미래제를 다하며 삼세가 평등하고 시방에 통달함을 무진행(無盡行)이라 하고,

일체가 합동하는 종종법문에 착오가 없음을 이치난행(離痴亂行)이라 하며,

동한 가운데 여러 가지 다름을 나타내고 낱낱 다른 모습에서 각각 같음을 보이는 것을 선현행(善賢行)이라 한다.

이와 같이 내지 시방 허공에 미진을 만족하고 낱낱 진중에 시방세계를 나타내어 진을 나타내고 계를 나타내어도 서로 유여하지 아니함을 무착행(無着行)이라 하고,

가지가지 앞에 나타나는 것이 모두 제일바라밀다인 것을 존중

행(尊重行)이라 하며,

이와 같이 원융하여 시방제불의 궤칙 이루는 것을 선법행(善法行)이라 하고,

낱낱이 다 청정무루하며 한가지 진정한 무위(無爲)가 되어 성이 본연함으로 진실행(眞實行)이라 한다.

아난아, 이 선남자가 신통을 만족하여 불사를 이루고는 순결하게 정진하여 모든 유환(留患)을 멀리하였거든, 중생을 제도하되 제도하는 상이 없고 무위심을 돌려 열반으로 향하는 것을 구호일체중생이중생상회향(救護一切衆生離衆生相回向)이라 하고,

가히 부숴야(壞)할 것을 부수고 여읠 것을 멀리 여읜 것을 불괴회향(不壞回向)이라 하며,

본각이 담연하여 깨달음이 부처님의 깨달음과 똑같이 되는 것을 등일체부회향(等一切佛回向)이라 한다.

정진(精眞)이 빛을 발하여 그 지위가 불지(佛地)와 같음을 지일체처회향(至一切處回向)이라 하고,

세계와 여래가 서로 섭입하되 걸림이 없는 것을 무진공덕장회향(無盡功德藏回向)이라 하고,

불지와 같은 데서 지중(地中)마다 각각 청정한 인을 내고 인을 의지하여 빛을 내어 열반도를 취함을 수순평등선근회향(隨順平等善根回向)이라 하느니라.

참된 근이 이미 성취하였거든 시방의 중생이 다 나(我)나 본

성이며, 성이 원만이 성취하되 중생을 잃지 아니함을 수순등관 일체중생회향(隨順等觀一切衆生回向)이라 하고,

일체법에 즉하고 일체상을 여의(離)어서 즉(卽)과 이(離)에 모두 집착이 없는 것을 진여상회향(眞如相回向)이라 이라 하며,

참되고 한결같은 것을 얻어 시방에 걸림이 없는 것을 무박무착해탈회향(無縛無着解脫回向)이라 하고,

성덕(性德)이 원만히 성취하여 법계의 양이 없어진 것을 법계무량회향(法界無量回向)이라 한다.

아난아, 이 선남자가 이렇게 청정한 41심을 다하고는 다음에 네 가지 묘하고 원만한 가행(加行)을 이루나니,

부처님의 깨달음으로써 나의 마음을 삼았으나 날듯날듯 하면서 날지 못함이 마치 나무를 비벼 불을 낼 때 그 나무를 태울 듯함과 같음을 난지(煖地)라 하고,

또 자기의 마음으로 부처님께서 밟던 바를 이루었으나 의지한 듯하면서도 의지한 것이 아닌 것이 마치 높은 산에 올라서 몸은 허공에 들어갔으나, 아래는 조금 걸림이 있는 것 같음을 정지(頂地)라 하며,

마음과 부처님이 둘이 같아서 중도를 잘 얻은 것이 마치 일을 참는 사람이 품어 두는 것도 아니고 뱉어내는 것도 아님과 같음을 인지(忍地)라 하고,

수량이 소멸되어 어리석고(迷) 깨달은 것(覺)이 중도(中道)에 있어서 둘 다 지목할 수 없음을 세제일지(世第一地)라 한다.

아난아, 이 선남자가 대보리에 잘 통달하였으므로 깨달음이 여래와 통하여 부처님의 경계를 다한 것을 환희지(歡喜地)라 하고,

다른 성품이 같은데 들어가고 같은 성품도 멸한 것을 이구지(離垢地)라 하며,

깨끗한 것이 지극하여 밝은 빛이 나는 것을 발광지(發光地)라 한다.

밝은 것이 지극하여 깨달음이 원만한 것을 염혜지(焰慧地)라 하고,

일체의 같고 다른 것이 이르지 못하는 것을 난승지라 하며,

무위진여(無爲眞如)의 성품이 깨끗하고 밝게 드러나는 것을 현전지(現前地)라 한다.

진여의 세계까지 다 도착한 것을 원행지(遠行地)라 하고,

하나의 진여심을 부동지(不動地)라 하며,

진여의 작용이 나타나는 것을 선혜지(善慧地)라 하고,

모든 보살이 이로부터 기왕에 수습하는 공을 끝내어 이 공덕이 원만하여졌으면 이것을 수습위(修習位)라 하며,

자음(慈陰)과 묘운(妙雲)이 열반의 바다에 덮인 것을 법운지(法雲地)라 한다.

여래는 역류(逆流)하거든 이 보살은 순행으로 나아가 깨달은 세계에 들어가 어울린 것을 등각이라 하고,

건혜지로부터 등각에 이르고는 이 깨달음이 비로소 금강심 가운데서 처음 건혜지를 얻나니, 이렇게 단(單)과 복(複)으로 12번을 반복하여야 바야흐로 묘각(妙覺)에 들어가 무상도를 이루게

되는 것이다.

이렇게 여러 가지 모든 것을 금강으로 열 가지 환(幻)과 같은 깊은 비유를 관찰하여 사마타 중에서 여래의 위빠사나로써 청정하게 닦고 증하여 점차로 깊이 들어가는 것이다.

아난아, 이런 것이 다 세 가지 증진함으로써 능히 55위의 보리로에 나아가는 것을 성취하는 것이니, 이렇게 관하는 것을 정관(正觀)이라 하고, 다르게 관하는 것을 사관(邪觀)이라 한다."

이것이 55위의 수행계위이다. 다음은 이 경전의 이름을 설한다.

이때 문수사리법왕자가 대중 가운데 있다가 자리에서 일어나 부처님께 사뢰었다.

"이 경을 무엇이라 이름하오며 저와 중생들이 어떻게 받들어 행하오리까?"

"이 경의 이름은 대불정실달다반달라무상보인시방여래청정해안(大佛頂悉怛多般怛羅無上寶印十方如來淸淨海眼)이라 이름하며, 또 구호친인도탈아난급차회중성비구니득보리심입변지해(救護親因度脫阿難及此會中性比丘尼得菩提心入遍知海)라 하며, 또 여래밀인수증요의(如來密因修證了義)라 하며, 또 대방광묘연화왕시방불모다라니주(大方廣妙蓮華王十方佛母陀羅尼呪)라 하며, 또 관정장구제보살만행수능엄(灌頂章句諸菩薩萬行首楞嚴)이라 하나니 너희들이 마땅히 봉행하라."

그러므로 현재 우리들이 가지고 읽고 있는 '대불정여래밀인수증요의제보살만행수능엄신주'는 이 여러가지 이름을 종합한 이름인 것임을 알겠다.

초발심자의 긴요한 일

(1) 7취(趣)를 말하다

① 7취가 생기는 이유

이렇게 말씀을 마치시니 아난과 대중이 여래가 열어 보이신 밀인(密因)인 반달라의 뜻을 받자옵고 아울러 이 경의 요의(了義)인 이름을 듣사오며, 선나로 닦아 나아가는 성위(聖位)의 증상묘리(增上妙理)를 깨닫고 마음이 비고 어려(凝) 삼계의 수도위에서 끊는 6품의 미세한 번뇌를 끊어버렸다.

곧 자리에서 일어나 부처님의 발에 정례하고 합장하고 공경하여 부처님께 사뢰었다.

"대위덕 세존이시여, 자비한 음성이 가림이 없으사 중생의 미세한 침혹(沈惑)을 잘 열어 보이시며, 저희들의 몸과 마음을 즐겁게 하심으로써 큰 이익을 얻었나이다. 세존이시여, 만일 이 묘하게 밝고 참되고 깨끗한 묘한 마음이 본래 두루 원만하였으며, 내지 다시 초목과 운동(蠢動)하는 함령들이 본래 진여(眞如)이어서 곧 여래의 성불하신 진체라고 하면 부처님의 본체가 진실하옵거늘, 어찌하여 다시 지옥, 아귀, 축생, 아수라, 인도, 천도 등이 생겼나이까.

세존이시여, 이 도는 본래부터 스스로 있는 것입니까 아니면 중생들이 허망한 습관으로 생긴 것입니까. 보련향비구니는 보살계를 지니다가 음욕을 사행하고는 말하기를, '음행은 살생도 아니고 훔치는 것도 아니어서 업보가 없다'고 하더니 말을 마치면서 먼저 여근에서 큰 불이 나 마침내 지절마다 맹화가 치연하여 무간지옥에 떨어졌사오며, 유리대왕과 선성비구로 말하자면 유리왕은 구담족을 주멸하였고, 선성비구는 일체법이 공하다고 허망한 말을 하다가 살아있는 몸으로 아비지옥에 들어갔나니 이들 지옥들은 정처가 있는 것입니까. 또는 제각기 업을 발하여 각각 맡는 것입니까?"

"좋다. 아난아, 모든 중생들로 하여금 사견(邪見)에 들지 않게 하기 위하여 물었으니 내 자세히 일러줄 것이니 잘 들으라. 일체 중생이 본래 진정(眞淨)하였건마는 허망한 견해로 인하여 허망한 습관이 생기고, 이것으로 말미암아 내분(內分)과 외분(外分)이 나눠지게 되었느니라.

아난아, 내분이라 함은 곧 중생의 내분이니 모든 애염(愛染)으로 인해 허망한 정이 발기되고, 허망한 정이 쉬지 않으면 능히 애수(愛水)를 내느니라. 그러므로 중생이 마음에 좋은 음식을 생각하면 입에 침이 생기고, 앞 사람을 생각하여 사랑하거나 원망하면 눈에 눈물이 흐르고, 이성을 탐구 애착하면 남녀의 2근에 자연히 액이 흐르느니라. 또 여러 가지 애정이 비록 다르나 물이 흘러 맺히는 것은 마찬가지다. 축축한 것은 올라가지 못하므로 자연히 떨어지게 되나니 이것을 내분(內分)이라 한다."

"세존이시여, 외분(外分)이라 함은 곧 중생의 분 밖에 있는 것이니, 목마르게 바라는 마음으로 인해 허망한 생각이 생기고, 허망한 생각이 쌓여 쉬지 않으면 능히 억지 기운(勝氣)을 내는 것 아닙니까?"

"그러므로 중생이 마음에 금계를 가지면 몸이 가볍고 맑고 마음으로 주문을 생각하고 외우면 사방을 돌아보는 것이 멀어지고, 천상에 나기를 원하면 꿈에 날아다니고, 마음을 불국에 두면 성스러운 경계가 그윽이 나타나고, 선지식을 섬기면 몸과 목숨이 가볍게 여겨지느니라.

아난아, 여러 가지 허상이 비록 다르나 가볍게 나타나는 것은 마찬가지다. 날아 움직이는 것은 침몰하지 아니하므로 자연히 초월하나니 이것을 외분이라 한다.

아난아, 일체 세간의 생사가 상속하되 산 것은 순습(順習)을 따르고 죽는 것은 변류(變流)를 따르는 것이다. 명이 마치려 할 때 더운 기운을 버리기 전에 일생의 선·악이 한꺼번에 나타나나니 죽는 사람을 거역하고 산 사람을 따르는 두 가지 습관이 서로 어울리느니라. 순수한 생각은 날게 되어 반드시 천상에 나게 되거니와 만일 나는 마음에 복과 지혜를 겸하고 깨끗한 원까지 겸하였으면, 자연히 마음이 열리어 시방의 부처님을 뵈오며 일체 정토에 원을 따라 가서 나게 되느니라.

정(情)이 적고 생각(想)이 많으면 경거함이 멀지 못하여 비행하는 선인이나 대력귀왕이나 비행야차나 지행나찰이 되어 4천하로 다니는데, 장애가 없거니와 그 가운데 만일 착한 원과, 착한 마음이 있어 나의 법을 호지하거나 금계를 보호하여 지계인을 따르거나 신주(神呪)를 보호하여 주문 외우는 사람들을 따르거나 선정(禪定)을 호위하여 법인(法認)을 보호하였으면 이런 사람은 여래의 자리 밑에 머물게 되느니라.

감정과 생각이 균등하면 날지도 않고 떨어지지도 않아 인간에 나나니, 생각은 밝아서 총명하게 되고 감정은 어두워서 순하게 되고 감정이 많고 생각이 적으면 횡생(橫生)에 들어가되 증하면 털 달린 것이 되고 가벼우면 날개 달린 것이 되느니라.
감정이 7이 되고 생각이 3이 되는 것은 수륜에 빠져 내려가서 불의 세계에 가서 맹렬한 불기운을 받아 몸이 아귀가 되고, 항상 불이 타며 물도 몸을 해쳐서 먹지도 마시지도 못하고 백천겁을 지내게 되고, 감정이 9가 되고 생각이 1이 되는 경우는 불속을 뚫고 내려가서 몸이 바람과 불 두 가지가 교차하는 곳에 들어가되 가벼우면 몸이 있는 지옥에 나고 중하면 몸이 없는 지옥에 나느니라.

순수한 정만 가지고 있는 자는 아비지옥에 빠져드는데 만일 침입하는 마음에 대승을 비방하고 부처님의 금계를 헐뜯고, 잘못 법을 말하고 허망하게 신시(信施)를 탐하거나 외람되게 공경을 받거나 5역 10중죄를 지었으면 다시 시방의 아비지옥에 나느니라. 악업은 지은 대로 스스로 받는 것이나 여럿의 중동분(衆同分 : 정한 장소)에 겸하여 원지(元地 : 定處)가 있느니라."

② 지옥

"아난아, 이런 것들은 모두 저 중생들의 자업으로 감득하는 것이니 열 가지 인습을 지어서 여섯 가지 교보(交報)를 받느니라. 무엇을 열 가지라 하느냐. 1은 음습(婬習)으로 교접함이 서로 마촉(磨觸)함에서 발하며, 연마하여 쉬지 아니하므로 큰 불빛이 그 가운데서 발동하나니, 마치 사람이 손을 서로 비벼(摩觸) 따뜻한 기운이 나타나게 하는 것과 같느니라. 현행(現行)과 종자(種子) 두 가지 습이 서로 연(緣)하므로 철상(鐵床)이나 동주(銅柱) 지옥 등이 여러 가지가 지옥이 있게 된 것이다. 그러므로 시방의 일체여래가 음행을 가리켜 '욕심의 불'이라 하고, 보살이 음욕을 보되 '불구덩이를 피하는 것같이 하라' 한 것이다."

'철상'은 철로 된 상에 누워 지지고 볶는 과보로 받는 지옥이고, '동주'는 불이 벌겋게 타는 구리기둥을 붙들어 잡는 지옥이다.

"2는 탐습(貪習)인데 교계(交計)함이 서로 빨아드리는데서 나서, 삼키는 것이 쉬지 아니하므로 찬바람 얼음이 그 가운데서 얼어서 터지나니, 마치 사람이 입으로 기운을 빨아들이면 찬 기운이 생기는 것과 같느니라. 역시 두 가지 습관이 서로 치솟으므로   타타(吒吒)・파파(波波)・라라(羅羅)・청련(靑蓮)・적련(赤蓮)・백련(白蓮)・한빙(寒氷) 등의 여러 가지 지옥이 생기게 된

것이다. 그러므로 시방의 일체여래가 이를 많이 구함을 보고 '탐
수(貪水)'라 하며, 보살이 탐구하는 것을 보되 '장해(瘴海)를 피
하듯 하라'한 것이다."

'파파·라라'는 추워서 떨며 지르는 소리이고, '청련·적련·
백련'은 죄인의 모습이 푸르렀다 빨개졌다 희어졌다 하는 것이
고, '한빙'은 죄를 받는 지옥의 모습이 얼음바닥처럼 된 것을 보
고 이름을 지은 것이다.

"3은 만습(慢習)으로 서로 업신여기는 것이 질투함에서 발하
며, 흐르는 물처럼 쉬지 아니하므로 등일(騰逸), 분파(奔波)하다
가 파도가 쌓여 물이 되나니, 마치 사람이 혀를 스스로 대면(綿
昧) 물이 생기는 것과 같느니라. 두 가지 습관이 북치듯하므로
혈하(血河)·회하(灰河)·열사(熱沙)·독해(毒海)와 융동(融銅)을
마시고 삼켜 여러 가지가 있게 된 것이다. 그러므로 시방의 일
체여래가 아만을 지목하여 '어리석은 물을 마신다' 하고, 보살이
아만을 보되 '똥통을 피하듯 한다' 하신 것이다."

'헌화, 회하, 열사, 독해'는 지옥의 모습이고, '융동'은 죄인이
마시는 괴로운 음식이다.

"4는 진습(瞋習)으로 충돌하는 것이 어지럽게 거역하는데서
발하며, 거역하는 것이 맺혀 쉬지 아니하면 마음이 뜨거워서 불
을 발하고, 기(氣)를 녹여 금(金)이 되므로, 도산(刀山)·철궐(鐵

橛)·검수(劍樹)·검윤(劍輪)·부(斧)·월(鉞)·쟁(鎗)·거(鋸)가
있나니, 마치 사람이 원망을 품으면 살기가 날아다니는 것과 같
느니라.

두 가지 습관이 서로 공격하므로 궁(宮)·할(割)·참(斬)·작
(斫)·좌(剉)·자(刺)·퇴(褪)·격(擊) 등 여러 가지가 생기게 된
것이다. 그러므로 시방의 일체여래가 성내는 것을 가리켜 '날카
로운 칼과 같다' 하고, 보살이 진에(瞋恚)를 보되 '주륙(誅戮)을
피하듯 한다' 하신 것이다."

'도산'은 칼산이고, '철곤'은 철방망이, '검수'는 칼나무, '검륜'
은 칼수레, '부'는 도끼, '월'은 큰 도끼, '쟁'은 창, '거'는 톱이
다. '궁'지옥은 방아에 넣고 찧는 지옥이고, '할'은 살점을 베어내
는 지옥이며, '참'은 잘라내는 지옥이고, '작'은 쪼개내는 지옥이
며, '라'는 찍는 지옥이고, '자'는 찌르는 지옥이며, '퇴격'은 망치
로 쳐 던지는 지옥이다.

"5는 사습(詐習)이다. 교유함이 서로 돕는 가운데서 발하며,
이끌어 내서 머무르지 아니하므로 노끈과 나무로 교(絞)·교(校)
함이 있나니 마치 물을 밭에 대면 초목이 생장함과 같은 것이
다. 두 가지 습관이 서로 연관을 가지므로 축(杻)·계(械)·가
(枷)·쇄(鎖)·편(鞭)·장(杖)·과(撾)·방(棒) 등의 여러 가지가
있게 된 것이다. 그러므로 시방의 일체 여래가 간사하고 거짓된
것을 지목하여 '참적'이라 하고, 보살이 이를 보되 '호랑이 이리

302

를 두려워하듯 한다'한 것이다."

교(絞)는 묶는 것이고, 교(校)는 수갑차는 것이고, '축'은 고장이고, '계'는 형틀이다. 그리고 '가'는 장형도(杖形刀)이고, '쇄'는 쇠사슬이며, '편'은 매이고, '장'은 곤장, '과'는 채찍이고, '방'은 몽둥이이다.

"6은 광습(誑習)으로 서로 속이는 것이 거짓(誣罔)에서 발하여 꾸미고 속이는 것이 그치지 아니하고 마음을 날려 간사함을 지으므로 진토(塵土) 시뇨(屎尿)의 더럽고 깨끗지 못한 것이 있나니 마치 티끌을 바람에 날리면 각각 보이지 않는 것과 같느니라. 두 가지 습관이 서로 보태져서 몰(沒)·익(溺)·등(騰)·척(擲)·비추(飛墜)·표륜(漂淪)하는 여러 가지가 있느니라. 그러므로 시방의 일체 여래가 기광(欺誑) 보기를 '뱀 살무사를 밟듯이 한다' 하였다.

'광습'은 거짓으로 속이는 습관이고, '무망'은 꾸며 속이는 것이다. '진토'는 진흙·먼지 지옥이고, '시뇨'는 똥·오줌 지옥이다. '몰'은 빠뜨리는 것이고, '익'은 적시는 것이고, '등'은 그런 곳을 지나게 하는 것이고, '척'은 던지고 '비추'는 날려 떨어뜨리는 것이며, '표륜'은 떠내려 보내는 것이다.

"7은 원습(怨習)으로 서로 혐오하는 것이 한을 머금은 데서 발하므로 비석(飛石)·투력(投礫)·갑저(匣貯)·거람(車檻)·옹성

(甕盛)·낭박(囊撲)함이 있나니 마치 속으로 독한 마음을 먹은 사람이 가슴에 악을 품어 축적하는 것과 같느니라. 두 가지 습관이 서로 삼키므로 투척(投擲)·금착(擒捉)·격사(擊射)·만촬(挽撮)하는 여러 가지가 있게 된 것이다. 그러므로 시방의 일체 여래가 원수의 집을 보고 '위해귀(違害鬼)'라 하고 보살이 원한이 있는 이를 보되 '짐주(鴆酒)를 마시는 듯이 한다' 하였다."

'원습'은 원한과 습관이고, '비석'은 돌을 날리는 지옥이며, '투력'은 돌을 던지는 지옥이고, '갑저'는 눈을 크게 뜨고 우두커니 서있게 하는 지옥이고, '거함'은 수레 위에 만든 우리이고, '옹성'은 캄캄한 옹기그릇 같은데 처박아 버리는 것이고, '낭박'은 주머니 같은 곳에 넣고 바숴버리는 것이다. '투척'은 던져버리는 것이고, '금착'은 묶어 놓는 것이고, '격사'는 추격하여 찔러 죽이는 것이며, '만촬'은 쥐어짜는 것이다. '위해귀'는 사람의 마음을 거슬러 해를 끼치는 귀신이고, '짐주'는 마시면 죽는 독주이다.

"8은 견습(見習)으로 교명(交明 : 허망한 분별)하는 살가야(身見)·견취견(見取見)·계금취견(戒禁取見)·사오(邪悟)의 업들이 이기고 거역한데서 발하여 반대편을 내므로서 왕사(王使)와 주리(主吏)가 문적(文籍)들을 증집(證集 : 증거를 잡기 위해 모으는 것)하여 마치 길가는 사람이 갔다 왔다 하면서 서로 보는 것과 같느니라. 두 가지 습관이 서로 사겨 비교하여 묻고(勘問)·권사(權詐)·고신(考訊)·추국(推鞫)·찰방(察訪)·피구(披究)·조명(照明) 하므로써 선·악 동자가 손에 문서들을 들고 가려 말(覈辨)하는 일들이 있느니라. 그러므로 시방의 일체 여래가 악한 견해를 지목하여 '견(見)의 구렁'이라 하고 보살이 허망하게 편집(偏執)하는 것을 보고 '독한 구렁에 빠지는 것과 같이 한다' 하였다.”

 '견습'은 허망분별의 마음으로 계산하고 따지는 습관이고, '살가야'는 신견으로 오직 자기 몸만 알고 사는 견해이고, '견취견'은 신견·변견·사견을 한꺼번에 가진 것이며, '계금취견'은 소똥·말똥 같은 것을 먹으며 천당에 태어난다 고집하는 계율이고, '사오'는 삿된 깨달음이다. '왕사'는 임금님께서 보낸 사신이고, '주리'는 재판관이니 요즘의 검사 판사와 같은 것이다. '감문'은 헤아려 묻는 것이고, '권사'는 관청을 속인 것이고, '고신'은 고문 받고 심문하는 것이고, '추국'은 단서를 찾아 국문하는 것이고, '찰방'은 사찰방문하는 것이고, '피구'는 파헤쳐 규명하는 것이고, '조명'은 비추어 보는 것이다. '선·악동자'는 문서를 들고 다니는 사법서사이다.

 “9는 왕습(枉習)으로 사귀는 것마다 무방(誣謗)에서 발하므로 합산(合山)·합석(合石)·연마(碾)·애(磑)·경(耕)·마(磨)함이 있나니, 마치 삿된 도적이 어질고 착한 사람을 핍박하는 것과 같다. 두 가지 습관이 서로 어긋나 압(壓)·날(捺)·추(推)·안(按)·축(蹙)·록(漉)·형(衡)·도(度)하는 일들이 생기느니라. 그러므로 시방의 일체 여래가 원수가 비방하는 것을 보고 '참호와 같다' 하고, 보살이 잘못 미친 것들을 보되 '벽력을 만난 것 같이 한다' 하였다.”

'왕습'은 바르지 못한 습관이고, '무방'은 애매하게 비방하는 것이다. '합산'은 두 산을 합해 죄인을 묻어 버리는 지옥이고, '합석'은 돌로 깔아뭉개 합쳐 죽이는 지옥이며, '연마'는 맷돌로 갈아 버리는 지옥, '경마'는 쟁기로 가는 지옥이다. '압'은 압축시키는 것이고, '날'은 누르는 것이며, '추'는 밀추는 것이고, '안'은 조사하고 힐책하는 것이며, '축'은 뒤를 쫓는 것이고, '록'은 거르는 것이고, '형'은 달고 '도'는 찌는 것들이다.

"10은 송습(訟習)으로 시끄러운 것이 갈무려져 있으므로 살펴보고 비추어 보는 것이 있나니 마치 해 가운데서는 그림자를 감추지 못하는 듯하느니라. 두 가지 습관으로 인하여 악우(惡友)·업경(業鏡)·화주(火珠)·피로(披露)와 숙업을 대하면 모든 일이 험하게 되므로 일체 여래가 가려서 덮어놓은 것을 '부장(覆藏) 음적(陰賊)'이라 하고, 보살이 덮어 놓은 것을 보고 '높은 산을 이고 큰 바다를 밟음과 같이 한다' 하였다."

'악우'는 악한 벗이고, '업경'은 업을 비추어 보는 거울이고, '화주'는 불빛으로 속을 비추어 보는 것이고, '피로'는 숙업을 파헤치는 것이다.
이상이 업을 따라 나아가는 길이 나누어진 열 가지 원인이다. 모든 세계가 사람의 마음 씀씀이에서 나타난 것을 여실히 들여다보인다. 다음은 여섯 가지 교보에 대하여 설명한다.

"무엇을 6교보라 하느냐. 아난아, 일체중생이 6식(識)으로 업을 지어받는 악보가 6근으로부터 난다.

어찌하여 악보가 6근으로 난다 하느냐. 1은 견보(見報)가 악한 과보를 이끌어낸 것이니 이 견업이 바뀌려 하면 임종시에 먼저 뜨거운 불이 온 세계에 가득한 것을 보고 망자의 신식이 날았다 떨어져 연기를 타고 무간지옥에 들어가서 두 가지 모습을 발명하느니라. 하나는 밝은 것이니 여러 가지 악한 물건들을 두루 보고 한량없이 두려운 마음을 내는 것이고, 둘은 캄캄한 것이니 적연히 보이지 아니하여 한량없는 공포심을 내는 것이다.

이렇게 견화(見火)가 견(見)에서 타면 확탕·양동이 되고, 식(識)에서 타면 흑연(黑煙)·자염(紫焰)이 되고, 맛에서 타면 초환(焦丸)·섬미(鐵糜))가 되고, 촉에서 타면 열회(熱灰)·노탄(爐炭)이 되고, 마음에서 타면 별빛이 아울러 빛나서 허공계로 두루 뜨는 것이다.

2는 문보(聞報)가 악한 과보를 이끌어 내는 것이니, 이 문업(聞業)이 바뀌려 하면 임종시에 먼저 파도가 천지에 몰익(沒溺)함을 보고, 망자의 신식이 가라앉아 흐름을 타고 무간지옥에 들어가서 두 가지 모습을 발명한다. 하나는 개청(開聽)이니 여러 가지 요란한 소리를 듣고 정신이 문란하게 되고, 둘은 폐청(閉聽)이니 적연히 들리지 아니하여 혼백이 침몰하는 것이다.

이렇게 문파(聞波)가 문(聞)에 부으면 꾸짖고 힐난(詰)함이 되고, 견(見)에 부으면 우레(雷)가 되고, 아우성 소리(吼)가 되며, 악독한 기운이 되고, 식(息)에 부으면 비구름이 되며, 여러 가지 독충을 부려 신체에 가득차게 하고, 맛(味)에 부으면 농혈이 되어 갖가지 더러운 것들(雜穢)이 되고, 촉(觸)에 부으면 축생이나 귀신 분뇨가 되고, 뜻(意)에 부으면 전기와 우박(電雹)이 되어 심백(心魄)을 쳐부순다.

　3은 후보(齅報)가 악한 과보를 부른 것이니, 후업(齅業)이 바뀔 때면 임종시에 먼저 독기가 원근에 가득함을 보고, 망자의 신식이 땅에서 용출(踊出)하여 무간지옥에 들어가서 두 모습을 발명하게 된다. 하나는 통문(通聞)이니 모든 악한 기운을 맡고 숨이 막혀 마음이 요란한 것이고, 둘은 한문(塞聞)이니 냄새가 막혀 통치 못하고 땅에 쓰러져 기절하게 되는 것이다.

　이렇게 후기(齅氣)가 식(息)에 쏘이면 막히고 통하고 견(見)에 쏘이면 불(火)이 되고 큰 불이(炬)이 되며, 청(聽)에 쏘이면 빠지고(沒) 잠기며 바다(溺洋)가 되고 샘(沸)이 되며, 맛(味)에 쏘이면 우레(雷)가 되어 밝(爽)고 촉(觸)에 쏘이면 터져(綻) 문드러지고(爛) 큰 육산(大肉山)이 되어 백천개의 눈이 있게 되어 한정없는 것들이 빨아 먹고, 생각(思)에 쏘이면 재(灰)가 되고 열병(瘴)이 되며 날아다니는 모래 자갈이 되어 신체를 쳐부서지게 한다.
　4는 미보(味報)가 악한 과보를 이끌어내는 것이니, 이 미업(味業)이 바뀌게 되면 임종시에 먼저 철망(鐵網)에 맹렬한 불이 치열하여 세계에 두루 덮임을 보고, 망자의 신식이 아래로 빠져 내려가다가 그물에 걸리어 머리가 거꾸로 매달려 무간지옥에 들어가는데 두 가지 모습으로 나타낸다. 하나는 흡기(吸氣)니 한빙(寒氷)이 맺히어 살이 얼어 터지는 것이고, 둘은 토기(吐氣)니연한 불이 날리어 골수까지 날아와 문드러지게 하는 것이다.

이렇게 맛(嘗味)이 입에 닿으면 승인(承忍)하고, 견(見)에 닿으면 타는 금이나 돌이 되고, 청(聽)에 닿으면 예리한 병정들의 칼이 되고, 식(息)에 닿으면 큰 철롱(鐵籠)이 되어 국토에 가득이 덮히고, 촉(觸)에 닿으면 활이 되며 화살이 되고 쇠(弩)·사슬(射)이 되고, 생각(思)에 닿으면 날으는 열철(熱鐵)이 공중에서 내려온다.

5는 촉보(觸報)가 악한 과보를 이끌어 내는 것이니, 이 촉업(觸業)이 바뀔 때가 되면 임종시에 먼저 큰 산이 4면으로부터 와서 합해지는 것을 보고, 망자의 신식이 큰 철성에 불뱀·불개·불호랑이·불사자가 있음을 보거든, 우두옥졸(牛頭獄卒)과 마두라찰(馬頭羅刹)이 손에 창삭(鎗矟)을 들고 성문으로 몰아 넣어 무간지옥으로 향하게 두 모습이 나타난다. 하나는 합촉(合觸)이니 산이 합하여 몸을 핍박하므로 뼈와 살과 피가 부서지고, 둘은 이촉(離觸)이니 칼들이 몸에 박혀 심장·간이 부서지는 것이다.

이렇게 합촉(合觸)이 촉(觸)에 닿으면 지옥에 들어가는 길(道)이 되어 염왕을 보게 되어 죄받는 곳(廳)이 되며 안견(案見)이 되고, 견(見)에 닿으면 타는 불(燒)이 되고 사르는 것이 되고, 청(聽)에 닿으면 거꾸러져(撞) 저격(擊) 당해 찌르는 것(刺)이 되고 화살(射)이 되고, 식(息)에 닿으면 묶이는(括) 자루가(袋) 되며 고문(考)하고 얽는 것(縛)이 되고, 맛(嘗)에 닿으면 갈고(耕) 칼을 씌우는 것(鉗)이 되며 베고(斬) 끊는 것(截)이 되며, 생각

(思)에 닿으면 떨어지고(墮) 날고(飛) 지지고(煎) 볶는 것(炙)이
되는 것이다.

6은 사보(思報)가 악한 과보를 이끌어낸 것이니, 이 사업(思
業)이 바뀌려면 임종시에 먼저 악한 바람이 국토에 불어 부숴버
리는 것을 보고, 망자의 신식이 바람에 날려 공중에 올라갔다가
떨어지면서 바람을 타고 무간지옥에 들어가서 두 모습을 나타낸
다. 하나는 불각(不覺)이니, 어리석음이 지극하면 황당 분주하여
쉬지 않는 것이고, 둘은 어리석지 아니한 것이 각지(覺知)하면
고통이 되어 한량없는 전소(煎燒)를 아파서 참을 수 없게 되는
것이다.

이렇게 삿된 생각이 생각(思)에 맺히면 죄를 받는 장소(方所)
가 되고, 견(見)에 맺히면 거울에 비춰(鑑) 증명하게(證) 되고,
청(聽)에 맺히면 큰 돌(大合石)이 되며, 얼음(氷)과 서리(霜), 흑
이(土) 되며 안개(霧)가 되고, 식(息)에 맺히면 큰 불수레(火車),
불배(火船)가 되며 불우리(火欖)가 된다. 그리고 맛(甞)에 맺히면
큰 소리(大叫喚)를 지르며 뉘우치고(悔) 흐느껴 울고(泣) 촉(觸)
에 맺히면 커졌다 작아지며 하루에도 만 번 죽었다가 만 번 살
아 엎어졌다 뒤집어졌다 하게 된다.

아난아, 이것을 지옥의 10인(因) 6과(果)라 하나니, 모두 중생
의 미망(迷妄)으로 인하여 지어진 것들이다.
만일 중생들이 악업을 원만하게 지었으면, 아비지옥에 들어가

한량없는 고통을 받으면서 한량없는 겁을 지내게 된다. 6근으로 각각 지었거나, 지은 것이 경계를 겸하고 근을 겸하였으면 이 사람은 8무간지옥에 들어가고, 신·구·의 셋으로 살생·투도·음행을 지었으면 이 사람은 18지옥에 들어간다. 3업을 겸하지 아니하고 중간에 혹 한 가지 살생이나 한 가지 투도를 지었으면 이 사람은 36지옥에 들어가느니라. 견과 견의 한 가지 업만 범하였으면, 이 사람은 108지옥에 들어간다.

이들 중생들이 따로따로 지었으므로 세계 중에서 분(分)이 같은 지옥에 들어가나니, 망상으로 발생하는 것이고, 본래부터 있는 것이 아니니라.

8대 무간지옥은 뜨거운(八熱) 지옥과 추운(八寒) 지옥 두 가지가 있는데 8열지옥은 ① 등활(等活) ② 흑승(黑繩) ③ 중합(衆合) ④ 규환(叫喚) ⑤ 초열(焦熱) ⑥ 대초(大焦) ⑦ 무간(無間) ⑧ 아비(阿鼻)가 그것이고, 8한지옥은 ① 알부타(皰) ② 니랄부타(皰裂) ③ 알찰타(頞哳吒) ④ 확확파(曜曜婆) ⑤ 호호파(虎虎婆) ⑥ 옴발라(靑蓮華) ⑦ 발특마(鉢特摩 : 紅蓮華) ⑧ 마하발특마(大紅蓮華)이다."

36지옥이나 108지옥은 양이 많아 따로 적지 않는다. 다만 이를 기준해서 죄의 경중(輕重)을 따라 생각해 보면 이해가 될 것이다. 하여간 이것으로 지옥의 과보에 대하여서는 모두 끝나고 다음에는 아귀의 과보에 대한 설명이 나온다.

③ 아귀

"또 아난아, 이 중생들이 율의(律儀)를 그르다 하여 파하였거나, 보살계를 범하였거나, 부처님의 열반을 훼방하였거나, 그 밖에 여러 가지 업으로 여러 겁 동안 불타는 괴로운 과보를 받다가 죄가 끝나면 모든 귀신의 보를 받게 된다.

만일 본래의 마음(本因)에서 물(物)을 탐하여 죄가 되었으면, 이 사람은 죄를 마치고는 물을 만나 모양을 이루나니 이름이 괴귀(怪鬼)다.

색을 탐하여 죄가 되었으면, 이 사람은 죄를 마치고는 바람을 만나 모양을 이루나니 이름이 발귀(魃鬼)다.

미혹(惑)을 탐하여 죄가 되었으면, 이 사람은 죄를 마치고는 짐승을 만나 모양을 이루나니 이름이 매귀(魅鬼)다.

한(恨)을 탐하여 죄가 되었으면, 이 사람은 죄를 마치고는 벌레들을 만나 모양을 이루나니 이름이 고독귀(蠱毒鬼)다.

억지(憶)를 탐하여 죄가 되었으면, 이 사람은 죄를 마치고는 쇠운(衰運)을 만나 모양을 이루나니 이름이 여귀(癘鬼)니라.

오(慠)를 탐하여 죄가 되었으면, 이 사람은 죄를 마치고는 기(氣)를 만나 모양을 이루나니 이름이 아귀(餓鬼)다.

망(罔)을 탐하여 죄가 되었으면, 이 사람은 죄를 마치고 캄캄한 곳을 만나 모양을 이루나니 이름이 염귀(魘鬼)다.

밝음(明)을 탐하여 죄가 되었으면, 이 사람은 죄를 마치고는 정령(精靈)을 만나 모양을 이루나니 이름이 망량귀(魍魎鬼)다.

성(成)을 탐하여 죄가 되었으면, 이 사람은 죄를 마치고는 명주(明呪)를 만나 모양을 이루나니 이름이 역사귀(役使鬼)다.

당(黨)을 탐하여 죄가 되었으면, 이 사람은 죄를 마치고는 사람을 만나 모양을 이루나니 이름이 전송귀(傳送鬼)니라.

아난아, 이 사람들은 다 순정(純情)으로 타락하였다가, 업화(業火)로 타서 없어지고, 올라와서 귀신이 된 것이니, 이들은 모두 자기의 허망한 생각이 지은 업으로 이끌어낸 것이나, 보리를 깨달으면 곧 묘하고 원명하여져서 본래부터 있는 것이 아니니라."

본인(本因)은 지옥의 열 가지 인이다. 대개 아귀는 탐욕의 산물인데 그 가운데서도 탐욕한 대상과 탐하는 마음에 차이가 있기 때문에 종류가 많다. 물을 탐하여 버리지 못하는 까닭에 물에 붙어사는 발귀가 되고, 탐욕이 한으로 맺히면 정매귀가 되고, 간학(姦虐)을 잊지 못하면 여귀가 되며, 허세 부리며 시기질투하면 아귀가 되고, 마음을 응큼한 곳에 부치면 염매귀가 된다. 명(明)은 주문이고 성(成)은 아첨사기이다. 이런 것을 좋아하면 망양귀나 역사귀가 되어 길흉을 점쳐 사람들을 부리게 된다. 익힌 바 습관이 남아 있으면 결당붕증(結黨朋證)하여 음암(陰暗)을 전송하므로 전송귀가 되는 것이다. 다음은 축생보를 밝힌다.

④ 축생

또 아난아, 귀신의 업보가 다하면, 정(情)과 상(想)이 모두 공하여져서 비로소 세간에서 빚졌던 사람과 원수끼리 만나면서 축생이 되어 묵은 빚을 갚게 되고,

물(物)에 붙었던 괴귀가 물이 사라지고 과보가 다하면 세간에 나는데 흔히 올빼미 무리가 되며,

바람(風)에 어울렸던 발귀(魃鬼)가 바람이 사라지고 과보가 다하면, 세간에 나는데 흔히 박쥐(咎徵)의 무리가 되고,

모든 짐승에게 붙었던 매귀(魅鬼)가 짐승이 죽고 과보가 다하면, 세간에 나는데 흔히 여우의 무리가 된다.

충류(蟲類)에 붙었던 고독귀(蠱毒鬼)가 다 멸하고 과보가 다하면, 세간에 나는데 흔히 독한 무리(독사 뱀)가 된다.

쇠운(衰運)을 만났던 여귀(癘鬼)가 쇠운이 끝나고 과보가 다하면, 세간에 나는데 흔히 회충의 무리가 되며,

기(氣)를 받았던 아귀가 기가 사라지고 과보가 다하면, 세간에 나는데 흔히 먹히는 무리가(食畜) 되고,

유암(幽暗)을 만났던 염귀(魘鬼)가 어두움이 사라지고 과보가 다하면, 세간에 나는데 흔히 피복과 복승(服乘)의 무리가 된다.

정령(精靈)에 합하였던 망량귀(魍魎鬼)가 화(和)하였던 것이 사라지고 과보가 다하면, 세간에 나는데 그때그때 필요한 무리(누에·소·말 등)가 되고,

명주(明呪)가 영험하던 역사귀(役使鬼)가 명주가 멸하고 과보가 다하면, 세간에 나는데 흔히 휴징(休徵 : 봉황·기린 등)의 무리가 된다.

아난아, 이들은 모두 업화(業火)가 말라버려 묵은 빚을 갚고 축생이 되는 것이니, 이들도 자기의 허망한 업으로 초인(招引)한 것이나, 보리를 깨달으면 이 망의 연이 본래있는 것이 아니다.

네가 말한대로 보연향비구니와 유리왕과 선성비구들의 그러한 악업은 본래 스스로 발명한 것이라 하늘에서 내려온 것도 아니고, 땅에서 솟은 것도 아니며, 사람이 준 것도 아니고, 자기의 망상으로 초인한 것을 스스로 받는 것이니, 보리심중에서 보면 모두가 들뜨고 허망한 망상으로 뭉쳐 이룬 것들이다."

이것이 축생보에 대한 분별이다. 다음은 인간보를 논한다.

⑤ 인취
"또 아난아, 이 축생들이 묵은 빚을 갚을 때 본전보다 지나치게 갚았으면, 그 중생이 도로 사람이 되어 더 간 것을 도로 찾는다.

만일 저 사람이 힘이 있고 복덕까지 있으면, 인간에서 인신을 버리지 않고 더 받은 것을 갚아두지만, 만일 복이 없으면 도로 축생이 되어 더 받은 것을 갚게 된다.
아난아, 만일에 돈이나 재물을 썼거나, 힘을 부렸던 것을 갚을 만큼 갚았으면 그만둘 것인데, 만일 그 중간에 저의 목숨을 죽이거나 고기를 먹었으면, 이런 것은 미진겁(微塵劫)을 지내도록 서로 잡아먹고 서로 죽이는 것이 마치 굴러가는 바퀴같이 오르락내리락 하면서 쉬지 아니하리니, 사마타(奢摩他)를 닦거나 부처님이 출세함을 만나지 않고는 그칠 수 없느니라.

너는 알라. 저 올빼미 종류가 갚을 만큼 갚고 형상을 회복하여 인도에 태어나면, 완악(頑惡)한 무리에 참여한다.

저 구징(咎徵)의 종류가 갚을 만큼 갚고 형상을 회복하여 인도에 태어나면, 어리석은 무리에 참여하고,

저 여우의 종류가 갚을 만큼 갚고 형상을 회복하여 인도에 태어나면, 심술궂은 무리에 참여하고,

저 독한 종류가 갚을 만큼 갚고 형상을 회복하여 인도에 태어나면, 용렬한 무리에 참여하고,

저 회충의 종류가 갚을 만큼 갚고 형상을 회복하여 인도에 태어나면, 미천한 무리에 참여하고,

저 잡아먹히는 종류가 갚을 만큼 갚고 형상을 회복하여 인도에 태어나면, 유약한 무리에 참여하고,

저 피복·승복(乘服)의 종류가 갚을 만큼 갚고 형상을 회복하여 인도에 태어나면, 노도하는 무리에 참여하고,

저 응시(鷹時)의 종류가 갚을 만큼 갚고 형상을 회복하여 인도에 태어나면, 글자를 아는 무리에 참여하고,

저 휴징(休徵)의 종류가 갚을 만큼 갚고 형상을 회복하여 인도에 태어나면, 총명한 무리에 참여하고,

저 순종하는 종류가 갚을 만큼 갚고 형상을 회복하여 인도에 태어나면, 통달한 무리에 참여하느니라.

아난아, 이들은 다 묵은 빚을 갚고 사람의 형상을 회복하였으나, 모두 무시 이래로 업보에 얽혀 전도하였으므로 서로 낳고 서로 죽이나니, 여래를 만나지 못하거나 정법을 듣지 못하고, 진노중(塵勞中)에서 윤전(輪轉)하는 것이므로, 이런 무리를 가련하

316

다고 하느니라."

이것이 인간이다. 다음은 신선의 무리들이다.

⑥ 선취

아난아, 또 사람으로서 정각을 의지하여 3마지를 닦지 아니하고, 따로 망녕을 닦아 상념을 보전하고 형체를 견고히 하여 인적이 미칠 수 없는 산림으로 다니는 열 가지 신선이 있다.

아난아, 중생들이 약먹는 일을 견고히 하고 쉬지 아니하여 식도가 원성(圓成)한 이는 지행선(地行仙)이라 하고, 초목을 견고히 하고 쉬지 아니하여 약도(藥道)가 원성한 이는 비행선(飛行仙)이라 하며, 금석(金石)을 견고히 하고 쉬지 아니하여 화도(化道)가 원성한 이는 유행선(遊行仙)이라 한다.

또 동지(動止)를 견고히 하고 쉬지 아니하여 기정(氣精)이 원성한 이는 공행선(空行仙)이라 하고, 진액(津液)을 견고히 하고 쉬지 아니하여 윤덕(潤德)이 원성한 이는 천행선(天行仙)이라 하며, 정색(精色)을 견고히 하고 쉬지 아니하여 흡수(吸粹)가 원성한 이는 통행선(通行仙)이라 한다.

주금(呪禁)을 견고히 하고 쉬지 아니하여 술법(術法)이 원성한 이는 도행선(道行仙)이라 하고, 생각(思念)을 견고히 하고 쉬지 아니하여 생각(思憶)이 원성한 이는 조행선(照行仙)이라 하며, 교구(交溝)를 견고히 하고 쉬지 아니하여 감응이 원성한 이는 정행선(精行仙)이라 하고, 변화(變化)를 견고히 하고 쉬지 아니하여   각오가 원성한 이는 절행선(絶行仙)이라 한다.

아난아, 이런 이들은 다 사람으로서 마음을 단련하되, 정각을
닦지 아니하고 따로 장생하는 이치를 얻어 천세 만세를 살면서
깊은 산중이나 바다 가운데 또는 인적이 끊어진 장소에 살거니
와, 이들도 윤회하는 망정으로 유전하는 것이라, 삼매를 닦지 않
았으므로 과보가 끝나면 도로 와서 제취(諸趣)에 들어가게 된다."

이것이 신선이다. 이것으로서 능엄경 제8권이 모두 끝나고 다
음에는 제9권에 들어가 먼저 천취를 밝히고 다음에는 마사(魔事)
를 가리게 된다. 이제 천취를 먼저 밝히면 다음과 같다.

⑦ 천취-능엄경 제9권
아난아, 세간 사람들이 상주(常住)를 구하지 아니하므로, 처첩
의 은애를 버리지 못하였으나, 사음에는 마음이 흐르지 않고 고
요하고 맑아져서 밝은 빛이 나는 이는 죽은 뒤에 해와 달에 이
웃하나니, 이런 무리는 사왕천이 되고,

자기의 아내에게도 애욕이 미박(微薄)하지만, 청정하게 살면서
도 온전히 그 맛을 얻지 못한 이는 죽은 뒤에 해와 달을 초월하
여 인간의 정상에 거처하나니 이런 무리는 도리천이 된다.

욕경(欲境)을 만나면 잠깐 어울리나, 떠나면 생각이 없어져서
인간에 있을 때에 동함이 적고 고요함이 많은 이는, 죽은 뒤에

허공 중에 명랑하게 머물러 있어 해와 달의 광명이 올려 비춰지 못하므로 이 사람들은 자기의 광명이 있나니, 이런 무리는 수염마천(須焰摩天)이 되느니라.

어느 때나 항상 고요히 있다가도 상대자가 오면 거절하지 못하는 이는, 죽은 뒤에 정미(精微)한 데에 올라가서 하계의 인간이나 천상의 경계에 접하지 아니하고 괴겁시(壞劫時)에도 3재가 미치지 못하는 곳에 태어나니, 이런 무리는 도솔타천(兜率陀天)이 되고,

나는 욕심이 없지마는 상대를 따라 행하거니와, 횡진(橫陳)할 때에도 맛이 말을 씹는 것과 같이 느껴지는 이는 죽은 뒤에 초월하여 변화하는 곳에 나나니, 이런 무리는 낙변화천(樂變化天)이 되며,

세간엔 마음이 없으면서도 세간과 같이 일을 행하거나, 어울리는 행사에 아주 초월한 이는 죽은 뒤에 변화가 있고, 변화가 없는 경지를 두루 초출하나니, 이런 무리는 타화자재천(他化自在天)이 된다.

아난아, 이 6천이 형상으로는 비록 조동(躁動)함에서 뛰어났으나, 마음과 자취로는 아직도 어울리었으므로 여기까지를 욕계라 하느니라."

이상을 욕계 6천이라 한다. 다음은 색계 18천이다.

"아난아, 세간에 모든 마음 닦는 사람들이 선나를 가자(假藉)

하지 않으므로, 지혜는 없으나 다만 몸을 단속하여 음욕을 행하지 아니하고 다니거나 앉았을 때 생각(想)과 생각(念)이 모두 없어져서 애염이 생기지 아니하여 욕계에 머물고자 하지 아니하면, 이 사람이 곧 범천의 무리가 되나니, 이런 무리는 범중천(梵衆天)이 되고,

욕습(欲習)이 없어지고 욕을 여읜 마음이 나타나서 모든 율의를 좋아하여 수순하면, 이 사람이 곧 범덕(梵德)을 행하나니, 이런 무리는 범보천(梵輔天)이 되며,

몸과 마음이 묘원(妙圓)하여 위의가 결하지 않으며, 청정한 금계에 분명하게 깨닫기까지 하면, 이 사람은 곧 범중을 통솔하여 대범왕이 되나니, 이런 무리는 대범천이 되느니라.

아난아, 이 세 가지 수승한 무리는 온갖 고뇌가 핍박하지 못하나니, 비록 진정한 삼마지를 닦은 것은 아니나, 청정한 마음에 모든 누가 동하지 못하므로 초선삼천(初禪三天)이라 한다.

아난아, 그 다음 범천은 범천 사람들을 통섭하여 범행이 원만하며, 맑고 깨끗한 마음이 동하지 아니하고 고요하고 맑아 빛을 내나니, 이런 무리는 소광천(少光天)이 되고,

빛과 빛이 서로 어울리어 밝게 비침이 그지없으며 시방세계를 두루 비추어 유리와 같으면 무량광천(無量光天)이 되며,

원만한 광명을 흡취하여 교체를 이루고 청정한 교화를 발양하여 응용이 다하지 않으면 이런 무리는 광음천(光音天)이 되느니라.

아난아, 이 세 가지 수승한 무리는 일체 우수(憂愁)가 핍박하지 못하나니, 비록 진정한 삼마지를 닦은 것은 아니나 청정한 마음에 거친 번뇌를 이미 굴복하였으므로 이선삼천(二禪三天)이라 하느니라.

아난아, 이런 천인은 원만한 빛이 음성을 이루고 묘한 이치를 피로하며 정묘한 행을 이루어 적멸락에 통하나니, 이런 무리는 소정천(少淨天)이 되고, 청정한 공이 앞에 나타나 갓이 없이 인발(引發)하며, 몸과 마음이 경안하여 적멸락을 성취하면 무량정천(無量淨天)이 되며,

세계와 몸과 마음이 모두 원만히 청정하여지고, 청정한 덕이 성취하여 의탁할만한 훌륭한 경계가 앞에 나타나 적멸한 낙에 귀의하면, 이런 무리는 변정천(遍淨天)이 되느니라.

아난아, 이 세 가지 수승한 무리는 크게 수순함을 이루고 신심이 안은하여 무량한 낙을 얻나니, 비록 진정한 삼마지를 얻은 것은 아니나 안온한 마음에 환희가 갖추었으므로 삼선삼천(三禪三天)이라 하느니라.

아난아, 또 다음 천인은 몸과 마음을 핍박하지 아니하여 고통의 원인이 다하였으나, 낙도 상주하는 것 아니므로 오래되면 망가질 것이므로 고와 낙의 두 마음을 한꺼번에 버리어 추중(麤重)한 모습이 없어지고 깨끗한 복의 성품이 생기나니, 이런 무리는 복생천(福生天)이 되고,

버리는 마음이 원융하여서 훌륭한 지해(勝解)가 청정하여지고, 복의 한계가 없는데서 묘하게 수순함을 얻어 미래제를 다하면, 이런 무리는 복애천(福愛天)이 되느니라.

　　아난아, 이 하늘에서 두 갈래 있으니, 만일 먼저 마음에서 한량이 없는 깨끗한 빛에 복덕이 원만히 밝고, 닦아 증하여 머무르면 이런 무리는 광과천(廣果天)이 되고, 만일 먼저 마음에서 고와 낙을 모두 싫어하고, 버리는 마음을 정밀히 연구하기를 상속하여 끊지 아니하여, 버리는 도를 원만하게 연구하면 몸과 마음이 함께 멸하고 생각이 재(灰)와 같이 되어 5백 겁을 지내거니와, 이 사람이 생멸하는 마음으로 인을 삼았으므로 나중 반 겁에는 생하나니, 이런 무리는 무상천(無想天)이 된다.

　　아난아, 이 네 가지 수승한 무리는 모든 세간의 고락의 경계로는 동할 수 없나니, 비록 무위의 진짜 부동지(眞不動地)는 아니라 하더라도, 소득이 있다는 마음에는 공용이 순숙하였으므로 사선사천(四禪四天)이라 한다.

　　아난아, 이 가운데 다섯 불환천(不還天)이 있으니, 하계의 구품습기(九品習氣)를 한꺼번에 끊어버리고 고와 낙을 모두 잊어서, 하계에는 복거(卜居)할 데가 없고 버리는 마음 가운데서도 고와 낙이 멸하여 다투는 마음이 교차하지 아니하면 이런 무리는 무번천(無煩天)에 나고,
　　기(機)와 괄(括)을 홀로 독행하여 연교(硏交)할 곳이 없어지면

무열천(無熱天)에 나며,

시방세계를 묘하게 보는 것이 원만하고 깨끗하여 진상(塵象)의 모든 침구(沈垢)가 없어지면 선견천(善見天)이 된다.

정견(精見)이 앞에 나타나서 도주(陶鑄)하는데 구애(拘礙)가 없어지면 이런 무리는 선현천(善現天)이 나고,

모든 기동(機動)을 구경하고 색성(色性)의 성품까지 다하여 갓이 없는데 들어가면 색구경천(色究竟天)이라 한다.

아난아, 이 불환천(不還天)은 저 4선천의 네 천왕들도 듣고 부러워만 하고 알지도 보지도 못하나니, 마치 이 세상의 넓은 들과 깊은 산에 있는 성스러운 도량은 다 아라한들이 있는 곳이므로 세상 사람들은 보지 못한다.

아난아, 이 18천은 홀로 다니고 어울림이 없거니와 형상의 수를 다하지 못하였으므로 여기까지를 색계(色界)라 한다."

여기까지가 색계 18천이다. 다음은 무색계 4천이다.

"또 아난아, 이 유정천(有頂天)인 색의 변제(邊際)에서 두 가지 갈래 길이 있으니 만일 버리는(捨) 마음에서 지혜를 발명하여 지혜의 빛이 원만히 터지면 진계(塵界)에서 뛰어나 아라한을 이루어 보살승에 들어가나니, 이러한 무리는 마음을 돌린(回心) 대아라한이 된다.

만일 버리는(捨) 마음에서 사염(捨厭)을 성취하고, 몸이 장애 됨을 깨달아 장애를 소멸하고 공에 들어가면 이런 무리는 공무변처천(空無邊處天)이 되고,

모든 장애가 소멸되고 장애가 없어졌다는 것까지 멸하면, 그 가운데는 오직 아뢰야식(阿賴耶識)과 말나식(末那識)의 미세한 반분만 남게 되나니, 이런 무리는 식무변처천(識無邊處天)이 되며,

공과 색이 모두 없어지고 식심까지 멸하여서, 시방세계가 적멸하여 훤칠하게 갈데가 없어지면 이런 무리는 무소유처천(無所有處天)이 되고,

식성(識性)이 동하지 않거든, 멸로써 끝까지 연구하되 다함이 없는데서 다한다는 성품을 발명하여, 있는 듯 하면서도 있는 것이 아니고, 다한 듯하면서도 다한 것이 아니니, 이런 무리는 비상비비상처천(非想非非想處天)이 된다.

이들이 공함을 궁구하였으나 공한 이치를 다하지 못하였나니, 불환천(不還天)으로부터 성도가 끝난 이는 이런 무리는 마음을 돌리지 못한 둔한 아라한(鈍阿羅漢)이라 하고, 만일 무상천(無想天)으로부터의 외도천(外道天)들이 공함을 궁구하고 돌아가지 못하는 이는 유루를 미하고 들은 것이 없으므로 문득 윤회에 들어간다.

아난아, 이 천상의 천인들은 범부와 업과(業果)로 받은 것이므로 받는 일이 끝나면 윤회에 들어가거니와, 저 천왕들은 보살로서 삼마지에 다니면서 점차로 증진하여 성인의 무리로 회향하여

수행하게 된다.

아난아, 이 사공천(四空天)은 몸과 마음이 멸하여 없어지고,
선정(禪定)의 성이 앞에 나타나 업계의 색이 없어졌으므로 이로
부터 끝까지 무색계라 한다.

여기까지가 무색계 4천이다. 그러나 이 3계는 유위의 세계이
므로 생사의 경계를 넘어서지 못하고 있다.

이들은 다 묘한 각의 밝은 마음을 알지 못하고, 허망함을 쌓
아 발생하는 것이므로 3계가 허망하게 있게 되었으며, 그 중간
에서 망(妄)으로 인해 7취(趣)를 따라 침익(沈溺)하므로 보특가라
(補特伽羅 : 中有)들이 제각기 그들의 종류를 따른다.”

다음은 아수라 이야기가 나온다.

⑧ 아수라
“또 아난아, 이 3계안에 다시 네 가지 아수라(阿修羅)가 있나
니, 만일 아귀도(餓鬼道)에서 법을 보호할 힘으로 신통을 얻어
허공에 들어가는 이는 알로 태어나 귀취(鬼趣)에 속하고, 만일
천도(天道)에서 덕이 모자라서 떨어지는 이는, 그가 있는데와 해
와 달이 이웃하나니, 이 아수라는 태로 태어나 인취(人趣)에 속
하며, 세계를 붙들고 세 기운과 두려움없는 마음으로 범왕과 제
석천과 4천왕과 권세를 다투는 이는 화생하여 천취(天趣)에 나

고, 따로 바다 속에서 생겨나서 수혈구(水穴口)에 잠겨 있으면서, 아침에는 허공에 돌아다니다가 저녁에는 물에 돌아와서 자는 이는 습기로 생기는 것이므로 축생취(畜生趣)에 속하느니라."

이것이 아수라다. 아수라가 화를 내지 않고 있을 때는 선취에 속하게 되고, 화를 내어 전쟁을 하게 되면 악취에 넣어 4악취 중 1로 본다.

⑨ 결론
"아난아, 이 지옥(地獄), 아귀(餓鬼), 축생(畜生), 인간(人間), 신선(神仙), 천취(天趣), 아수라(阿修羅)의 7취를 정밀하게 연구하면 모두 혼침한 유위상(有爲相)이라, 망상으로 태어나서 망상으로 업보를 따르거니와, 묘하게 밝고 원만한 무작본심(無作本心)에는 다 공화(空華)와 같아서 원래 있을 것이 없으므로 한결같이 허망한 것이라 다시 근거가 없느니라.

아난아, 이 중생들이 본심을 알지 못하여 윤회를 받으면서 무량겁을 지내어도 진정함을 얻지 못함을 모두 살생, 투도, 사음을 따르는 탓이며, 이 세 가지를 어지면 또 살생, 투도, 사음이 없는데 태어나나니, 있는데는 귀취(鬼趣)요 없는데는 천취(天趣)라, 있고 없는데로 오르락내리락하여 윤회의 성을 일으키느니라.
만일 묘하게 삼마제를 발하게 되면, 곧 묘(妙)하고 항상(常)하고 고요하여 있는데 없는데가 모두 없어졌다는 것도 멸하여지면, 불살(不殺), 부도(不盜), 불음(不婬)도 없으리니 어찌하여 살생, 투도, 사음을 따르겠느냐.

아난아, 3업을 끊지 못하여서 제각기 따로 짓는 일이 있고, 제각기 따로 지음으로 인해 여러 사람이 따로 짓는 일이 한데 모이므로 정처(定處)가 없지 않거니와, 자기의 망상으로 발생하는 것이며, 망을 내는 인이 없으므로 따져 궁구(窮究)할 수 없느니라.

네가 힘써 수행하여 보리를 얻으려거든 세 가지 혹(惑)을 끊어야 하나니, 세 가지 혹(惑)을 다하지 못하면 비록 신통을 얻더라도 모두 세간의 유위공용(有爲功用)이라, 습기가 멸하지 못하였으므로 마도에 떨어질 것이며, 망을 제하려 하여도 허위만 더하게 되므로 여래가 가련하다고 말씀하나니, 너의 망으로 지은 것이라 보리의 허물이 아니니라.”

이것으로서 세계기시와 중생기시는 모두 끝나고 다음은 수행자가 걸리기 쉬운 마의 정체를 밝힌다. 마에는 색·수·상·행·식 5온에서 각 10개씩 있어 여기에서 50가지 마를 가려낸다.

(2) 50마(魔)를 말하다

① 마(魔)의 정체

그때 여래께서 법문을 마치려 하시다가 사자상(獅子床)에서 칠보궤를 잡아당기시며 자금산과 같은 몸을 돌이키어 다시 기대앉으시고 대중과 아난에게 말씀하셨다.

"너희들 유학인 연각과 성문이 오늘에 마음을 돌려 대보리인 위없는 묘각에 나아가야 할 방법을 내 이미 말하였거니와, 네가 오히려 사마타와 위빠사나를 닦을 때 미세한 마사(魔事)가 생기는 것은 알지 못하나니, 마구니 경계에 앞에 나타나는 것을 너희들이 알지 못하여 마음을 바르게 가지지 못하면 사견에 떨어지게 될 것이다.

너희들에게 음마(陰魔)나 천마(天魔), 귀신이 붙거나 도깨비를 만나게 되면 이를 분명하게 알지 못하여 도적을 잘못 알고 아들인 양 여기기도 하고, 또는 그 중에서 조금만 얻고 만족하다 보면, 마치 제4선천의 무문비구(無聞比丘)가 성과를 증하였노라고 허망하게 말하다가, 하늘의 과보가 끝난 뒤에는 쇠하는 모양이 나타날 때에 아라한도 뒤에 몸을 받는다고 비방하다가 아비지옥에 떨어지는 것과 같이 되리라."

이때 아난이 일어나 회중의 동학자들과 함께 환희한 마음으로 정례하고 엎드려 가르침을 받기 원하였다. 이에 부처님께서 말씀하셨다.

"너희들은 분명히 알라. 유루세계의 12유생의 본각인 묘명하게 밝은 깨달음의 원만한 심체(心體)는 시방의 제불과 더불어 둘이 없고 다름도 없는데 너희들이 망상으로 진리에 미한 것이 허물이 되어 치애(癡愛)가 발생하고, 발생하여서는 두루 미한 탓으로 허공의 성품이 있게 되었으며, 변화하여 미함이 쉬지 아니하여 세계가 생기었으니 이 시방의 미진 같은 유루(有漏) 국토는 다 미련한 망상으로 안립하였느니라.

저 허공이 너희 마음에서 생긴 것이 마치 한 조각 구름이 맑은 허공에서 일어난 것 같음을 알라. 하물며 모든 세계가 허공 속에 있겠느냐.

너희들 한 사람이 진(眞)을 발명하여 근원에 돌아가면, 시방 허공이 모두 소멸할 것인데, 어찌 허공중에 있는 국토들이 무너지지 않겠느냐.

너희들이 선정을 닦아 삼마지를 장엄하여 시방의 보살과 번뇌가 없는 대아라한으로 마음의 정기가 서로 통하여 그 자리에서 고요하여지면 일체의 마왕과 귀신과 범부천(魔王天) 등 그의 궁전이 까닭없이 무너지는 것을 볼 것이며, 대지가 무너지면 물과 육지에 비등한 것들이 놀라지 않는 것이 없으리라.

이것은 범부들이 훈미하여 변천하는 근본을 깨닫지 못했기 때문이다. 저들이 다 5신통을 얻었으나 누진통(漏盡通)을 얻지 못하였으므로 진노를 연모하게 된 것인데, 어찌 너로 하여금 그의 처소를 무너뜨리게 할 수 있게 하겠느냐. 그러므로 귀신과 천마와 도깨비와 요정들이 삼매를 닦은 가운데에 몰려와서 너를 시끄럽게 하리라. 자신들의 마경이 무너질까 염려해서 말이다.

그러나 저 마들이 비록 크게 노하더라도 그는 진노 속에 있고 너는 묘한 깨달음 가운데 있으므로 바람이 빛을 부는 듯 칼로 물을 베는 듯하여 조금도 저촉되어서는 아니될 것이다. 너는 끓는 물 같고 그는 얼음 같아서 더운 기운이 가까이 하면 곧 소멸할 것이기 때문이다. 아무리 신통력을 믿어도 오직 객이라 성취하고 파란함이 네 마음 속에 있는 5음주인에게 달리게 된다. 주인이 만일 혼미하면 객이 그 기회를 노리려니와 당처의 선나에 있어 각오하고 의혹하지 않으면 저 마군이의 일이 너를 어찌하지 못하게 될 것이다. 음(陰)이 스러지고 밝은데 들어가면, 저 군사는 다 어두운 기분을 받을 것이니 밝은 것은 능히 어두움을 파하는 것이므로 가까이 가면 스스로 소멸할 것이다. 어떻게 감히 머물러 있어서 선정을 요란케 할 수 있겠느냐.

만일 분명하게 깨닫지 못하여 5음에게 홀리면 너 아난이 반드시 마의 자식이 되어 마인(魔人)을 이루게 될 것이다. 마등가가 비록 하열한 무리지만 오히려 주문으로 너를 홀려서 부처님의 율의를 파하되 8만세행 중에서 한 가지 계만 파하려 하였지만 마음이 청정한 까닭에 빠지지 않은 것이다. 그것들은 끝까지 너의 보각(寶覺)의 전신을 깨뜨리는데 목적이 있으니 마치 제상의 집에 갑자기 가산을 몰수 당하여 완전히 무너져 내려 할 수 없는 지경에 이른 것과 같다."

330

② 색음(色陰)의 마(魔)

"아난아, 네가 도량에 앉아서 모든 잡념이 사라지고 그 잡념이 다 끊어진다면 그 생각을 여읜 경지에 일체가 정미롭게 밝아서 움직이고 고요하여 흔들리지 않고 기억과 잊음이 한결같이 될 것이다. 이런 처지에 있어 삼마지에 들어가면 마치 눈밝은 사람이 큰 어둠속에 있는 것처럼 정미로운 성품이 묘하고 깨끗하나 마음은 아직 빛을 발하지 못하는 것 같은데 이것을 색음의 경계(색 속에 갇힌 것)라 한다.

만일 눈이 밝아져서 시방이 훤히 열리면 다시 어둡지 아니할 것이니 이것이 색음이 다한 것이다. 이 사람은 능히 겁탁(劫濁)을 초월하리니 그 이유는 견고한 망상(부모와 나라사랑)으로 근본을 삼았기 때문이다.

아난아, 이 가운데(色陰定) 있으면서 묘하게 밝은 성품을 정밀하게 연구하여 4대가 서로 얽히지 아니하면 잠깐 동안에 몸이 능히 장애에서 벗어나리니 이것은 정명(精明)이 앞의 경계에 넘쳐흐른 까닭이다. 이런 일은 공용(功用)으로 잠깐동안 이렇게 되었을 뿐 성인이 된 것은 아니다. 성인이 되었다는 생각을 내지 아니하면 좋은 경계라 하려니와 만일 성인이 되었다는 견해를 지으면 곧 뭇 마군이들의 유혹을 받을 것이다.

아난아, 또 이러한 마음으로 묘하게 밝은 성품을 정밀하게 연구하여 그 몸이 안으로 사무치면 이 사람이 갑자기 몸 속에서 요충이나 회충을 집어내어도 몸이 완연하여 조금도 훼상하지 아니할 것이다. 이것은 정명(精明)이 형체에 넘쳐흐른 까닭이다. 이런 일은 정미로운 수행으로 잠깐 동안 이렇게 되었더라도 성인이 된 것은 아니기 때문에 성인이 되었다는 생각을 내지 아니하면 좋은 경계라 하려니와 만일 성인이 되었다는 생각을 내면 곧 뭇 마군이의 유혹을 받을 것이다.

또 마음(色陰定 : 색음이 幽暗한 상태)으로 안과 밖으로 정밀하게 연구하여 그대에 혼과 넋과 마음과 뜻과 정신이 집수신(執受身 : 바깥경계를 접촉 攝持하고 苦樂등을 覺知하는 것)을 제하고는 모두 다 거두어드려 피차가 손님이 되고 주인이 되면 문득 공중에서 설법하는 소리를 듣기도 하며, 혹 시방에서 비밀한 이치를 말하는 것을 듣게도 된다. 이것은 정신과 넋이 번갈아 모였다 흩어지는 가운데 착한종자를 성취하므로 잠깐 동안 이렇게 되더라도 성인이 된 것은 아닌 줄 알아야 한다. 성인이 되었다는 생각을 내지 않으면 좋은 경계라 하려니와 만일 성인이 되었다는 견해를 지으면 곧 뭇 마군이의 유혹을 받을 것이다.

또 이 마음이 맑게 드러나고 밝게 사무치어 안으로 빛이 쏟아지면 시방이 모두 염부단금 빛으로 변하며 모든 종류가 다 여래로 변하게 된다. 그때 문득 비로자나불이 천광대에 앉으셨는데 천불이 둘로 모시었으며, 백억 국토와 연화가 함께 나타남을 보게 될 것이다. 이것은 심혼(心魂)이 신령스럽게 깨달아 물든 것이라 마음의 빛이 밝아져서 세계를 비추므로 잠깐 동안 이렇게 되더라도 성인이 된 것은 아니니, 성인이 되었다는 마음을 내지 아니하면 좋은 경계라 하려니와 만일 성인이 되었다는 견해를 지으면 곧 뭇 마군이의 유혹을 받을 것이다.

또 이러한 마음으로 묘하게 밝은 성품을 정미롭게 연구 관찰하기를 쉬지 아니하여 잡념을 억누르고 항복하여 제지(制止)하는 것을 뛰어넘으면 완연히 시방허공이 7보색도 되고 백보색도 되어 동시에 변만하되 서로 걸리지 않고 청·황·적·백색이 각각 나타날 것이다. 이것은 억누르는 힘이 분에 넘치므로 잠깐 동안에 이렇게 된 것이지 성인이 된 것은 아니다. 그러므로 성인이 되었다는 마음을 내지 아니하면 좋은 경계라 하려니와 만일 성인이 되었다는 견해를 지으면 곧 뭇 마군이의 유혹을 받을 것이다.

또 이 마음으로 연구함이 밝게 사무쳐 정미로운 빛이 산란하지 아니하면, 갑자기 밤중에 어두운 방안에서 여러 가지 물건을 보되 대낮과 다르지 않고 방안에 있던 물건도 없어지지 아니할 것이다. 이것은 마음이 세밀하게 보는 것이 고요하게 맑아져서 어두움을 뚫어보게 됨으로 잠깐 동안 이렇게 되더라도 성인이 된 것은 아니다. 성인이 되었다는 마음을 내지 아니하면 좋은 경계라 하려니와 만일 성인이 되었다는 생각을 가지면 곧 뭇 마군이의 유혹을 받을 것이다.

또 이 마음이 원만하게 비고 고요한데 들어가면 사지(四肢)가 완연히 초목과 같아져서, 불을 가지고 칼로 깎아도 조금도 아프지 않으며, 또는 불이 태우고 칼로 살을 깎아도 나무를 깎는 것 같게 될 것이다. 이것은 6진경계가 녹고 4대성품을 배척하여 한결같이 순수한 경지에 들어가므로서 잠깐 동안 이렇게 된 것이지 성인이 된 것은 아니다. 성인이 되었다는 생각을 내지 아니하면 좋은 경계라 하겠지만 만일 성인이 되었다는 견해를 가지면 곧 뭇 마군이의 유혹을 받을 것이다.

또 이 마음으로 청정함을 성취하여 마음을 깨끗이 하는 공부가 지극하면 문득 대지와 시방 산하가 다 불국토를 이루며, 7보가 구족하고 광명이 변만함을 볼 것이며, 또 항하사 여래가 허공에 가득하고 누각과 궁전이 화려함을 보기도 하며, 아래로는 지옥을 보고 위로는 천궁을 보는데 장애가 없을 것이다. 이것은 기쁘고 싫어하는 생각이 날로 깊어지다가 생각이 오래되어 변화 형성된 것이니 성인이 된 것은 아니다. 성인이 되었다는 마음을 내지 아니하면 좋은 경계라 하겠지만 만일 성인이 되었다는 견해를 지으면 곧 뭇 마군이의 유혹을 받을 것이다.

또 이 마음으로 연구하기를 깊이 하면 문득 밤중에 멀리 있는 시정이나 골목에서 친족과 권속을 보기도 하고 그의 말을 듣기도 하나니, 이것은 마음을 지나치게 핍박하여 마음 광명이 흘러나온 까닭에 막힌 밖을 본 것이지 성인이 된 것은 아니다. 성인이 되었다는 마음을 내지 아니하면 좋은 경계라 하려니와 만일 성인이 되었다는 생각을 지으면 곧 뭇 마군이의 유혹을 받을 것이다.

또 이 마음으로 연구하기를 지극히 하면 선지식의 형체가 여러 가지로 변해가는 것을 보게 된다. 이것은 삿된 마음으로 도깨비가 들렸거나 혹은 천마(天魔)가 그 뱃속에 들어가 무단히 설법하여 묘한 이치를 통달한 것처럼 된 것이지 성인이 된 것은 아니다. 성인이 되었다는 마음을 내지 아니하면 마의 일이 소멸하려니와 만일 성인이 되었다는 견해를 지으면 곧 뭇 마군이의 유혹을 받을 것이다.

아난아, 이 열 가지 선나의 경지가 나타나는 것은 다 색음(色陰)에 대하여 마음 쓰는 것이 교묘하므로 이런 일이 생기게 된 것인데, 중생들이 미련하여 스스로 요량하지 못하고 이런 인연을 만날 때 혼미하여 알지 못하면서 성인의 경지에 올랐노라 하면 큰 거짓말이 되어 무간지옥에 떨어지게 될 것이다.

너희들이 마땅히 의지하여 여래가 멸한 뒤 말법 중에서 이 뜻을 널리 펴서 천마로 하여금 방편을 얻지 못하게 하고 편안히 보호하고 지켜서 무상도를 이루게 하리라."

여기까지가 색마(色魔) 10종이다. 다음은 수마(受魔)를 가려낸다.

③ 수음(受陰)의 마(魔)
"아난아, 이 선남자가 삼마제(觀)와 사마타(止)를 닦는 가운데 색음이 다한 사람은 부처님의 마음을 보되, 밝은 거울 가운데에 자기의 그림자를 보는 듯하여 소득이 있는 듯하나 쓸 수 없는

것이 마치 가위눌린 사람이 수족이 온전하고 보고 들음이 의혹할 것 없지마는 마음이 가위에 눌리어서 능히 동작하지 못하는 듯 할 것이니, 이것이 수음의 경계이다.

만일 가위눌린 증세가 쉬면 마음이 몸에서 떠나 제 얼굴을 보게 되며 가고 머무는 것이 자유로워져 조금도 걸리게 됨이 없어지면 이것은 수음이 다한 것이라, 이 사람이 능히 견탁(見濁)을 초월할 것이다. 그 원인을 관찰하면 허명(虛明)한 망상(어기고 따르는 幻과 같은 경계)으로 근본이 되었던 까닭이다.

아난아, 이 선남자가 이 가운데(受陰定中) 있어서 큰 빛이 비침을 얻고 마음이 발명하여 안으로 억누름이 분에 지나치면 그곳에서 끝없이 슬픈 마음을 내게 되며, 내지 파리 모기를 보더라도 적자와 같이 여기고 연민한 마음을 내어 눈물을 흘릴 것이다.

이것은 수행의 공덕으로 지나치게 억누른 까닭이다. 깨달으면 허물이 없게 된다. 성인 된 것은 아니기 때문에 깨닫고 미혹하지 아니하여 오래되면 스스로 녹아 없어질 것이다. 만약 성인이 되었다는 견해를 지으면, 즉시에 비마(悲魔)가 그 심복에 들어가 사람만 보면 슬퍼하며 한량없이 울릴 것이니, 바른삼매(正受)를 잃어버렸으므로 마땅히 타락하게 된 것이다.

아난아, 또 정중(受陰定中)의 선남자가 색음이 사라지고 수음이 명백하여 훌륭한 모습이 앞에 나타남을 보고 감격함이 분에 지나치면, 문득 그 가운데서 무한한 용기를 내게 되며 마음이

336

맹렬하여 뜻이 모든 부처님들과 같은 듯하여 3아승지겁을 일념
에 초월하였다 할 것이다. 이것은 수행의 공덕으로 지나치게 업
신여기거나 경솔하게 된 탓이다. 깨달으면 허물이 없으려니와
성증(聖證)이 아니니, 깨닫고 어리석지 아니하여 오래되면 스스
로 소멸할 것이다. 만일 성인이 되었다는 견해를 지으면, 즉시에
광마(狂魔)가 그 심복에 들어가 사람만 보면 자랑하여 아만(我
慢)이 비길데 없어 그 마음에 위로 부처님도 보이지 않고 아래
로 사람도 보이지 아니하리니, 정수(正受)를 잃어버렸으므로 마
땅히 타락하게 되리라.

또 저 정중(定中)의 선남자가 색음이 사라지고 수음이 명백하
여, 앞으로는 새로 증한 것이 없고 돌아서선 옛 거처가 없어졌
음을 보고 지혜의 힘이 쇠진하여 중휴지(中隳地 : 나아가고 물러
남에 의지할 곳이 없는 것)에 들어가 훤칠하게 보이는 것이 없
으면, 문득 마음에 크게 고갈심을 내어 어느 때에나 침울한 생
각이 흩어지지 않거든 이러므로 부지런히 정진하여야 한다. 이
것은 마음을 닦다가 지혜가 없어져 스스로 잃어버린 것인줄 깨
달으면 허물이 없지만 만일 성인이 되었다는 견해를 지으면 즉
시에 기억하는 마군이(憶魔)가 그의 배속에 들어가 조석으로 마
음을 거머쥐어 한 곳에 매달리게 될 것이다. 정수(正受)를 잃어
버렸으므로 마땅히 타락하게 된 것이다.

또 저 정중의 선남자가 색음이 사라지고 수음이 명백함을 보
고 지혜의 힘이 정(定)보다 지나쳐서 너무 맹리(孟利)하게 되면

여러 가지 수승한 성품을 마음에 가지게 되어 자신이 이미 노사나불인가 의심하여 조금 얻은 것을 넉넉하다 하리라. 이것을 이름하여 '마음을 쓰되 항상 살피지 못하고 지견에 빠진다'한 것이다. 깨달으면 허물이 없으려니와 만일 성인이 되었다는 견해를 지으면 즉시에 쉽사리 넉넉하다고 하는 하열한 마가 그 심복에 들어가 사람만 보면 말하기를, '나는 위없는 제일의제를 얻었노라' 하리니, 정수(正受)를 잃어버렸으므로 마땅히 타락하게 된 것이다.

또 저 정중의 선남자가 색음이 사라지고 수음이 명백하여 새로 증하지는 못하고 예전 마음이 이미 없어짐을 보고는, 2제(際 : 色·受)를 두루 살펴보고 스스로 험난한 생각을 내면 문득 마음에 끝없는 근심이 생기어 철상에 앉은 것 같고 독약을 먹은 것 같아서, 살고 싶은 생각이 없어 항상 사람에게 조르기를, '내 목숨을 끊어주면 빨리 해탈을 얻겠노라' 한다. 이것은 수행하다가 방편을 잃은 것이라 즉시 뉘우치면 허물이 없으려니와 만일 성인이 되었다는 견해를 지으면 일분으로 항상 근심하는 마가 심부에 들어가, 손에 칼을 잡고 제 살을 깎으면서 죽기를 좋아도 하고, 혹은 항상 근심하면서 산림 속으로 달아나서 사람을 보지 않으려 할 것이니 정수(正受)를 잃어버렸으므로 마땅히 타락하게 된 것이다.

또 저 정중의 선남자가 색음이 사라지고 수음이 명백함을 보고 청정한 가운데 처하여 마음이 편안하여지면, 문득 스스로 한

338

량없는 기쁨이 생겨 마음속에 즐거움을 금치 못할 것이다. 이것은 경안(經安)함을 저지할 지혜가 없으므로 생기는 증세이니 깨달으면 허물이 없으려니와 성인이 된 것은 아니다. 만일 성인이 되었다는 견해를 지으면 한결같이 희락을 좋아하는 마가 심부에 들어가 사람만 보면 웃기도 하고 길거리에서 혼자 노래하고 춤추면서 스스로 말하기를, '걸림없는 해탈을 얻었노라' 하리니, 정수(正受)를 잃어버렸으므로 마땅히 타락하게 된 것이다.

또 저 정중의 선남자가 색음이 사라지고 수음이 명백해지는 것을 보고 스스로 만족해하면, 문득 무단히 큰 아만(我慢)이 일어나 내지 만(慢)과 과만(過慢)과 만과만(慢過慢)과 증상만(增上慢)이 일시에 발생하여 마음 가운데서 시방의 여래도 가벼이 여기거든, 하물며 하위의 성문이나 연각이겠는가. 이것은 색음이 사라졌을 때 수승함을 보고 마음에 갇히어 스스로 구원할 지혜가 생기지 않는데서 생기는 증세이므로 깨달으면 곧 허물이 없어지지만 만일 성인이 되었다는 견해를 지으면 일분의 대아만마가 심부에 들어가 탑묘에 예배하지 않고 경전과 불상을 부수어 버리면서, 단월에게 말하기를, '이것은 금·동이요, 이것은 흙이며 나무이며, 경은 나뭇잎이요 혹은 첩화(疊華)라 육신은 진상(眞常)하거늘 공경치 아니하고 도리어 흙·나무를 숭배함은 잘못된 것이다' 하거든 신심이 깊은 이도 그를 따라 붓고 땅 속에 묻어버려 중생을 의혹케 하여 무간지옥에 들어가게 될 것이다. 정수(正受)를 잃어버렸으므로 마땅히 타락하게 되리라.

또 저 정중의 색음이 사라지고 수음이 명백함을 보고 맑고 밝은 가운데서 지극히 정미로운 이치를 원만히 깨달아 크게 따름(隨順)을 얻으면, 그 마음에 홀연히 무량한 경안을 내어 말하기를, '이제 성인이 되어 대자재를 얻었노라'할 것이다. 이것은 지혜로 인해 홀가분하고 깨끗함을 얻은 것이다. 깨달으면 허물이 없거니와 성인이 된 것은 아니다. 만일 성인이 되었다는 견해를 지으면 일분의 경청함을 좋아하는 마가 심부에 들어가 '이만하면 만족하다' 하고, 다시 전진하기를 구하지 아니할 것이다. 이런 무리는 흔히 무문비구(無聞比丘)가 되어 중생을 의혹하여 아비지옥에 떨어지게 될 것이다. 바른삼매를 잃어버렸으므로 마땅히 타락하게 된 것이다.

또 정중의 선남자가 색음이 사라지고 수음이 명백해지는 것을 보고는 밝게 깨달은 가운데서 비고 밝은 성품을 얻으면, 그 가운데서 갑자기 영원히 없다는 데로 돌아가서 인과를 믿지 않고 한결같이 공(空)에 들어가서 공한 마음이 앞에 나타나면, 더 나아가서는 모든 것이 없다는 견해를 가지게 된다. 깨달으면 허물이 없거니와 성인이 된 것은 아니다. 만일 성인이 되었다는 견해를 지으면 공마(空魔)가 그 심부에 들어가서 계행 가지는 이를 소승(小乘)이라 훼방하고 보살은 공을 깨달았거니 무슨 지계(持戒)와 범계(犯戒)가 중요한가 하면서, 항상 신심이 있는 단월에 대하여 술마시고 고기 먹고 음예(淫穢)를 행하더라도 마의 힘으로 인해 그 사람들을 섭취하여 의심하거나 비방하지 않는다. 귀신의 마음이 오래부터 들렸으므로 혹 오줌이나 똥을 먹으면서도 술이나 고기같이 여기며, 한결같이 공한 것이라 하여 부처님의 율의를 파하고 사람들을 그르쳐 죄에 빠지게 한다. 바른삼매를 잃어버렸으므로 마땅히 타락하게 된 것이다.

또 정중의 선남자가 색음이 사라지고 수음이 명백해지는 것을 보고 그 비고 밝은 것에 맞들여 마음과 뼈에 깊이 들어가면, 그 마음에 갑자기 무한한 애착이 생기고 애착이 지극하면 미친 증세를 내어 탐욕할 것이다. 이것은 정경(定境)의 편안함이 마음에 드는 것을 스스로 유지할 지혜가 없어서 모든 욕심경계에 잘못 들어간 것이다. 깨달으면 허물이 없으려니와 성인이 된 것은 아니다. 만일 성인이 되었다는 견해를 지으면 곧 욕심의 마가 그 심부에 들어가서 한결같이 음욕을 말하여 보리라 하면서, 속인들과 어울려 똑같이 음탕함을 내어 그 음을 행한 이를 가리켜 법왕의 아들(法王子)라 하되, 귀신의 힘으로써 말세에서 어리석은 이들을 섭수하여, 그 수가 백도 되고 일백·이백으로 내지 오백·육백도 되고 많으면 천도 만도 될 것이다. 마의 마음에 싫어하는 생각이 나서 그의 몸에서 떠나면 위덕이 없어져서 왕난(王難)에 빠지며 중생을 의혹하여 무간지옥에 들어가게 될 것이다. 바른삼매를 잃어버렸으므로 마땅히 타락하게 된 것이다.

아난아. 이 열 가지 선나의 경지가 나타남은 다 수음에 대하여 마음 쓰는 것이 서로 얽혀 이런 일이 나타난 것인데 중생들이 미련하여 스스로 헤아리지 못하고 이런 인연을 만났을 때 맛보고 알지 못하면서, 성인의 경지에 올랐다 하면 대망어가 되어 무간지옥에 떨어질 것이다. 너희들이 마땅히 여래의 말을 가져다가 내가 멸도한 뒤에 말법에 전하여서 중생들로 하여금 이 뜻

을 깨닫게 하고, 천마로 하여금 방편을 얻지 못하게 하여 편안
하게 유지하며 덮어 두호하며 무상도를 이루게 하라."

여기까지가 수마(受魔)의 현상이다. 다음은 상마(想魔)이다.

④ 상음(想陰)의 마
"아난아, 이 선남자가 삼마지를 닦아서 수음(受陰)이 다한 이
는 비록 누진통을 이루지 못했다 할지라도 마음이 그 형체에서
벗어난 것이 마치 새가 새장에서 나온 듯하여 범부의 몸으로부
터 보살의 60성위(55위+건혜·묘각·3점차)를 지난 것을 성취
하고 의생신(意生身 : 부모에게 받은 몸이 아니라 자유자재한 化
身)을 얻어 가는 데마다 장애가 없게 될 것이다.

마치 어떤 사람이 깊이 잠들어 잠꼬대를 할 때 이 사람이 비
록 알지는 못하나, 그 말과 음성이 분명하고 차례가 있어 자지
않는 이는 잘 알아듣는 것과 같나니, 이것이 상음(想陰)에 갇힌
것이다.

만일 동하던 생각이 다하고 들뜬 생각이 소멸되어 깨달음의
밝은 마음이 티끌을 씻어버린 듯하면, 한 둥근빛이 생사의 처음
과 나중을 원만히 비출 것이니 이것은 상음(想陰)이 다한 것이
라. 이 사람이 능히 번뇌탁을 초월할 것이다. 그 원인을 관찰하
면 융통한 망상으로 근본이 되었던 까닭이다. 이 선남자가 수음
(受陰)이 비어 묘하고 삿된 생각을 만나지 아니하여 뚜렷한 정
(定)이 발명한 삼마지 중에서 마음으로 원만히 밝은 것을 사랑하
고 그 정미로운 생각을 날카롭게 하여 잘 탐구하면, 그때 천마

가 그 틈을 타서 정신을 날려 사람에게 붙게 하여 입으로 경법을 말하거든 그 사람이 마가 지핀 줄을 알지 못하고 스스로 말하기를, '위없는 열반을 얻었노라' 하면서 선교함을 구하는 선남자에게 와서 자리를 펴고 법을 말할 때 그 형상이 잠깐 동안 비구가 되어 이 사람으로 하여금 보게 하며 제석천왕도 되고 부인도 되고 비구니도 되며, 어두운 방에서 잠을 잘 때 몸에 광명이 있기도 할 것이다.

이 사람이 미련하여 보살인줄 잘못 알고 그 교화를 믿고 마음이 방탕하여 부처님의 율의를 파하고 가만히 탐욕을 행할 것이다. 입으로 재앙과 상서와 변이를 말하기를 좋아하여 혹은 여래가 어느 곳에 출세하였다 하고, 혹은 겁화(劫火)가 일어난다 하고, 혹은 도병겁(刀兵劫)이 일어난다 말하여 사람을 공포케 하여 그 집 재산이 까닭없이 흩어지게 할 것이다. 이것은 이상한 귀신이 나이 늙어 마가 된 것이라. 이 사람을 뇌란케 하다가 싫은 마음이 나서 저 사람의 몸에서 떠나가 버리면 제자와 스승이 함께 국법(王難)에 걸리게 된다. 네가 먼저 깨달으면 윤회에 들지 않거니와 미혹하여 알지 못하면 무간지옥에 떨어지게 될 것이다.

아난아, 또 선남자가 수음이 비어 묘하고 삿된 생각을 만나지 아니하여 뚜렷한 정(定)이 발명한 삼마지 중에서, 마음으로 유탕함을 사랑하고 정미로운 생각을 날려 경험하기를 탐구하면, 그때 천마가 그 틈을 타서 정신을 날려 사람들에게 붙게 하여 입으로 경법을 말하거든 그 사람이 마가 지핀줄을 알지 못하고 스스로 말하기를, '위없는 열반을 얻었노라' 하면서 돌아다니다가 와서 자리를 펴고 법을 말할 때 자기의 형상은 변함이 없으나 법을 듣는 이가 문득 그 몸이 보련화에 앉았는데 전체가 변하여 자금광취(紫金光聚)가 되었음을 보고 여러 듣는 사람들도 그러하여 미증유를 얻었다 할 것이다.

사람들이 미련하여 보살인줄 의심하고 마음이 음일(婬逸)하게 되어 부처님의 율의를 파하고 가만히 탐욕을 행할 것이다. 입으로 어느 부처님이 세상에 나타났다 말하기를 좋아하며, 그 어느 곳의 아무개는 어느 부처님의 화신으로 왔으며, 아무개는 어느 보살이 인간에 온 것이라 하거든, 이 사람이 눈으로 본 까닭에 목마른 마음을 내고 사견이 일어나 종지(種智)가 소멸할 것이다. 이것은 괴귀(怪鬼)가 나이 늙어 마가 된 것이라 이 사람을 뇌란케 하다가 싫어 떠나면 제자와 스승이 함께 왕난에 걸리게 된다. 네가 먼저 깨달으면 윤회하지 않겠지만 미련하여 알지 못하면 무간지옥에 떨어지게 될 것이다.

또 선남자가 수음이 비어 묘하고 삿된 생각을 만나지 아니하여 뚜렷한 정(定)이 발명한 삼마지 가운데서 마음으로 솜 얽히듯 사랑하고 정미로운 생각을 맑게 하여 계합하기를 탐구하면, 그때 천마가 그 틈을 타서 정신을 날려 사람에게 붙게 하여 입으로 경법을 말하게 되는데, 그 사람이 마가 지핀 줄을 알지 못하고 스스로 말하기를, '위없는 열반을 얻었노라' 하면서 계합을 구하는 선남자에게 와서 자리를 펴고 법을 말할 때 그의 형상과 법을 듣는 사람이 밖으로 변천함이 없으나, 듣는 이로 하여금 법을 듣기도 하고 전에 마음이 열리어 잠깐잠깐 달라지되 숙명통을 얻기도 하고 타심통을 얻기도 하며, 지옥을 보기도 하며, 인간의 좋고 나쁜 일들을 알기도 하며, 입으로 게송을 말하기도 하고, 경을 외우기도 하면서 제각기 환희하여 미증유함을 얻었다 할 것이다.

사람들이 미련하여 보살인줄 의심하고 마음이 애착하여 부처님의 율의를 파하고 가만히 탐욕을 낼 것이다. 입으로 말하기를 '부처님도 큰 부처님 작은 부처님이 있으며, 어느 부처님은 먼저 난 부처님이고, 어느 부처님은 나중에 난 부처님이며, 그 가운데서도 진짜 부처님과 가짜 부처님, 남자 부처님과 여자 부처님이 있고, 보살도 역시 그러하다' 하면, 이 사람들이 눈으로 본 까닭에 본심을 잊어버리고 삿된 소견에 쉽게 들어가게 될 것이다. 이것은 매귀(魅鬼)가 나이 늙어 마가 된 것이다. 이 사람을 뇌란케 하다가 마음에 싫은 생각이 나 떨어져 나가면 제자와 스승이 함께 왕난에 걸리게 된다. 네가 먼저 깨달으면 윤회에 들어가지 않게 되거니와 미련하여 알지 못하면 무간지옥에 떨어지게 될 것이다.

또 선남자가 수음이 비어 묘하고 삿된 생각을 만나지 아니하여 뚜렷한 선정(定)이 발명한 삼마지 가운데서 마음 근본을 사랑하여 만물이 변화하는 성품의 처음과 끝을 끝까지 연구하여 보고 마음을 가다듬어 판단하기를 탐구하면, 그때 천마가 그 틈을 타서 정을 날려 그 사람에게 붙게 하여 입으로 경법을 말하게 되는데, 그 사람이 마가 지핀 줄을 알지 못하고 스스로 말하기를, '위없는 열반을 얻었노라' 하면서 근원을 구하는 선남자에게 와서 자리를 펴고 법을 말할 때, 몸에 위신이 있어 근본을 구하는 이를 굴복시켜 그 자리 아래서 법을 듣지 못했다 하더라도 자연히 마음으로 복종케 한다. 그때 여러 사람들이 부처님의 열반과 보리와 법신을 가리켜 곧 현전의 우리들 육신상에서 말하는 것이라 하여 아버지와 자식이 대대로 서로 낳는 것이 곧 법신이 상주불멸한 것이라 하고, 모두 현재를 가리켜 불국토라 하고, 따로 깨끗한 처소나 금색상이 없다고 할 것이다.

그 사람이 그것을 믿어 마음을 잃어버리고 신명으로 귀의하여 미증유를 얻었다 할 것이다. 그들이 우매하여 보살인줄 의혹하고 그 마음을 추구하여 부처님의 율의를 파하고 가만히 탐욕을 내 입으로 말하기를, '눈·귀·코·혀가 모두 정토이며, 남근·여근이 곧 보리와 열반의 참된 곳이라' 한다. 그러면 저 무지한 이들이 이 더러운 말을 믿을 것이다. 이것은 고독귀(蠱毒鬼:瞋毒蟲)와 염승귀(魘勝鬼:속이기를 잘하는 귀신)들이 나이 늙어 마가 된 것이라. 이 사람을 뇌란하다가 싫은 마음이 나서 저 사람의 몸에서 떠나면, 제자와 스승이 함께 왕난에 걸리게 된다. 네가 먼저 깨달으면 윤회에 들어가지 않겠지만 미혹하여 알지 못하면 무간지옥에 떨어지게 될 것이다.

또 선남자가 수음이 비어 묘하고 삿된 생각을 만나지 아니하여 뚜렷한 정(定)이 발명한 삼마지 가운데서 마음으로 감응하기를 바라고 두루 흘러 정밀하게 연구하여 은근히 느끼기를 구하면, 그때 천마가 그 틈을 타서 정기를 날려 사람에게 붙게 하여 입으로 경법을 말하거든 그 사람이 마가 지핀 줄을 알지 못하고 역시 말하기를, '스스로 위없는 열반을 얻었다' 하면서 미리 따라 구하는 선남자에게 와서 자리를 펴고 법을 말하면, 듣는 사람들로 하여금 잠깐 동안에 그 몸이 백년 천년이나 늙은 것 같음을 보고 마음으로 애염을 내어 능히 떠나지 못하고, 노복이 되어 4사로 공양하되 피로함을 느끼지 않게 하며, 좌하에 있는 사람들로 하여금 각각 선세에 스승님이거나 본래의 선지식인줄 알고 특별히 법애를 내고 아내와 자식이 한데 어울린 것같이 친밀하여 미증유를 얻었다 할 것이다.

사람들이 어리석어 보살인줄 알고 그 마음을 친근하여 부처님의 율의를 파하고 가만히 탐욕을 행할 것이다. 입으로 말하기를, '내가 전세에 어느 어느 생에서 아무개를 먼저 제도하였으니, 그 때에는 나의 아내였으며, 혹 첩이었고 형이었고 동생이었는데 이번에 또 제도하게 되었으니 서로 따라다니다가 어느 세계에 가서 어느 부처님께 공양하리라' 하며, 또 말하기를, '따로 대광명천이 있으니 부처님이 거기 계시며 일체 여래의 휴거라는 곳이라' 하면, 저 무지한 사람들이 그 허망한 말을 믿고 본마음을 잃어버린다. 이것은 여귀(癘鬼 : 원한귀)가 나이 늙어 마가 된 것이다. 이 사람을 뇌란하다가 싫은 마음이 나서 저 사람의 몸에서 떠나면 제자와 스승이 함께 왕난에 걸리게 된다. 네가 먼저 깨달으면 윤회에 들지 않겠지만 미혹하여 알지 못하면 무간지옥에 떨어지게 될 것이다.

또 선남자가 수음이 비어 묘하고 삿된 생각을 만나지 아니하여 뚜렷한 정(定)이 발명한 삼마지 가운데에서, 마음으로 깊이 들어가기를 사랑하여 제 마음을 억제하고 부지런히 애써서 고요한데 있기를 좋아하여 고요한 것이 넘쳐 흐르기를 구하면, 그때 천마가 그 틈을 타서 정기를 날려 사람들에게 붙게 하여 입으로 경법을 말하게 되는데 그 사람이 마가 지핀 줄 알지 못하고 역시 말하기를, '스스로 위없는 열반을 얻었다' 하면서 고요한 것을 구하는 선남자에게 와서 자리를 펴고 법을 말할 때에 듣는 사람들로 하여금 제각기 본업을 알게 하며, 혹은 그곳에서 어떤 사람에게 말하기를, '네가 지금 죽기도 전에 벌써 축생이 되었다' 하고, 다른 사람을 시켜 뒤에 가서 꼬리를 밟으라 하면 그 사람이 갑자기 일어나지 못할 것이다.

온 대중이 마음을 다하여 흠복하며 남의 마음 먹는 것을 먼저 그 시초를 알며, 부처님의 율의보다 더 세밀하면서 비구들을 비방하고 도중들을 꾸중하며, 남의 비밀한 일을 들추어 내되 비방과 혐오를 피하지 아니하며 입으로 미래의 화복을 말하면, 그때에 이르면 조금도 틀리지 아니할 것이다. 이것은 대력귀(大力鬼)가 나이 늙어 마가 된 것이라 이 사람을 뇌란하다가 싫어 떠나면 제자와 스승이 함께 왕난에 걸리게 된다. 네가 먼저 깨달으면 윤회에 들지 않겠지만 미혹하여 알지 못하면 무간지옥에 떨어지게 될 것이다.

또 선남자가 수음이 비어 묘하고 삿된 생각을 만나지 아니하여 뚜렷한 정(定)이 발명한 삼마지 가운데에서, 마음으로 알고 보기를 사랑하여 부지런히 연구하여 숙명통을 구하면, 그때에 천마가 그 틈을 타서 정기를 날려 사람들에게 붙게 하여 입으로 경법을 말하게 된다. 그 사람이 마가 지핀 줄 알지 못하고 역시 말하기를, '스스로 위없는 열반을 얻었다' 하면서 알기를 구하는 선남자에게 와서 자리를 펴고 법을 말할 때에 이 사람이 까닭없이 법을 말하는 데서 대보주를 얻기도 하며, 그 마가 어떤 때에는 축생으로 변화하여 입으로 구슬이나 여러 가지 보배나 간책(簡策:문서)이나 부퇴(符牘:부적)나 기이한 물품들을 물어다가 먼저 그 사람에게 주고 뒤에 그 몸에 붙이기도 하며, 혹은 듣는 이들을 꾀어 땅속에 들어가게 하면 명월주가 그곳에 비치거든 듣는 이들이 미증유를 얻었다 할 것이다.

　흔히 약초를 먹고 좋은 음식도 먹지 아니하며, 어떤 때는 하루에 삼 하나 보리 하나 만을 먹어도 형체가 충실한 것은 마의 힘으로 유지하는 탓이며, 입으로 타방에 있는 보장과 시방성현의 숨어 있는 데를 말하기를 좋아하거든, 그 뒤에 가는 이들이 가끔 기이한 사람을 보게 될 것이다. 이것은 산림, 토지, 성황당, 개울과 산의 귀신들이 나이 늙어 마가 된 것이라 혹은 음행을 하여 부처님의 율의를 파하며 꾸미는 일은 이와 가만히 5욕을 행하며, 혹은 정진하면서 초목만을 먹고 일정한 행사가 없이 이 사람을 뇌란하다가 싫은 마음이 나서 저 사람의 몸에서 떠나면 제자와 스승이 흔히 왕난에 걸리게 될 것이다. 네가 먼저 깨달으면 윤회에 들지 않겠지만 미혹하여 알지 못하면 무간지옥에 떨어지게 될 것이다.

또 선남자가 수음이 비어 묘하고 삿된 생각을 만나지 아니하여 뚜렷한 정이 발명한 삼마지 중에서, 마음으로 신통과 갖가지로 변화한 것을 사랑하며 변화하는 원리를 연구하여 신통을 얻으려 하면, 그때 천마가 그 틈을 타서 정신을 날려 사람에게 붙게 하여 입으로 경법을 말하게 되는데 그 사람은 마가 지핀 줄을 알지 못하고 역시 말하기를, '스스로 위없는 열반을 얻었노라' 하면서 저 신통을 구하는 선남자에게 와서 자리를 펴고 법을 말할 때, 이 사람이 혹 손에 화광(火光)을 들기도 하고, 손으로 화광을 쥐어다가 듣는 4중의 머리 위에 두게 되면 이 듣는 이들의 정상에 화광이 몇자씩 일어나되 뜨겁지도 않고 타지도 않게 될 것이다. 혹 물위에 다니기를 평지같이 하며, 혹 공중에서 단정히 앉아 동하지 않기도 하며, 혹 병속에 들어가고 혹 주머니속에 있기도 하며, 혹 들창으로 나가고 담을 뚫어 나가되 장애가 없기도 하거니와 오직 칼이나 병장기에는 자재하지 못하게 될 것이다. 그런데도 스스로 말하기를, '자기가 부처다' 하면서 하얀 옷을 입고 비구의 예배를 받으며 선과 율을 비방하고 대중을 꾸짖으며 남의 일을 들추어내되 싫어 피하는 것을 전혀 모른다. 입으로 항상 신통자재함을 말하며, 혹 사람들로 하여금 곁으로 불국토를 보게 하나 귀신의 힘으로 사람을 의혹한 것이라 진실한 것이 아니며, 음행을 찬탄하고 추잡한 행도 탓하지 않으며 외설한 행위를 말하면서도 법을 전한다 할 것이다.

이것은 천지간에 기운 센 산과 바다, 바람, 호수, 흙의 정기 일체 초목의 오래된 정령이나 용매(龍魅), 목숨을 마친 선인이 다시 살아나 매(魅)가 된 것이나, 혹 선인의 기한이 차서 벌써 죽었어야 할 것이 형체가 변화하기 전에 다른 요괴가 붙은 것들이 나이 늙어 마가 된 것이라. 이 사람이 뇌란하다가 떠나면 제자와 스승이 흔히 왕난에 걸리리라. 네가 먼저 깨달으면 윤회에 들지 않겠지만 미혹하여 알지 못하면 무간지옥에 떨어지게 될 것이다.

또 선남자가 수음이 비어 묘하고 삿된 생각을 만나지 아니하여 뚜렷한 정이 발명한 삼마지 가운데 마음으로 멸에 들기를 사랑하며 변화하는 성품을 연구하여 깊은 공(空)을 구하면, 그때 천마가 그 틈을 타서 정기를 날려 사람에게 붙어 입으로 경법을 말하게 된다. 그런데 그 사람이 마가 지핀 줄을 알지 못하고 역시 말하기를, '스스로 위없는 열반을 얻었다' 하면서 저 공(空)을 구하는 선남자에게 와서 자리를 펴고 법을 말할 때, 대중 속에서 그의 형체가 홀연히 공하여져서 사람들이 보지 못하다가 다시 허공으로부터 돌연 나타나서 없어지고 나타남이 자재하게 될 것이다.

혹 그 몸을 유리처럼 꿰뚫어 보이게 나타나기도 하고, 혹 손발을 내밀면 전단향기가 나타나기도 하고, 혹 대소변이 두꺼운 설탕꿀 같기도 하여서 계율을 훼방하고 가출한 이를 업신여기며, 입으로는 항상 말하기를 '인도 없고 과도 없으며 한 번 죽으면 아주 없어져서 다시 후신도 없고 범부와 성인도 없다'고 하며, 비록 공적을 얻었다 하나 가만히 탐욕을 행하거든 그 음욕을 당한 이도 역시 마음이 공하여져서 인과를 발무(撥無)할 것이다. 이것은 일식 월식의 정기나 금·옥·풀·기린·바람·거북이·학들이 천만년을 지나면서 죽지 않고 영이 되어 국토에 출생한 것이 나이 늙어 마가 된 것이라, 이 사람을 뇌란하다가 싫어 떠나면 제자와 스승이 흔히 왕난에 걸리리라. 네가 먼저 깨달으면 윤회에 들지 않겠지만 미혹하여 알지 못하면 무간지옥에 떨어지게 될 것이다.

또 선남자가 수음이 비어 묘하고 삿된 생각을 만나지 아니하여 뚜렷한 선정이 발명한 삼마지 가운데에서, 마음으로 장수하기를 사랑하며 애써서 기미를 연구하고 영생을 탐구하여 분단생사(分斷生死)를 버리고 변역생사(變易生死)를 얻어서 미세한 모양이 상주함을 희구하면, 그때 천마가 그 틈을 타서 정기를 날려 사람에게 붙어 입으로 경법을 말하게 된다. 그 사람은 마가 지핀 줄을 알지 못하고 역시 말하기를, '스스로 위없는 열반을 얻었노라' 하면서 저 영생을 구하는 사람들에게 와서 자리를 펴고 법을 말할 때 다른 지방으로 왕래함이 걸림이 없다고 말하며, 혹은 만리밖에 갔다가 순식간에 돌아오되 매양 그 지방의 산물을 가지고 오게 된다.

혹은 어떤 때는 한 방에 있으면서 몇 걸음 쯤 되는데를 다른 이로 하여금 동쪽 벽으로부터 서쪽 벽에 가라하면 이 사람이 빨리 걸어서 여러 해가 되어도 도달하지 못하거든 이것을 보고 마음으로 믿어 부처님이 출현하였다고 의혹하게 된다. 입으로 항상 말하기를, '시방의 중생이 모두 내 아들이며 내가 부처님을 낳았고 내가 세계를 내었으니 내가 원불(元佛)로 자연히 출세하였고 수행하여 얻은 것이 아니다' 한다.

이것은 세상에 머무는 자재천마가 그의 권속인 차문다(遮文茶)나 4천왕의 비사동자로서 발심하지 못한 이를 시켜서 그 비고 밝은 마음을 이용하여 그의 정기를 먹게 하기도 하고, 어떤 때는 스승을 인하지 않고도 수행하는 사람으로 하여금 집금강신(執金剛神)이라고 자칭하는 이가 너를 장수케 하노라 함을 친히 보게도 하며, 혹은 미녀의 몸으로 나타나 탐욕을 성행케 하면 1년도 못되어서 간이나 폐가 고갈케 하면 입으로 혼자 말하는 것이 듣기에 요매(妖魅)의 소리 같게 되거든, 앞의 사람이 자세히 알지 못하며 흔히 왕난에 걸리어 형벌도 받기 전에 먼저 말라 죽게 될 것이며, 저 사람을 뇌란하여 죽음에 이르게 할 것이다. 네가 먼저 깨달으면 윤회에 들지 않겠지만 미혹하여 알지 못하면 무간지옥에 떨어지게 될 것이다.

아난아, 알겠느냐. 이 10종의 마가 말법시대 나의 법 가운데 있어 출가하여 수도하는 척하면서 다른 이의 몸에 붙기도 하고 스스로 형상을 나타내기도 하여 다 정변지(正徧知 : 부처)를 이루었노라 하면서, 음욕을 찬탄하고 부처님의 율의를 파하며, 악마의 스승이 마의 제자로 더불어 음과 음으로 서로 전하며, 이러한 사정(邪精)들이 그의 심부를 매혹하여 가까우면 9생이요 오래면 백세를 지내면서 진정하게 수행하는 이들로 모두 마의 권속이 되게 할 것이다. 하물며 죽은 뒤에는 반드시 마민(魔民)이 되어 정변지를 잃어버리고 무간지옥에 떨어지지 않겠느냐.

너는 이제 먼저 적멸을 취하지 말 것이며, 비록 무학(無學)을 얻더라도 원을 세우고 말법중에 들어가서 대자비를 내어 바른 마음으로 깊이 믿는 중생을 구도하여 마에게 홀리지 말고 바른 지견을 얻게 하라. 내가 너를 제도하여 생사에서 벗어나게 하였으니 부처님의 말을 준수하는 것이 부처님의 은혜를 보답하는 것이 될 것이다.

아난아, 이 열 가지 선나의 경지가 나타나는 것은 다 상음(想陰)에 대하여 마음을 써 이런 일이 나타난 것이다. 그런데 중생들이 미련하여 스스로 요량하지 못하고 이런 인연을 만날 때 혼미하여 알지 못하면서 성인의 경지에 올랐노라 하면 대망어가 되어 무간지옥에 떨어지게 될 것이다.

너희들이 반드시 여래의 말을 가져다가 내가 멸도한 뒤에 말법에 전하여서 중생들로 하여금 이 뜻을 깨닫게 하며, 천마로 하여금 방편을 얻지 못하게 하여 안보하여 유지하며, 덮어 두호하여 무상도를 이루게 될 것이다.

여기까지가 상마이다. 이로써 능엄경 제9권이 모두 마쳐졌다.

354

다음은 제10권에 들어가는데 먼저 행마(行魔)의 내용이 나온다.

⑤ 행음(行陰)의 마-능엄경 제10권

아난아, 저 선남자가 삼마지를 닦아 상음이 다한 이는 이 사람이 평상시에 꿈과 생각이 소멸하고, 깰 때나 잘 때가 한 모양이며, 깨달음(覺)이 밝고 비고 고요한(虛靜) 것이 마치 맑은 허공과 같아서 다시는 거칠고 무거운 전진(前塵)의 그림자가 없게 된다. 세간의 대지와 산하를 보기를 거울에 물건이 비치듯 하여 와도 점착(粘着)함이 없고 가도 종적이 없어 허(虛)하게 받아들이고 비추어 보아 진습(陳習 : 전생의 습기)은 조금도 없고 오직 정진(精眞)뿐 아무것도 보이는 것이 없게 될 것이다. 그러면 그 때 생멸하는 근원이 이제부터 파로(坡露)하여 시방의 12생류를 보되 그 종류를 다하며 비록 그들 각기 명(命)의 유서(由緖)는 통하지 못하나, 한 가지 생기(生基 : 태어나게 된 원인)가 들말처럼 습습(熠熠 : 아지랑이처럼 피어나는 것)하고 맑게 흔들림을 보게 될 것이다. 이것이 부진근(浮塵根)의 함정이고 이것을 행음의 경계라 한다.

만일 이렇게 맑게 피어오르는 원래의 성품이 원래 맑은 곳에 들어가 원래의 습관을 한 번 밝혀 마치 파란이 멸하면 변화하여 맑은 물이 되는 것 같을 것이니, 이것은 행음이 다한 것이다. 이 사람이 능히 중생탁을 초월한 것인데 그 이유를 잘 모르는 경우가 있다. 이것을 관찰해 보면 깊고 그윽한 망상이 근본이 된 까닭에 이러한 현상이 나타나게 된 것이다.

아난아, 이 바른 앎을 얻은 사마타중의 선남자가 밝게 어린 바른 마음에 열 가지 천마가 틈을 타지 못하게 되면 바야흐로 정미롭게 연구하여 생류의 근본을 다하게 된다. 그런데 본류 중에서 나는 근원이 드러난 이가 저 그윽히 맑고(幽淸) 뚜렷이 요동하는 본원(本元)을 관찰하고 그 뚜렷한 본원 중에서 헤아리는 마음을 내는 경우가 있는데 그러면 그 두 가지 무인론(無因論)에 떨어지게 된다.

첫째는 이 사람이 근본이 무인(無因 : 八萬劫 이전이나 이후의 일은 모르기 때문에)하다고 보는 것이다. 왜냐하면 이 사람이 태어나는 기틀이 모두 부서지는 것(全破)을 보고 눈의 8백공덕을 의지하여 8만 겁안에 중생들을 본 즉, 업보의 흐름이 구비쳐 돌아서 여기서 죽어 저기에 나는지라 중생들이 그곳에서 윤회하는 것만 보고 8만 겁외에는 명연(冥然)히 보지 못하므로 문득 이해하기를, '이런 세간의 시방중생이 8만 겁래로 원인(因)이 없이 스스로 생겼다' 하나니, 이렇게 바르게 두루 하는 지혜(正偏知)를 잃고 외도에 타락하여 보리성을 의혹하게 되는 것이다.

둘째는 이 사람이 끝(末)이 무인(無因)하다고 보는 것이다. 왜냐하면 이 사람이 이미 태어나는 근본을 보았으므로 '사람은 사람을 낳고 새는 새를 낳으며, 까마귀는 본래부터 검고 해오라기는 본래부터 희며, 인간과 천인은 본래 서서 다니고 축생은 본래 기어다니며, 흰 것이 씻어서 된 것 아니고 검은 것이 물들여 만든 것 아니라는 것'을 8만 겁동안에 변이가 없음을 알고는 이제 형체가 다하여도 역시 그러할 것이다. 내가 본래로 보리를

356

보지 못하였으니 어찌 다시 보리를 이루는 일이 있겠는가. 그러
므로 오늘의 일체물상이 다 끝(末)에 종자가 없음을 안다고 말한
다. 이렇게 계탁(計度)하므로 정변지를 잃고 외도에 타락하여 보
리성을 의혹하나니 이것을 보고 제1외도가 무인론(無因論)을 세
운 것이다.

아난아, 이 삼마지 가운데 선남자가 밝게 어린 가운데서 헤아려
내는 이는 이 사람이 네 가지 변상론(遍常論)에 떨어지게 된다.
첫째는 이 사람이 마음과 경계의 성을 연구하여 두 곳에 다
인이 없다 하고, 닦고 익혀 2만 겁중의 시방중생이 생멸함을 능
히 알고는 '모두 순환하는 것이고 산실(散失)하지 않는다' 하여
항상하다고 계탁하는 것이고,
둘째는 이 사람이 4대의 근원을 연구하여 4대의 성품이 상주
한다 하고 닦고 익혀 4만 겁중의 시방중생의 생멸함을 능히 알
고는 '모두 체가 영원한 것이고 산실하지 않는다' 하여 영원하다
고 계탁하는 것이다.
셋째는 이 사람이 6근과 마나식과 집수식(執受識)을 다하여
심의식 중의 본원의 성품이 영원하다 하고, 닦고 익혀 8만 겁중
의 일체중생이 순환하여 잃어지지 않고 본래부터 상주하는 줄을
능히 알고는 잃어버리지 않는 성품을 연구하였으므로 항상하다
고 헤아리는 것이다.
넷째는 이 사람이 이미 생각의 근원을 다하였으니 생리가 다
시 흐르다가 그쳤다가 운전(流·止·運轉)함이 없으리라 하며,
생멸하는 상심(想心)이 이미 영멸하였으니, 이치 가운데 자연히

생멸함이 없는 것을 이루었다고 한다. 그래서 마음으로 요량하여 영원하다고 계탁한다. 이렇게 영원하다고 계탁하므로 밝고 두루 아는 것을 잃고 외도에 타락하여 보리성을 의혹하나니 이것이 제2외도의 원상론(圓常論)이다.

또 삼마지 중의 선남자가 굳게 엉킨 바른 마음에는 마군이가 틈을 타지 못하게 된다. 그러므로 선남자는 생류의 근본을 다 알고나서는 저 맑고 깨끗한 가운데서도 항상 요동하는 본원을 관찰하고, 자타 중에서 계탁하는 마음을 일으키는데 이 사람이 네 가지 전도된 소견인 일분은 무상하고 일분은 항상하다는 논리에 떨어지게 된다.

첫째는 이 사람이 묘하게 밝은 마음이 시방세계에 두루함을 보고는 담연(湛然)한 것으로써 마지막 신아(神我)로 삼고 이로부터 헤아린다.

"내가 온 세계에 가득차 밝게 어려 동하지 않는 것을 보고 일체중생이 나의 마음속에서 저절로 낳다 죽는다 하나니, 나의 심성은 영원하고 저 생멸하는 것은 참으로 무상한 성품을 가지고 있구나."

둘째는 이 사람이 마음을 보지 않고 시방의 항하사 국토만을 두루보고서 "결국에는 무상한 것들이다" 하고, 또 세월에 부서지지 않는 것을 보고는 "이것은 영원하다" 생각한다.

셋째는 이 사람이 나의 마음을 보되 "정세(精細)하고 미밀(微密)하여 미진과 같아서 시방에 유전하여도 성품이 고쳐 옮겨지지 아니하거니와 이 몸으로 하여금 곧 생하고 곧 멸하게 한다 하여 그 부서지지 않는 것은 나의 성품이 영원한 것이고 일체의 생사가 나에서 유출함은 무상한 것이다" 생각한다.

이렇게 일분은 무상하다 하고 일분은 항상하다고 헤아림으로써 외도에 타락하여 보리성을 의혹하나니 이것이 제3외도의 일분상론(一分常論)이다.

넷째 삼마지 가운데 선남자가 굳은 마음에 마가 틈을 타지 못하면 생류의 근본을 다 알고나서는 저 유청(幽淸)하고, 항상 요동하는 본원을 관찰, 분위중(分位中)에서 헤아리는데 이러한 사람은 네 가지 유변론(有邊論)에 떨어지게 된다.

①은 이 사람이 마음에 계탁하기를 태어나는 본원의 흐르는 작용이 쉬지 않는다 하여, '과거와 미래는 끝이 없다(有邊)' 헤아리고, 상속하는 마음은 '끝이 없다(無邊)' 생각한다.

②는 이 사람이 8만 겁까지는 중생을 보겠고 8만 겁전은 적연하여 보고 들음이 없음을 관찰하므로, 보고 듣는 것이 없는데는 '끝이 없고(無邊)' 중생이 있는데는 '끝이 있다(有邊)' 생각한다.

③은 이 사람이 생각하되 '나는 두루 아는 것이니 끝없는 성품(無邊性)을 얻었다' 하고, '저 모든 사람들은 내가 아는 가운데 나타나거니와, 나는 저의 성품을 알지 못하나니 저는 끝없는(無邊) 마음을 얻지 못하였다' 하여 다만 끝이 있는(有邊) 성품이라 생각한다.

④는 이 사람이 행음(行陰)이 공하다고 연구하고 그의 보는 마음 나는대로 헤아려 '일체중생의 몸 가운데 모두 반은 생하고

반은 멸한다' 하여 '세계의 모든 것이 반은 끝이 있고 반은 끝이 없다'고 생각한다. 이렇게 끝이 있고 없는 것을 헤아리므로 인하여 외도에 타락하여 보리성을 의혹하나니 이것은 제4외도의 유변론((有邊論)이다.

또 삼마지중의 선남자가 굳은 마음에 마가 틈을 타지 못하게 되면 생류의 근본을 다 하고는 저 그윽히 맑고 항상 요동하는 본원을 관찰하고 보고 아는 가운데서(知見中) 헤아리는 이는 이 사람이 네 가지 죽지 않으려고 교란하는 전도된 변계허론(邊計虛論)에 떨어진다.

첫째는 이 사람이 변화하는 본원을 관찰하되 천류하는 곳을 보고는 '변한다' 하고, 상속하는 것을 보고는 '항상하다' 하고, 소견을 보는 곳을 '생'이라 하고, 견을 보지 못하는 곳은 '멸'이라 하고, 상속하는 인이 끊어지지 않는 곳은 '증(增)'이라 하고, 바로 상속하는 가운데가 뜨는 곳은 '멸'이라 하고, 각각 생하는 곳은 '유(有)'라 하고, 서로서로 없어지는 곳은 '무(無)'라 하여 이치로는 통틀어 보고 마음으로는 따로 보았으므로, 법을 구하는 사람이 와서 그 이치를 물으면 대답하기를, "내가 지금 또한 나기도 하고(亦生) 또한 멸하기도(亦滅)하며, 또한 있기도 하고(亦有) 또한 없기도 하며((亦無), 또한 불어나기도 하고(亦增) 또한 해지기도 한다(亦滅)"하여, 일체시에 말을 교란케 하여 그 사람으로 하여금 오랫동안 머무는 것을 유실케 한다.

둘째는 이 사람의 마음이 서로서로 없는 곳을 자세히 관찰하고 무(無)를 인해 증득하였으므로, 사람이 와서 물으면 다만 한 마디로 없다(無)라고만 답하고 무(無)를 제한 외에는 아무 말도 하지 않는다.

셋째는 이 사람이 마음의 서로서로 없는 곳을 자세히 관찰하고 무를 인해 증득하였으므로, 사람이 와서 물으면 다만 한마디로 옳다(是)고만 답변하고 옳은 것(是)을 제한 밖에는 아무 말도 하지 않는다.

넷째는 이 사람이 유(有)와 무(無)를 함께 보아서 경계가 두 갈래인 탓으로 마음도 어지러워져서 사람이 와서 물으면 답하기를, 역유(亦有)가 즉시 역무(亦無)이며, 역무(亦無)한 가운데에는 역유(亦有)가 있다고 하여, 일체를 교란하여 끝까지 추궁할 수 없게 한다. 이렇게 교란하여 허무하게 헤아리므로 외도에 떨어져 보리성을 의혹하나니 이것이 제5외도의 네 가지가 죽지 않는다고 교란한 변계허론(邊計虛論)이다.

또 삼마지 가운데서 선남자가 견고한 마음에 마가 틈을 타지 못하거든 생류의 근본을 다하고는 저 그윽히 맑고(幽淸) 항상 요동하는 본원을 관찰하고 무진한 유(流)에 헤아림을 내는 이는 이 사람이 죽은 뒤에 상이 없다는 발심전도에 떨어진다.

혹 스스로 육신을 견고히 하여 색이 곧 나라 하기도 하고, 혹 내가 원만하여 국토가 두루 꽉 차 있는 것을 보고 내가 색에 있다 하여 모두 헤아리기를 '죽은 뒤에 상이 있다' 하나니 이렇게 순환하여 16상이 있다.

이로부터 혹 계탁하기를 '끝까지 번뇌며 끝까지 보리라 두 성이 병구(並驅)하여 각기 서로 부딪치지 않는다고 한다. 이렇게 죽은 뒤에 상이 있다고 헤아리므로 외도에 타락하여 보리성을 의혹하나니, 이것은 제6 외도의 5음 중에 죽은 뒤에 상이 있다고 하여 발심전도론(發心顚倒論)을 세웠던 것이다.

또 삼마지 가운데서 선남자가 굳은 마음에 마가 틈을 타지 못하게 되면 생류의 근본을 다하고는, 저 그윽하게 맑고 항상 요동하는 본원을 관찰하고 먼저 없앤 색·수·상 중에서 헤아리는 마음을 내는 이는 이 사람이 죽은 뒤에 상이 없다는 발심전도에 떨어진다.

그 색이 멸함을 보고 형체가 인한 바가 없다 하며, 그 생각이 멸함을 보고 마음이 얽매인 바가 없다 하며, 그 수(受)가 멸함을 알고 다시 연결함이 없다 하여 음(陰)의 성(性)을 소산하였으므로 비록 생하는 이치가 있다 하나 수(受)와 상(想)이 없으므로 초목과 같게 된다. "이 성질이 앞에 나타났을 때에도 오히려 얻을 수 없는데 죽은 뒤에 어떻게 다시 형상이 있겠는가, 하고 죽은 뒤에 상이 없다" 비교함으로써 이렇게 순환하여 여덟 가지 무상(無相 : 生滅·去來·一異·斷常)을 말한다.

이로부터 혹 헤아리기를 열반에는 인도 과도 일체가 모두 공하여 단지 이름만 있고 결국에는 단멸한다고 말한다. 이렇게 죽은 뒤에 없다고 헤아리므로 외도에 타락하여 보리성을 의혹하나

니 이것은 제7외도의 5음중에 죽은 뒤에 상이 없다고 하는 심전
도론(心顚倒論)이 된다.

또 삼마지 가운데 선남자가 굳은 마음에 마가 틈을 타지 못하
게 되면 생류의 근본을 다하고는 저 그윽하고 맑고 항상 요동하
는 본원을 관찰하고 행이 있는 가운데 겸하여 수·상이 멸하였
으므로 유·무를 쌍으로 헤아리며 자체가 서로 파헤쳤다고 생각
하는데 이런 사람은 사람이 죽은 뒤에 모두 아니라는 전도론(顚
倒論)을 일으킨다.

색·수·상 가운데 유를 보나 유가 아니고 행이 천류하는데서
는 무를 보나 무가 아니라 하며, 이렇게 순환하여 음계에서 여
덟 가지가 다 아니라는 상을 내고 어느 한 곳에서든지 모두 죽
은 뒤에 유상(有相), 무상(無相)이라고 말한다.

또 모든 행의 성품이 옮겨 변해간다(遷訛)고 헤아리므로써 마
음에 깨달음을 내어 유와 무가 모두 아니다 하여 허와 실을 종
잡지 못한다. 이렇게 죽은 뒤에 모두 아니라 생략하여 후제(後
際)가 혼맹하여 말할 수 없으므로 외도에 타락하여 보리성을 의
혹하나니, 이것은 제8외도의 5음중에서 죽은 뒤에는 모두 아니
라는 심전도론(心顚倒論)이 나온 것이다.

또 삼마지 가운데서 선남자가 굳은 마음에 마가 틈을 타지 못
하면 생류의 근본을 다하고는, 저 그윽하고 맑고 항상 요동하는
본원을 관찰하고 그 다음부터서는 없다는데 생각을 내어 7단멸
론(七斷滅論)에 떨어진다.

혹은 몸(欲界人天)이 멸한다 생각하고 혹은 욕이 다해(初禪)없어진다 생각하며, 혹은 고통이 다해(二禪) 멸한다 생각하고 혹은 극락(三禪)이 멸한다 생각하며, 혹은 극사(極捨 : 四禪과 無色界)가 멸한다 생각하여 이렇게 고리 돌리듯 7처를 다하되 현전에 소멸하고는 다시 회복되지 않는다'고 말한다. 이렇게 죽은 뒤에는 단멸한다고 생각함으로써 외도에 타락하여 보리성을 의혹하나니, 이것은 제9외도의 5음중에서 죽은 뒤에는 단멸한다는 심전도론을 세운 것이다.

또 삼마지중의 선남자가 굳은 마음에 마가 틈을 타지 못하게 생류의 근본을 다하고는, 저 그윽히 맑고 항상 요동하는 본원을 관찰하고 뒤로 있다는데 생각을 내는 경우가 있는데 이러한 사람은 5열반론에 떨어진다.

혹은 욕계로 정전의(正轉依)를 삼나니 원만히 밝은 것을 보고 애모하는 연고며, 혹은 초선으로 그렇다 하나니 마음에 고통이 없는 연고며, 혹은 삼선으로 그렇다 하나니 극열(極悅)이 따르는 연고며, 혹은 4선으로 그렇다 하나니 고와 낙이 다 없어져서 윤회하는 생멸을 받지 않는 까닭이다. 유루천(有漏天)을 잘못 알아 무위(無爲)라는 해(解)를 내고는 5처(處)가 안온하여 승정한 의지가 된다 하나니, 이렇게 고리 돌듯이 5처가 맨끝이라 하기도 한다. 이렇게 5처가 현재대로 열반이라고 헤아리므로 외도에 타락하여 보리성을 의혹하나니, 이것을 제10외도의 5음중에서 5처가 현재대로 열반이라는 심전도론을 세운 것이다.

아난아, 이 열 가지 선나에 대한 미친 견해는 다 행음에 대하여 용심이 교호(交互)하므로 이런 깨달음이 나타나는 것이다. 중생이 미련하여 스스로 요량하지 못하고, 이러한 현상을 만날 때 혼미함을 안다하여 성인의 경지에 올랐노라 하면, 대망어가 되어 무간지옥에 떨어지게 된다.

너희들이 반드시 여래의 말을 가져다가 내가 멸도한 뒤에 말법에 전하여서 중생들로 하여금 이 뜻을 깨닫게 하며 심마(心魔)로 하여금 스스로 깊은 죄를 일으키지 않게 하라. 편안히 보호하여 유지하며 덮어 두호하여 사견을 쉬게 하고 그의 몸과 마음에 참 이치를 깨닫게 하며, 무상도에 대하여 갈래길을 만나지 않게 하고 마음속에 작은 것을 얻고 만족하게 여기지 말게 하여 대각왕(大覺王)의 청정한 표지가 되게 하라."

여기까지가 행마이다. 다음은 마지막으로 식마(識魔)를 설명한다. 모두 이같은 경지는 자기 체험이 없이는 남의 말만 가지고는 알 수 없는 경지이니 스스로 깨달음에 대한 수행을 철저히 해가면서 공부해야 할 것이다.

⑥ 식음(識陰)의 마
"아난아, 저 선남자가 삼마지를 닦아 행음이 다한 이는 세간의 성(性)이 그윽하고 맑아 요동하는 것이 마치 동분생기(同分生機)가 침세한 그물(網紐)이 문득 망가지고, 보특가라(補特伽羅)의 업을 따르던 깊은 명맥의 감응이 아주 끊어지고 열반천이 크게

밟아지려 함이 마치 닭이 맨나중 홰를 울어서 동방에 정미로운 색이 있는 것같이, 6근이 비고 고요하여 다시 날뛰지 않고 내외가 맑고 밝아 들어가던 것도 들어가는데가 없으며, 시방의 12종류의 목숨받던 원유를 통달하고는 원인을 보고 본원을 붙들어 모든 종류가 태어나지 못하며, 시방세계에서 동일함을 얻고 정미로운 색(精色)이 침몰하지 아니하여 깊고 비밀함을 발현하나니, 이것을 식음(識陰)의 구역이라 한다.

만일 여러 종류의 태어나는 데서 동일함을 얻은 가운데 6문을 녹이고 합하고 여는 것(合開)을 성취하면, 보고 듣는 것이 한데로 통하고 호용(互用)함이 청정하며, 시방세계와 몸과 마음이 폐유리처럼 내외가 명철하리니 이것은 식음(識陰)이 다한 것이다. 이 사람이 능히 명탁을 초월한 것이다. 그 이유를 관찰하면 망상허무(罔象虛無)한 전도망상으로 근본이 되었던 까닭이다.

아난아, 이 선남자가 행음이 공함을 다하고 식음(識陰)이 환원하여 생멸이 이미 멸하였으나 적멸한 데에 정묘가 원만하지 못하였나니, 자기의 몸으로는 6근의 막혔던 것이 합해져서 열리고(合開) 시방의 모든 무리들과도 깨달음이 통하여 깨달아 아는 것이 통해지면 능히 원만히 근원에 들어가게 된다. 만일 돌아간 데에 대하여 참되고 영원하다고 하여 인(因)을 세워 거룩한 이해(勝解)를 내면 이 사람이 그 인정한 인에 떨어져, 사비가라들이 돌아갈데가 명제(冥諦)라고 하는 것과 비슷하게 되어 부처님의 보리를 모르고 지견을 망실하게 될 것이다. 이것은 제일에 소득심을 세워 소귀과(所歸果)를 이루는 것이 원통(圓通)을 어기고 열반성을 등지게 되어 외도의 무리 가운데 나게 된다.

아난아, 또 선남자가 행음이 공하다는 것을 알고 생멸을 이미 멸하였으나 적멸한데에 깨끗하고 묘한 것이 원만하지 못하게 되면, 만일 돌아갈 곳을 자체라 하여 진허공계의 12종류 중생들이 다 내 몸에서 낳았다고 하여 승해를 낼 것이다. 그렇게 되면 이 사람은 비능(非能)을 능이라 하는 집착에 떨어져, 마혜수라들이 무변신(無邊身)을 나투는 이들과 비슷하게 되어 불보리를 모르고 지견을 망실하게 될 것이다. 이것은 제2에 능인(能因)을 세워 능사과(能事果)를 이룬 것이니 원통을 어기고 열반성을 등지게 됨으로써 대만천(大慢天)이 '내가 두루 가득차 있다' 하는 종류에 나게 된다.

또 선남자가 행음이 공한 것을 깨닫고 생멸이 이미 멸하였으나 적멸한 곳에 깨끗하고 묘한 것이 원만하지 못하였다면 돌아갈 곳에 귀의할 곳을 만들어 자기의 몸과 마음도 모두 거기에서 유출하였는가 의심하고, 시방허공도 모두 거기서 생겼다 한다. 뿐만 아니라 모든 생명이 거기서부터 흘러 나왔다는 그 생각 때문에 그곳을 진실하고 영한 몸으로 계탁한다. 그렇게 되면 생멸 중에 영원한 몸이 나타나 불생멸도 모르고 생멸까지 미하여 심미(沈迷)한데 안주하면서 승해를 내게 된다. 그렇게 되면 이 사람은 비상(非常)을 상(常)이라 하는 집념에 떨어져, 자재천을 주장하는 이들과 비슷하게 되어 불보리를 모르고 지견을 망실한 것이다. 이것은 제3의 인의심(因依心)을 세워 망계과(妄計果)를 이룰 것이니 원통을 어기고 열반성을 등지게 되어 도원종(倒圓種)에 나아가게 된다.

또 선남자가 행음이 공한 것을 깨달아 생멸이 이미 멸하였으나 적멸한 곳에 깨끗한 정묘가 원만하지 못하게 되면, 아는 것이(知) 원만하므로 아는 것(知)을 인해 견해를 세우고 시방의 초목도 다 정이 있어서 사람과 다르지 않다고 본다. 그래서 초목도 사람이 되고 사람도 죽어서 시방의 초목이 된다고 하며, 가릴 것 없이 두루 다 안다고 하여 승해(勝解)를 내게 되면 이런 사람은 무지를 지라고 하는 집착에 떨어져 일체가 깨닫는다고 고집하는 바타(婆咤), 산니(霰尼)와 같은 무리가 되어 불보리를 모르고 지견을 망실하는 것이다. 이것은 제4에 둥글게 아는 마음(圓知心)을 계하여 허류과(虛謬果)를 이룬 것이라 원통을 어기고 열반성을 등지게 되므로 도지종(倒知種)에 나게 된다.

또 선남자가 행음이 공한 것을 깨닫고 생멸이 이미 멸하였으나 적멸한 곳에 깨끗한 묘가 원만하지 못하므로 원융(圓融)하여 진 근(根)이 바뀌 써지는 가운데 수순함을 얻고는 문득 원융하여 변화하는 곳에서 일체가 발생한다 하여, 불에 광명을 구하고 물의 청정함을 좋아하며, 바람의 유통함을 사랑하고 티끌의 성취함을 보아 제각기 숭배하여 섬기게 된다. 또 이와 같은 여러 가지 진(塵)을 만들어 내는 것을 본인(本因)이라 하여 상주(常住)하는 견해를 세움으로써 무생을 생이라 하는 집착에 떨어져 모든 가섭파와 바라문들의 몸과 마음은 견고하여 불을 섬기고 물을 숭배하

368

면서, 생사에서 벗어나기를 구하는 이들과 비슷하게 되어 불·보리를 모르고 지견을 망실하게 된다. 이것은 제5의 세계를 숭배하고 일을 계승함에 집착하여 마음을 모르고 물을 따르면서 허망하게 구하는 인을 세워 망기과(妄冀果)를 구한 것이니, 원통을 어기고 열반성을 등지게 됨으로써 전화종(顚化種)에 들게 된다.

또 선남자가 행음이 공한 것을 깨닫고 생멸이 이미 멸하였으나 적멸한 곳에 깨끗한 묘가 원만하지 못하므로 원명한 곳에서 나타나는 밝은 것이 비었다(虛) 하고, 헤아려서 모든 변화하는 것을 그르다 하여 멸하고 영멸의(永滅依)로써 귀의할 곳이라 집착한다. 이러한 승해(勝解)를 내면 이 사람은 돌아갈 곳 없는 곳에 이르러 이곳이 곧 돌아갈 곳이라 집착하는 까닭에 무상천중의 순야다들과 같이 되어 불보리를 모르고 지견을 망실하게 된다. 이것은 제6에 뚜렷이 허무하다는 마음으로 공망과(空亡果)를 이룸으로써 원통을 어기고 열반성을 등지게 되어 단멸종에 나게 된다.

또 선남자가 행음이 공한 것을 깨닫고 생멸이 이미 멸하였으나 적멸한 곳에 깨끗한 묘가 원만하지 못하므로 원상(圓常)한 곳에서 몸을 견고히 하여 상주하려 하되 정원(精圓)함과 같이 영원히 죽지 않는다고 한다. 이 같은 승해(勝解)를 내면, 이 사람은 탐하지 아니한 것을 탐하는 집착에 떨어져, 오래 살기를 구하는 아사타(阿斯陀)들과 같이 되어 불보리를 모르고 지견을 망실하게 된다. 이것은 제7의 장명의 본원을 집착함으로써 고망인(固妄因)

을 세워 장노과(長勞果)에 나아간 것이니 원통을 어기고 열반성을 등지게 되어 망연종(妄延種)에 나게 된다.

또 선남자가 행음이 공한 것을 깨닫고 생멸이 이미 멸하였으나 적멸한 곳에 깨끗한 묘가 원만하지 못하므로, 밝은 것이 서로 통하는 것을 보고 진노에 머물러 소진할까 두려워한다. 그래서 그 기회에 연화궁에 앉아서 7진(珍)을 널리 변화하여 놓고, 보원(寶媛)을 많이 모아 마음대로 즐기게 된다. 이러한 승해를 내면 이 사람은 진짜 아닌 것을 진짜라는 집착에 떨어져, 탁기가라들과 같은 무리가 되어 불보리를 모르고 지견을 망실한 것이 된다. 이것은 제8에 사사인(邪思因)을 내어 치진과(熾塵果)를 세운 것이니 원통을 어기고 열반성을 등지게 되어 천마종(天魔種)에 나게 된다.

또 선남자가 행음의 공함을 다하고 생멸이 이미 멸하였으나 적멸한 곳에 깨끗한 묘가 원만하지 못하므로 목숨이 밝아진 가운데서 정미로운 것과 거친 것을 분별하게 된다. 이렇게 진짜와 가짜를 가리고 인과 과가 서로 갚아지는 것이라 하여 오직 느낌을 따르는 것만 구하고 청정한 도를 등지게 되면, 고통을 보고 집(集)을 끊고 멸을 보고 도를 닦아 멸에 이르면 그만 쉬고 다시 전진하지 않게 된다. 이 같은 생각을 내면 이 사람은 정성성문(定性聲聞)에 떨어져, 증상만한 무문비구들과 같이 되어 불보리를 모르고 지견을 망실하게 된다. 이것은 제9에 정응심(精應心)을 원만히 하여 취적과(趣寂果)를 이룬 것이니 원통을 어기고 열

370

반성을 등지게 되어 전공중(纏空中)에 나게 된다.

또 선남자가 행음이 공한 것을 깨닫고 생멸이 이미 멸하였으나 적멸한 데에 정묘가 원만하지 못하므로 원융하고 청정한 각명(覺明)에서 심묘한 것을 연구 발명하고 이것이 열반이라 하고 전진하지 않으면서 승해를 내면, 이 사람은 정성벽지(定性辟支)에 떨어진다. 그래서 마음을 돌리지 못하는 연각, 독각들과 같이 되어 불보리를 모르고 지견을 망실하게 될 것이다. 이것은 제10에 원융한 각명(覺明)과 홀통(忽通)하는 마음으로 담명과(湛明果)를 이룬 것이니 원통을 어기고, 열반성을 등지게 되어 각원명(覺圓明) 불화원종(不化圓種)에 나게 된다.

아난아, 이 열 가지 선나로서 중도에 광해(狂解)를 이루거나 미혹함을 말미암아 만족치 못한데서 만족하게 증했다는 생각을 내는 것은, 다 식음(識陰)에 대하여 마음쓰는 것이 교묘하므로 이 지위에 나는 것이다. 중생이 어리석어 스스로 헤아려 알지 못하고, 이러한 현상을 만날 때 제각기 먼저부터 사랑하여 익히던 어리석은 마음에서 휴식하면서 필경에 편안한 곳인줄만 여기고 무상보리를 만족하였다 하여 대망어를 이룬다. 그러므로 이 같은 외도와 사마는 받는 업보가 끝나면 무간지옥에 떨어지고 성문과 연각은 증진하지 못하게 된다.
너희들이 마음을 먹고 여래의 도를 붙들어 이 법문을 가져다가 내가 멸도한 뒤에 말세에 전하여서 중생들로 하여금 이 뜻을 깨닫게 하며, 견마(見魔)로 하여금 스스로 깊은 죄를 짓지 않게 하며 안보하여 편안케 하고 불쌍히 여겨 구원하여, 사연(邪緣)을 쉬게 하고, 그의 몸과 마음이 불지견에 들어가게 하여 처음부터 성취하고 갈래길을 만나지 않게 하라.

이러한 법문은 과거세의 항하사 겁중의 미진여래께서 이것을 의지하여 마음이 열리어 무상도를 얻었나니 식음(識陰)이 만일 다하면 너의 모든 근이 현전에 호용할 것이며, 호용하는 가운데 로부터 보살의 금강건혜(金剛乾慧)에 들어가서 원만히 밝은 정미 로운 마음이 그 속에서 변화하되 마치 깨끗한 유리속에 보름달 을 넣은 듯하며, 이렇게 10신 10주 10행 10회향 4가행심을 초 월하여 보살의 수행하는 금강 10지와 등각이 원만히 밝고, 여래 의 묘장엄해에 들어가 보리를 원만하여 무소득한 데에 들어갈 것이다.

이것은 과거의 불·세존께서 사마타중의 위빠사나에서 각명으 로 분석하신 미세한 마의 일이다. 마의 경계가 앞에 나타나거든 네가 잘 알아서 마음의 때를 씻어버리고 사견에 떨어지지 아니 하면, 음마는 소멸하고 천마는 부서지고 대력귀신은 넋을 잃고 도망하며, 이매망양은 다시 나오지 못할 것이다. 그렇게 되면 바 로 보리에 이르도록 부족함이 없을 것이고, 하열한 이는 증진하 여 대열반에 망설이지 아니할 것이다.

만일 말세의 어리석은 중생으로서 선나를 알지 못하며 설법할 줄을 알지 못하면서 삼매 닦기를 좋아하는 이들을 보고 네가 사도와 같이 될까 두려워하는 마음이 생기거든 일심으로 권하여 나의 불정다라니주(佛頂陀羅尼呪)를 지니게 하라. 만일 외우지 못하거든 선당(禪堂)에 써 두거나 몸에 차거나 하면 모든 마가 요동하지 못할 것이다. 그러니 너는 마땅히 시방여래께서 끝까지 닦아 나아가는 최후의 수범(垂範)을 공경하여 받들라."

여기까지가 식마다. 이로써 능엄경의 50변마가 끝나는데 그래도 아난다는 아직 이 마사를 한꺼번에 끊어야 할 것인지 차례로 끊어야 할 것인지를 가리지 못하여 물었다.

⑦ 오음(五陰)의 근본
아난이 자리에서 일어나 부처님의 가르침을 듣잡고 정례하며 받들어 기억하여 잃어버리지 않고 대중 가운데서 다시 부처님께 사뢰었다.
"부처님의 말씀과 같이 오음 중에는 다섯 가지 망상이 근본이 되었다 하시나 저희들이 평상시에 여래의 미세하게 개시하심을 듣지 못하였나이다. 또 이 오음을 한꺼번에 삭제하나이까, 차례로 끊어야 합니까. 이러한 5중(重)은 어디로 경계를 삼습니까. 원컨대 여래께서 대자비를 펴시어 이 대중의 청명한 심목이 되게 하시며, 말세의 중생들을 위해여 장래의 눈이 되게 하옵소서."

"정진(精眞)이 묘하게 밝고 본각(本覺)이 원만하고 깨끗하여 죽고 사는 것과 진구(塵垢)와 내지 허공을 머물러 두는 것이 아니지마는 모두 망상으로 생기는 것이다. 이것이 원래 본각의 묘하게 밝은 정진이 허망하게 기세간을 발생하나니, 마치 연약달다가 제 머리를 모르고 영상을 오인하는 것과 같다. 망(妄)은 원래 원인이(因) 없다. 망상 중에서 인연을 세우며 인연을 모르는 이는 자연이라 말하지만 저 허공도 실로는 환으로 생긴 것이므로 인연이라 하는 것은 다 중생의 망심으로 헤아리는 것이다.

아난아, 망(妄)이 생긴 데를 알면 망의 인연을 말할 수 있으려니와 망이 원래 없는 것이라면 망의 인연을 말하더라도 원래 있는 것이 아닌데, 하물며 알지 못하고 자연이라 추측함일까 보냐. 그러므로 여래가 5음의 본인(本因)이 다같이 망상이라고 발명한 것이다. 너의 몸이 당초에 부모의 망상으로 인해 난 것이니 네 마음이 생각이 아니면 능히 생각중에 와서 명(命)을 전하지 못할 것이다.

내가 먼저 말하기를, 마음에 신맛을 생각하면 입에서 침이 생기고, 높은데 오를 것을 생각하면 발바닥이 시큰거린다 하였거니와, 높은 벼랑이 참으로 있는 것 아니며 신 물건이 온 것도 아닌데 그러한 생각을 한 것이다. 네 몸이 허망한 종류가 아니라면 입에 침이 어떻게 신 이야기로 인해 생기느냐. 그러므로 마땅히 알라. 너의 현재한 색신을 제일의 견고망상(堅固妄想)이라는 것을!

위에서 말한 높은 데 오를 것을 생각하는 마음이 네 몸으로 하여금 참으로 시큰거림을 받게 하는 것인즉, 이것이 수음(受陰)

이다. 이 수음이 생김으로 인하여 색채를 동하는 것이니 네가 현전에 순익(順益)하는 것을 제2의 허명망상(虛明妄想)이라 한다.

너의 생각으로 말미암아 너의 색신을 시키나니 몸의 생각의 종류가 아니라면 네 몸이 어찌 생각의 시킴을 따라 가지가지로 물상을 취하되 생각으로 더불어 상응하겠느냐. 깨면 생각이고, 자면 꿈이니 네 상음(想陰)의 망정으로 인해 요동하는 것을 제3의 융통망상(融通妄想)이라 한다.

변화하는 이치가 상주하지 않고 잠깐잠깐 밀밀히 옮겨가서 손톱 발톱이 자라고 모발이 나며 기운이 사라지고, 얼굴이 쭈그러져서 밤낮으로 서로 이어지는 것을 조금도 깨닫지 못한다.

아난아, 이것이 만일 네가 아니라면 어찌하여 몸이 변천하며 반드시 참으로 너라면 어찌하여 네가 깨닫지 못하느냐. 너의 행음이 잠깐잠깐도 머물지 않는 것을 제4의 유은망상(幽隱妄想)이라 한다.

또 너의 정명(精明)이 밝고 요동하지 않는 것을 항상한 것이라 한다면 몸에서 보고 듣고 깨닫고 앎이 생기지 않을 것이며, 만일 참으로 정진(精眞)이라 한다면 허망한 습관을 용납하지 않을 것인데, 어찌하여 너희들이 옛날에 한 괴상한 물건을 보고 여러 해를 지내면서 기억하는지 잊었는지 알 수 없다가 뒤에 문득 그것을 다시 보면 기억이 완연하여 조금도 잊어버리지 아니하였나니, 이렇게 분명히 알아 맑고 요동하지 않는 가운데 생각

생각으로 훈습을 받는 것은 어찌 헤아릴 수 있겠느냐.

아난아, 마땅히 알라. 이 맑음이 참되지 아니하여 마치 급류가 보기에는 고요한 듯하나 흐름이 빨라서 볼 수 없을지언정 흐르지 않는 것은 아니다. 만일 생각의 본원(本元)이 아니라면 어찌하여 상습(相習)을 받겠느냐. 너의 6근이 호용(互用)하여 개통함이 아니면 없어질 때가 없느니라.

그러므로 네가 현재에 보고 듣고 깨닫고 아는 가운데 관습(串習)하는 기미를 말하여 담료(湛了)한 속에 있는 것을 제5의 망상 허무전도미세정상(罔象虛無顚倒微細精想)이라 하느니라.

아난아, 이 5수음은 다섯 개의 망상으로 된 것이다.
네가 이제 인계(因界)의 깊고 얕음을 알고자 하면 색과 공은 색음의 변제(邊際)이고, 촉(觸)과 이(離)는 수음의 변제이며, 기억하고(記) 잊어버리는 것(忘)은 상음(想陰)의 변제이고, 멸(滅)과 생(生)은 행음의 변제이며, 맑은 것(湛)에 들어가 맑은 것에 합한 것은 식의 변제에 돌아간 것이다.

이 5음이 원래 중첩하여 생겼나니 생은 식을 인해 있고, 멸은 색으로부터 제해야 한다. 이치로는 한 번에 깨닫는 것이라 깨달으면 모두 소멸하지만 일로는 한 번에 제하는 것이 아니므로 차례로 없어지는 것이다. 내가 이미 겁파라건(劫波羅巾)의 맺는 것을 보였거늘 무엇이 분명치 않아서 다시 묻느냐.

너는 이 망상의 근원을 마음으로 개통하고 말법 중에 수행하는 이에게 전하여 허망함을 알아서 싫은 마음을 내게 하고 열반이 있음을 알고, 3계를 연착(戀着)하지 말게 하라."

　　이것이 돈오와 점수의 관계이다. 이제 부처님께서는 마지막으로 이 경의 공덕을 설하여 끝까지 널리 전할 것을 부탁하셨다.

유통분(流通分)

　"아난아, 만일 어떤 사람이 시방에 두루한 허공에 칠보를 가득히 쌓아서 미진 같은 부처님들께 받들고 승사(承事)하며 공양하여 마음에 그저 지내지 않는다면 어떻게 생각하느냐. 이 사람이 이렇게 부처님께 보시한 인연으로 복을 많이 얻겠느냐?"

　"허공이 다함이 없고 진보도 그지 없겠나이다. 옛적에 어떤 중생이 부처님께 7전을 보시하고 죽어서 전륜성왕이 되었사온데, 하물며 허공을 다하고 불세계에 충만한 진보로 보시하였사오니 겁이 다하도록 사의하여도 미칠 수 없겠거늘 이 복이 어찌 변제가 있겠사옵니까."

　"제불여래의 말씀은 허망하지 않느니라. 만일 어떤 사람이 몸으로 4중죄와 10바라이죄를 짓고 순식간에 차방과 타방의 아비지옥을 낱낱이 돌아다니며, 내지 시방의 무간지옥까지 샅샅이 겪어야 할 것이로되 능히 한 생각에 이 법문을 가져다가 말법중의 말학에게 열어 보이면, 이 사람의 죄장이 즉시에 소멸하고 그 받아야 할 지옥의 고인이 변하여 안락국이 될 것이고, 얻는 복은 앞에 보시한 사람보다 백배 천배 천만억배가 되며, 내지 산수와 비유로도 미칠 수 없을 것이다. 아난아, 어떤 중생이 이 경을 외우거나 이 주문을 받아 가진다면 내가 아무리 겁이 끝나도록 말하여도 다할 수 없으며, 나의 말을 의지하여 가르친 대로 도를 행하면 곧 보리를 성취하고 다시 마의 장난이 없을 것이다.”

부처님이 이 경을 말씀하여 마치시니 비구·비구니, 우바새·우바이와 일체 세간의 천·인·아수라와 타방의 보살·이승과 성선(聖仙)동자와 초발심한 대력귀신들이 다 매우 환희하여 예배하고 물러갔다.

▒ 발문(跋文)

어떤 사람은 "세상의 이치는 너무 깊이 알면 삶의 재미가 없어진다" 하여 "어지간히 알고 사는 것이 좋다" 하였다. 그래서 부처님도 처음 도를 깨닫고 나서 "내가 깨달은 진리는 세속의 삶과는 반대되는 것이므로 차라리 나만 알고 가는 것이 좋겠다" 하자 대범천왕이 그 속을 알아 일반권속과 함께 내려와 권청하였다.

"설사 알아듣지 못한 사람이 있다 하더라도 근기따라 설하시면 마침내 깨달은 사람이 있을 것입니다."

하여 사제삼륜(四諦三輪) 법문을 3, 40년에 가깝도록 반복하여 설명하였다.

마지막에 이르러서는 백초가 다 부처님 어머니(百草是佛母) 식으로 개유불성(皆有佛性)을 설하시고, 본래성불(本來成佛)을 이야기 하였으나 아난존자처럼 오랜 습관에 물이 들어있는 사람들은 쉽게 이해하지 못하므로 해야 할 일과 해서는 안될 일, 먹어야 할 것과 먹어서는 안될 것들을 구체적으로 밝혀 처음 보고 듣는 사람들로서는 놀라지 않을 수 없는 일도 있다. 어리석은 사람의 행은 걸음걸음마다 세상을 화(禍)나게 하고 중생들을 놀라게 하지만, 깨달은 사람의 행은 하는 일마다 즐겁고 복되게 되므로 불가피 이런 방편을 쓰신 것이다.

그동안 본체도 없는 나를 중심으로 많은 사람들을 괴롭히고 내 것으로 만들어 구속하고 산 나 자신의 생을 돌이켜 보면 부처님의 삶이 왜 그렇게 자상하고 간절하셨던가를 새삼스럽게 느끼게 될 것이다.

본래 한 물건도 가지고 오지 않았던 사람들이 만 가지를 가지고도 부족해 하면서 전전긍긍하는 것을 보면 진실로 안타깝기 그지없다.

부지런히 벌어 좋은 일하고 세상을 밝고 아름답게 만들 것을 다시 한 번 다짐한다.

능엄경을 알기 쉽게 읽는 책

마등가의 사랑

2014년 9월 5일 인쇄
2014년 9월 10일 발행
발 행 인 : 불교통신교육원
발 행 처 : 불교정신문화원
저   자 : 활안 한 정 섭
인   쇄 : 이화문화출판사 (02-738-9880)
주   소 : 477-810 경기도 가평군 외서면 대성리 산 185번지
전   화 : (031) 584-0657, 02) 969-2410
등록번호 : 76.10.20 제6호
I S B N : 978-89-6438-137-3
정   가 : 15,000원